Jean-Jacques

GOLDMAN

le vent de l'Histoire

Remarqué par Bernard Pivot
dès sa première biographie
sur Joséphine Baker,
Emmanuel Bonini,
également romancier, est un auteur
d'investigation rigoureux et passionné,
doté d'une plume exigeante.
Cet admirateur de la première heure,
fort de sa correspondance passée
avec Goldman, se propose d'éclairer
sous un jour nouveau le destin de
ce monument de la chanson française.

Du même auteur :

La véritable Joséphine Baker, Pygmalion/Gérard Watelet, 2000
Joséphine Baker, 100 images pour une légende, La Lauze, 2001
La véritable Romy Schneider, Pygmalion, 2001
Tino Rossi, biographie, Éditions du Rocher, 2003
Sylvie Vartan, le feu sous la glace, Flammarion, 2004
La véritable Dalida, Pygmalion, 2004
La véritable Mireille Mathieu, Pygmalion, 2005
Piaf, la vérité, Pygmalion, 2008
Brigitte Bardot, par amour... et c'est tout, Alphée, 2009
L'été les enfants meurent aussi, roman, Alphée, 2011

Emmanuel
BONINI

JEAN-JACQUES GOLDMAN
le vent de l'Histoire

Préface de
Roland ROMANELLI

éditions
didier
carpentier

PRÉFACE

ROLAND ROMANELLI

Ceux qui me connaissent savent que je ne suis pas un grand bavard. Jean-Jacques non plus. Peut-être est-ce pour cela que dès notre première rencontre les choses furent à ce point évidentes entre nous, et acquises, qu'aujourd'hui, sans honte ni démagogie je puis le dire : ma plus belle histoire c'est peut-être lui.

Bien sûr, j'ai voyagé avec Aznavour, Lama, Béart ou Marie-Paule Belle. Bien sûr, il y eut Barbara, d'abord et surtout, vingt ans de notes et d'amour fol. Mais Jean-Jacques est à part. L'homme et l'artiste.
L'artiste parce qu'il est exceptionnel et qu'il a toujours détenu la faculté de tout comprendre très vite, amenant le vieux briscard que j'étais bien au-delà de ce que je pensais pouvoir encore apprendre.
L'homme parce qu'il incarne l'humain dans toute sa belle étendue. Humain autant qu'on peut l'être ; sensible, honnête, ouvert, attachant, sincère, généreux souvent. Le tout servi par une subtile intelligence, une pudeur et une humilité qui crédibilisent toutes ces qualités et les renforcent.

Chacun sait que ce garçon discret, réservé et très bien doté pour plaire au plus grand nombre n'accorde pas ses faveurs à tout le monde. Ceux qui ont eu la chance d'être un jour choisis par lui et qui ne lui ont jamais joué la comédie de l'amitié savent le prix de sa fidélité, la valeur de son mystère et de ses silences. Son ascension a été unique, son parcours reste hors du commun. Avec lui, dès le départ, le public a fait un choix gagnant. L'Histoire ne l'oubliera pas.

Jean-Jacques Goldman, mon frère.

À mon père, mon meilleur ami

À la mémoire d'Alter Mojsze Goldman

Quand la peine est trop lourde
Quand le monde est trop laid
Quand la chance est trop sourde
La vérité trop vraie… [1]

1. « Fermer les yeux », paroles et musique de Jean-Jacques Goldman.

AVANT-PROPOS

EMMANUEL BONINI

J'ai reçu ma première lettre de Jean-Jacques Goldman en prison, le soir de mes 20 ans. Cayenne. 38 degrés à l'ombre. Caserne Loubère. 9e bataillon d'infanterie de marine. L'exil. Les moustiques. La touffeur. Les bons. Les cons. Le fond. Si loin de chez moi et tout près de penser que la société est le début du dégoût…

5 mars 1985. Une date.

Et puis ce mot. Un petit carton blanc sans en-tête. Très sobre. Une encre fine et délicate. Fragile et contenue. Jean-Jacques. Mon Jean-Jacques. Était-ce possible ? Un an plus tôt, je lui avais écrit le choc provoqué par son intrusion intempestive dans le salon de mes parents, en Corse, un soir de printemps orageux où la soupe mettait du temps à refroidir et la télé à nous rendre moins nerveux. Coup de foudre ? Mieux : déflagration. Paf ! En plein dedans ! Salaud de vivant ! De quel droit ?

D'emblée, avec sa musique et ses mots, ce type me tint par le bout de mon acné tardive et bien malin qui parviendrait à m'en défaire. Aspiré par son mystère, je n'eus bientôt plus de cesse de me laisser dériver lentement vers lui, sans tout comprendre de ce qu'il délivrait dans ses interviews. Sans adhérer non plus forcément à ce que je croyais parfois pouvoir y décrypter. La bête ne se laissait pas assimiler, c'était assez pour bluffer un gamin à côté de son lit. Faire comme lui. Être lui. Lui ou personne, comme l'autre avec son « Chateaubriand sinon rien ». *May day! May day! May day!* J'allais droit dans le mur, mais à quoi sert l'art s'il ne guérit pas ? Dans mon courrier, je lui avais également raconté avec une candeur non feinte comment à deux reprises j'avais fugué de chez moi pour le suivre en tournée, successivement en mars et mai 1984. Trois billets de cent francs roulés dans une paire de chaussettes de rechange, j'avais jeté mon île par-dessus bord, comme une couleuvre sa vieille peau quand vient le renouveau, dominé par le sentiment de revivre en différé les aventures du capitaine Cook, sans avoir conscience que j'aurais pu tuer ma mère. Ses chansons étaient des appels. Ses textes des évidences. Il n'y était pour rien. Moi non plus.

« Jean-Jacques Goldman au stadium de Marseille ». Mon premier « concert ». Savais-je au moins pour qui et pourquoi j'étais là ? Je redoutais le retour à la case départ. Peur de revenir un peu plus abîmé et sans solutions, après avoir frôlé de si près le mirage ou le quiproquo. Les grilles du Stadium à peine ouvertes, l'assaut fut donné, massif, brutal, dans une cohue cyclopéenne et blasphématoire de pisseuses affolées. J'étais venu communier à huis clos avec un homme qui ne s'appelait pas Dieu et je me retrouvais catapulté un premier samedi de soldes au *Bazar de l'Hôtel de Ville*. Profane, où est ta victoire ? Le sacré tient dans la minute incertaine qui précède la grand-messe. Ensuite, tout va, tout fuse, on jouit trop vite. Or bientôt le noir tomba et le gong d'un saxo fit basculer l'instant. Assis sur un escalier de fortune, papillon en baskets dans son rond de lumière sage, il apparut. Digne dans son trac, la voix à fleur de mélopée... *Les lueurs immobiles d'un jour qui s'achève / La plainte douloureuse d'un chien qui aboie / Le silence inquiétant qui précède les rêves / Quand le monde disparu l'on est face à soi...* [2] C'était un an jour pour jour avant sa réponse à mon S.O.S. inavoué...

Emmanuel,

Ta lettre me parvient maintenant, très tard, parmi les autres auxquelles je réponds avec tant de retard. Merci pour ta franchise. Mais je voudrais simplement te dire que tu ne dois pas compter sur les autres. Simplement sur toi-même. Personne ne t'aidera comme personne ne m'a jamais aidé. J'ai acheté chaque guitare, chaque ampli, composé chaque chanson, enregistré à mes frais (en bossant à côté), chaque maquette. La scène te tente ? Apprends un métier (éclairage, son, décor). La chanson ? Contacte des groupes locaux, forme un groupe et bosse.
Voilà. Les solutions ne tombent pas du ciel.
Le ciel est radin, il faut tout lui arracher.
Courage
Amicalement
JJG

La sincérité appelle la sincérité. Elle s'en nourrit. Plus que le contenu qui, sur l'instant, m'apparut très secondaire, ce filet de mots qui aurait pu arriver trop tard me fit l'effet d'une pluie apaisante. Un pansement provisoire sur une plaie béante, mais un pansement quand même. Il s'était montré tel que je voulais qu'il fût : humain et concerné par l'autre, assez pour prendre le temps de lui répondre qu'il ne peut rien pour lui. *Lorsque je reçois une lettre qui m'est destinée, je ne peux pas concevoir de ne pas la lire. Pour moi, il y a toujours quelque chose d'essentiel dans ces lettres* [3]. Goldman m'écrit, donc je ne meurs plus. Dès lors,

2. « Veiller tard », paroles et musique de Jean-Jacques Goldman.
3. *Ciné Revue,* 1983.

une relation épistolaire s'engagea. « *By mail* ». Il est souvent plus confortable d'aimer quelqu'un que l'on ne connaît pas. Comme ça. De loin. Certaines promiscuités peuvent tuer. « Vous venez voir l'écrivain ? Méfiez-vous, c'est décevant… C'est comme si, après avoir mangé le foie gras, vous rencontriez l'oie en personne ». Peut-on décemment analyser les raisons qui nous portent et nous déportent vers un individu ? Pragmatique, Jean-Jacques en est convaincu. Je me sens l'âme plus spinozienne : « Une affection, qui est une passion, cesse d'être une passion sitôt que nous nous en formons une idée claire et lumineuse ». À aucun moment, c'eût été nous dévaluer l'un l'autre, j'aurais pu le considérer comme une star, pire, comme quelqu'un ayant des gestes de star. Plutôt un ami obscur et absolu. Un grand frère trop tôt parti de la maison. Une planche de salut, forte et fiable car lointaine, molle et sans valeur puisque fictive. Un garde-fou ? Je me rappelle de ma seconde fugue pour aller le voir à Orléans et à Évry, en mai 1984. Pendant deux mois, je n'avais tenu qu'au fil de cette nécessité.

Je me revois, ce 21 mai 1984, dans les coulisses du Palais des Sports d'Orléans, où j'avais réussi à me glisser subrepticement après le concert, mu par l'audace des grands timides. Il était là, cerné par une poignée de « fans » aussi futés que moi, à qui il signait patiemment photos et billets, satisfaisant jusqu'au dernier, au milieu de gloussements pubères et de commentaires haut de gamme. Bataille de gallinacées autour d'un grain unique. À peine le laissaient-ils respirer. Seul, dans un courant d'air, je n'osais m'approcher. Puis les gros bras de la sécurité sifflèrent la fin de la récréation. Libéré, Jean-Jacques allait s'engager dans un couloir lorsqu'il m'aperçut, une affiche de son spectacle entre les mains. Il revint sur ses pas. Soudain j'eus très peur… Aimer quelqu'un comme on peut aimer quand on n'a pas 20 ans ne vous pose pas fatalement en position d'infériorité, mais je sentais bien tout le décalé de la situation, ce qu'elle comportait de vain et de stupide. De malsain aussi. *Je reste persuadé que l'essentiel de ce que je donne aux gens, je le mets dans mes chansons. Ce que je suis en tant que personnage ne me semble pas extraordinairement intéressant. Chaque fois que des filles me demandent de leur faire la bise, je leur dis : « Tu sais, j'embrasse exactement comme tes copains*[4] ! » La peur se mua en honte purpurine et à la sueur se mêla un sentiment d'indignité. Or je venais de trop loin. Il s'approcha, me dit bonsoir et avec une délicatesse de chat pressé me prit l'affiche pour y apposer ses initiales, en appui sur l'un de ses genoux.

Je te fais pas le détail, sinon demain je passe la nuit là !

L'éligible en campagne qui serre des pognes jusqu'à l'usure en regardant sa montre ou le papa attentif veillant à une juste répartition des sucettes Pierrot entre ceux de ses enfants qui réclament le plus fort et celui qui attend sagement dans son coin ? Le service rendu, il prit les vents dans son anorak rouge. Sans nous laisser la moindre chance. Je l'entends aujourd'hui, quand il affirme que toute cette agitation autour d'un simple chanteur frôle les limites du surréalisme. Est-il plus « normal » de monter sur une scène pour y recevoir l'onction d'une foule et autant d'individus que l'on ne connaît pas ? Où sont les psys ? À la télé, nous dit-on, ils jouent les stars. Dieu merci ! Quelques jours plus tard, dans les coulisses de la salle Agora d'Évry, j'ai rusé de mille tours pour accéder jusqu'à l'organisateur de la tournée. Ils n'avaient pas d'autre choix que de m'embarquer avec eux, non-assistance à rêveur en danger ça peut aller chercher très loin, du côté de perpète. « Je ne vous dis pas tout à fait non, mais ce n'est pas oui non plus », m'opposa l'une des responsables en se fendant d'un sourire bienveillant, parce que l'employé est souvent à l'image du patron. « À quel titre voulez-vous faire partie de la tournée, d'abord ? » Comment expliquer en deux secondes à une étrangère ce sur quoi moi-même je n'arrivais pas à mettre des mots depuis dix-neuf ans et qui aujourd'hui me ramenait

4. *Ciné Revue*, 1983.

inexorablement à un inconnu siglé JJG ? Insistant mais pas trop, je suis sorti. Dans la nuit noire, j'ai longtemps marché, seul, comme lui dans sa chanson, comme moi dans la mienne, auto-stoppant dans la campagne orléanaise, à la portée du premier loup à large ceinturon. « Les idées que les ruines éveillent en moi sont grandes. Tout s'anéantit, tout périt, tout passe. Il n'y a que le monde qui reste. Il n'y a que le temps qui dure. Qu'il est vieux ce monde qui reste ! Je marche entre deux éternités[5]. »

J'ai fini par le rencontrer « pour de bon », après mon séjour guyanais. Lauréat d'un concours administratif, je me trouvais à La Rochelle, en stage, avec mon meilleur ami, lorsque Jean-Jacques y fut annoncé pour le 11 avril 1986. Après le concert – au cours duquel, reculant contre un retour son, il se retrouva les quatre fers en l'air – mon ami et moi sommes passés à son hôtel. Pas là. J'ai laissé un mot à la réception. Le lendemain, nous y sommes retournés et nous eûmes tôt fait de le cueillir dans le hall, sur le coup de 13 heures, flanqué de Michael Jones, son musicien et complice. Haut sur cuisses dans ses appas matinaux (jean, camarguaises, sweat bleu ciel et anorak marine), réveillé aux trois quarts, il se montra disponible, en dépit d'un timing serré. Sympathique et souriant, il m'a demandé où j'en étais, ce qui me retenait à La Rochelle. « Une école de quoi ? ! » fit-il, sourcilleux, presque compatissant. Il n'alla pas jusqu'à me présenter ses condoléances. Il aurait pu. J'en profitai pour lui remettre un tee-shirt « Rock in Rio » acheté « spécialement pour toi » au Brésil l'année précédente, auquel je tenais beaucoup et que j'avais surtout déjà pas mal porté. Un coup de fer rapide, une pochette plastique Super U refermée avec du gros scotch et il n'y paraîtrait plus. Touché ! Les vieux singes, ces braves gens…

Paris. Engagé dans une voie qui n'était pas la mienne j'ai continué à lui écrire, troublé par l'une de ses déclarations dans la presse, où il se disait conscient qu'à la fin d'un concert des gens allaient penser à lui et lui à eux. *C'est plus douloureux*

---

5. Denis Diderot, *Les Salons,* 1767.

que dans la vie de tous les jours parce que là on s'est dit des choses et qu'on s'est donné envie de se parler. Avec les réactions qu'ils ont eues, j'ai parfois envie d'en savoir un peu plus et pour eux c'est pareil [6]. Pourquoi dans ce cas cette attitude de préservation frileuse ? Quand on est seul et qu'on en crève, on conçoit mal qu'un type courtisé par des milliers puisse avoir envie de se terrer. Accepterait-il au moins de me faire participer à son travail en studio ? Sa réponse, rapide et diligente, ferme mais circonstanciée, me consola presque d'une déception doctement prévisible.

Pardonne-moi, Emmanuel, mais ce sera non, parce qu'en studio je suis très tendu, nerveux, irritable, et que je ne supporte même pas ma propre famille !!! Concernant la contradiction entre mes « déclarations » et mon attitude de retrait vis-à-vis des contacts avec les autres (sur laquelle nous sommes d'accord), elle trouve son explication dans mon incroyable manque de temps qui me fait beaucoup négliger ma famille et mes amis, et également pour un grand besoin et goût pour la solitude [il avait ajouté « de temps en temps », avant de raturer copieusement].

Ça ne m'empêche pas d'apprécier beaucoup ta spontanéité et ton enthousiasme rares et rafraîchissants !!!

Bien amicalement
(et encore désolé)
JJG

Lui d'ordinaire si peu enclin aux épanchements… Quelle promotion ! Il ne faut rien expliquer à un enfant, il faut l'ensorceler. D'autres messages ont suivi. Plus succincts. Il est vrai qu'il ne répondait pas à des questions que je ne lui posais plus, accusant simplement réception de mes triomphes ou de mes chaos, *avec la même compréhension de tes états d'âme et de vie.* Et avec la même patience et une délicatesse jamais démentie. Comme ce jour où je lui ai appris, frais émoustillé, me croyant tiré d'affaire

6. *Cool,* mars 1986.

et de doutes, que j'avais passé, échoué, puis *in fine* réussi le concours d'entrée dans une compagnie aérienne, pour fuir un peu plus haut, à quelque 12 000 pieds et –56 °C. *Il semble que les « bons » gagnent à la fin, comme dans les westerns !! Porte-toi bien.* Et un peu plus tard : *La lettre d'un mec heureux ! Ça se manque pas. Bon été (puisque le 1er Janvier et Pâques sont passés).* Je lui avais appris, montre en main, que j'étais amoureux pour la vie.

Il est souvent risqué de prendre le parti de quelqu'un que l'on ne connaît pas vraiment, mais j'ai toujours défendu Jean-Jacques. Un jour, à Ajaccio, vers le mitan des années 80, une amie très chère, très belle et très sûre, la même qui m'avait dégoté un vieux 33 tours de Taï Phong dédicacé par chacun des membres du groupe et perdu depuis, me téléphone, aux cent coups.

– Tu as entendu ce qu'il a dit, « ton » Goldman !

Dans une interview (certainement radio) où un journaliste aurait soi-disant demandé à Jean-Jacques son avis sur les Corses, celui aurait prétendument répondu : *Vous parlez du végétal ou de l'animal ?* L'écorce/Les Corses : jouant sur la phonétique, sans doute très inspiré ce jour-là, le père démasqué d' « Elle a fait un bébé toute seule » aurait alors cherché à se surpasser. Ou à faire diversion, les questions zéro n'étant pas son lot, ni les interviews son exercice de prédilection, bien qu'il y excellât. « Au zoo, tous les animaux ont tenue décente, hormis les singes ; on sent que l'homme n'est pas loin », me suis-je risqué auprès de mon amie. Elle a ri à Cioran. Restait le « végétal »...

– C'est terminé, je n'achèterai plus aucun de ses disques !

En matière de racisme chacun voit le diable à sa porte. La corsophobie ouverte, légale et libre de droits, participe d'une réalité si complaisante, presque institutionnelle, qu'il ne faut guère s'étonner de ce genre de réaction épidermique. Pour ma part, si j'estime essentiel de savoir rire des autres, quand chez soi la *magagna* est érigée à hauteur d'institution, je n'ai jamais pensé Jean-Jacques particulièrement addict aux clichés anthropométriques, personne n'en a les moyens, nous avons tous beaucoup trop de mauvaises photos qui traînent. Je pense même que ce père de famille nombreuse pourrait bien constituer à lui seul un solide rempart contre la bêtise et sa fertilisation. Accusé Goldman, vous êtes libre !

N'était une déclaration aussi gênante qu'équivoque, relevée dans une interview accordée en 2002 à Haute Tension JFM, une radio juive. Évoquant la situation au Moyen-Orient, une région dont le destin le préoccupe, Jean-Jacques explique qu'à son avis l'État hébreu a donné toutes ses chances à la démocratie et à la paix et que si les Israéliens votent actuellement pour des extrêmes, c'est qu'ils n'ont pas le choix. *Je trouve ça extrêmement respectable.* Davantage, selon lui, que les médias occidentaux, *globalement lâches* lorsqu'ils évoquent la situation au Proche-Orient. *Ils vont là où ils sont sûrs de ne pas trouver de bombes dans leur... C'est sûr que les Israéliens ne vont pas les agresser.* Et soudain : *On a fait une affiche, je crois, pour un film avec une Croix mêlée à une croix gammée. Je crois qu'on n'oserait pas le faire pour le drapeau corse, par exemple. C'est juste une question de manque de courage !* Certainement n'y avait-il pas ici volonté de diffamer. Or, indépendamment du fait que le peuple corse, défendu en son temps par Hugo, n'a pas à être associé de près comme de loin à un conflit ne le concernant que dans la mesure où le monde en paye le prix chaque jour un peu plus, il est de notoriété que, pendant la guerre, les Juifs sur l'île de Beauté bénéficièrent d'une protection unique en Europe. Ce dont les fils de Paoli s'honorent. On peut donc comprendre que l'association, toute métaphorique et toute maladroite fût-elle, entre la croix gammée et la tête de Maure relève de l'insupportable.

Libre, l'accusé Goldman. Aussi, lorsqu'en juillet 1991 il entreprit de faire du cabotage le long des côtes de Cyrnéa, avec famille et amis, sur un voilier de location – lui qui n'a pas le pied marin et préfère de loin la montagne –, Jean-Jacques ne s'attendait-il pas à se voir réclamer des comptes sur sa supposée théorie de « l'animal et du végétal ». En dépit d'un accueil fort chaleureux reçu tout au long de son périple, ici et là quelques sanguins lui témoignèrent moins d'aménité. Interloqué, Jean-Jacques réfuta les accusations et tint même à faire une déclaration dans *Corse-Matin,* proposant à ceux qui détenaient des preuves de leurs affirmations de les lui communiquer par l'entremise du journal. La pagnolade n'alla guère plus avant, mais il est encore des gens sur l'île pour avouer un problème avec Goldman. Il y a des certitudes qui rassurent. Ce qui n'a pas empêché le néo-Marseillais de revenir en Corse, souvent, et même d'y assister au mariage de Patrick Fiori, à Coti-Chiavari, le 4 juillet 2008, célébré par mon ami le père Élie, un Libanais adopté comme un enfant du pays, au point que jeunes et vieux se remirent un temps à fréquenter les églises. Jusqu'à son renvoi décidé par Rome et qui suscita colère et indignation au sein de la population. « Cet homme me semble avoir une dimension intéressante[7] », m'épancha un jour le père Élie, au sujet de Jean-Jacques, sans avoir trop à me convaincre.

Jean-Jacques dont je me suis peu à peu détaché. Cela s'est fait tout seul. Sans heurts et sans douleur. Sans me retourner. Pas même un : « Ce n'est plus de mon âge » déculpabilisant. Seulement la magie qui fout le camp par refrains entiers. Pour ne pas avoir à établir de mauvais constats et continuer à tricher, j'ai devancé l'appel et je suis parti. Pour ne pas en arriver à ça : *Actuellement, je reçois beaucoup de lettres de rupture de fans, déçus par moi, parce qu'ils m'ont approché. Parce que je ne suis pas aussi attentif, je ne suis pas aussi sincère, je ne suis pas aussi désintéressé, je ne suis pas aussi non-indifférent que mes chansons pourraient le laisser croire*[8]. Je me souviens de sa dédicace sur l'un de ses premiers albums : *À ceux qui resteront fidèles quand il sera moins facile de l'être.* Je lui avais répondu que s'il

---

7. Discussion avec l'auteur en octobre 2008, dans un avion, entre Ajaccio et Paris.
8. *Grand Format,* RTL, 29 juillet 1991.

devait en rester un seul je serais celui-là. Il était plus avisé que moi des choses de l'humain. Or rien n'altère le souvenir des premières amours, ces anciens volcans que l'on croyait trop vieux…

Je n'ai aucune prétention mais je me pose en légitimiste pour l'écriture de ce livre. Pas en spécialiste. En légitimiste. Nous sommes de la vieille garde ! Une étude personnalisée, compte tenu de ma relation au chanteur. Je connais la pensée de Jean-Jacques : un saltimbanque ne mérite pas une biographie. Il a un peu raison. Sauf à ajouter qu'il ne mérite peut-être pas non plus autant d'argent. Là, nous serions presque tout à fait d'accord. Seulement voilà, lorsqu'on laisse son nom s'inscrire dans l'Histoire faut-il encore concevoir que l'Histoire soit un jour susceptible de s'intéresser à soi. La biographie n'est-elle pas de l'Histoire ? Nous parlons bien Histoire et non petits tas de secrets misérabilistes, lesquels, mis bout à bout, avérés ou apocryphes et repris à l'infini sans vérification des sources, justifieraient à eux seuls que l'ont cessât *in fine* de sacrifier des forêts entières pour l'immarcescible gloire des virtuoses du copier-coller. Que disait Marie Bonaparte ? Ceci en l'occurrence : « La biographie sert en effet une fonction autre et plus haute que la simple satisfaction de curiosités vaines ou malsaines. Pour ceux qui savent comprendre, et ceux-là seuls comptent par-delà la foule des incompréhensions, elle est une manière de communion avec une humanité élargie ».

Le voyage biographique c'est tellement d'autres choses encore ! Une autoroute de sentiments qui se lève à l'est et ne se couche jamais, entre l'orgasme de la découverte et le cas de conscience, la satisfaction d'avoir servi l'Histoire et le risque que l'Histoire oublie de s'en souvenir. Seule certitude : l'auteur ne meurt pas à la fin et demain sera toujours un autre livre qui vous réveillera la nuit parce que les enfants ont peur du noir. J'ai trop saigné sur mon clavier, comme lui sur ses Gibson, pour ne pas confondre Jean-Jacques avec ces transparentes en tailleur Dior, petits soldats du showbiz bardées de médailles de généraux qu'elles vont chercher jusque dans les couloirs mal famés des palais républicains, dans lesquelles j'ai eu la faiblesse coupable de vouloir tailler des personnages. Ici, pas de trompe-l'œil, ni attrape-con. *Me baisser pour quelques caresses autorisées / Non, non, non, non, non*[9]. Point de personnage de bronze non plus, ou de héros brûlé à la mode antique. Rien qu'un homme et sa science. Une intelligence face à son époque. Une intégrité morale sans autre équivoque que celle admise par l'humain qui doute. Et encore la possibilité d'une âme élevée, avec la force et les failles inhérentes aux « rockers psychorigides » (Alain Finkielkraut).

Un artiste de renom appartenant par définition à la sphère publique, sauf diffamation et/ou atteinte à la vie privée, la loi n'oblige pas un biographe à solliciter une quelconque autorisation. Or la caution morale de Jean-Jacques m'importait. À tout hasard, j'ai lancé ma ligne. Se souviendrait-il de moi ? Un mois plus tard, fin juillet 2010, une réponse me parvenait, sympathique, auréolée d'été. La même écriture qu'autrefois. Les mêmes petits cartons blancs, vierges d'en-tête. Sur celui-ci il commençait par me dire avec un humour actif témoignant de sa plénitude actuelle : *Emmanuel, je vais enfin te décevoir ! Après plus de 30 ans !!* Avant de poursuivre en m'expliquant qu'il ne participait jamais à des bouquins, ni ne donnait d'accords. *Plus que jamais, j'aspire à l'anonymat et à la tranquillité (eh oui, bientôt 60 ans !!) Je te souhaite bonheur et sérénité sur la plus belle île du monde ! Amicalement.* La plus belle île du monde… Et si c'était là la réponse à toutes mes questions, la clef d'or à ces solutions que j'allais chercher chez lui dans mes années de guerre, quand j'errais dans ses bottes au lieu d'avancer dans les miennes ? La plus belle île du monde est en soi ou n'est pas.

Pour la tranquillité de tes nuits près de l'aimée, mon Jean-Jacques, sache qu'à l'instar de Marguerite Yourcenar, je prends acte de ce que « le graphique d'une vie ne se compose pas d'une

9. « Compte pas sur moi », paroles et musique de Jean-Jacques Goldman.

ligne horizontale et de deux perspectives, mais bien plutôt de trois lignes sinueuses, sans cesse rapprochées et divergeant sans cesse : ce qu'un homme a cru être, ce qu'il a voulu être et ce qu'il fut ». Extrait des *Mémoires d'Hadrien*. Tu connais, je crois... [10] ? La perception elle-même est mouvement. Nul besoin de changer de place pour la servir au mieux. Sans être équipé d'un rayon X capable de sonder les replis de l'âme, de près ou de loin ton essentiel m'a toujours sauté aux yeux. Nous verrons pour le détail. Sache aussi que j'agrée Anaïs Nin, quand elle dit : « Nous ne voyons jamais les choses telles qu'elles sont, nous les voyons telles que nous sommes ». En cela, toute biographie vaut autobiographie.

Voici donc Jean-Jacques Goldman, monument public. Ou l'histoire approximative et inachevée d'un musicien banal dans sa manière de vivre et singulier dans sa façon d'être, d'agir et de penser, un contemplatif ascendant séducteur qui n'a pas gagné l'assentiment des foules par le seul fait du hasard et de ses trois coups.

---

10. *Podium*, mai 1991.

CHAPITRE 1

JEAN-JACQUES AVANT GOLDMAN

I

« Voir beaucoup, beaucoup apprendre,
et seulement ensuite débuter vraiment. »
Stefan Zweig

Au nom du père

Oublier d'où je viens, ma mémoire et les miens, non, non, non, non, non.[11]

S'il n'avait pas accédé à la notoriété, qu'aurait-on pu retenir de ce poupon ténébreux né au tournant des années 50, dont Truffaut n'aurait pu s'inspirer pour la réalisation de ses *400 coups* ? De cet enfant effacé mais faussement inexistant, dont le prénom français emprunté aux Lumières témoigne d'une fabuleuse odyssée européenne ? Tellement de choses ! D'abord que son père, un Juif d'origine polonaise et d'obédience communiste, naturalisé en 1930, lutta sur le sol de France avec un courage inouï et une farouche détermination contre l'envahisseur nazi. Alter Moïse Goldman – Mojsze, en yiddish : « l'Ancien » – fut de ceux qui contribuèrent à la pulvérisation d'une idéologie moderne axée sur le mépris de la condition humaine sous toutes ses formes. Dans la discrétion et l'honneur, loin « des rivalités, des intrigues, de la vanité et de la sottise qui recouvrit, la

11. « Compte pas sur moi », paroles et musique de Jean-Jacques Goldman.

Libération venue, les éclats de voix de certains cadors de la Résistance, dont les ambitions personnelles et le tourbillonnement a été si néfaste à l'action de ceux qui se battaient pour la même cause[12] », cet homme participe des silencieux de la victoire. Victoire toute relative pour les peuples de l'Est vendus en lots à Staline, principal bénéficiaire de l'affaire.

De cette hérédité, Jean-Jacques Goldman s'est nourri à bon escient. Il en est le légataire lucide et vigilant. Sans jouer les prosélytes. Sans effets de manches communautaristes. Les conférences à 25 000 dollars la prestation, c'est à côté. L'homme sait que, de lui-même à l'infini, le pire est partout et que partout il s'adapte et prend ses aises, pourvu que le vin soit doux et la paille confortable. *Je pense que tout être humain peut devenir un barbare dans certaines conditions. Il faut prendre conscience de cela et ne pas penser que l'homme est bon*[13]. L'histoire de son père est aussi la sienne. *Il y a une phrase de Marx qui explique très bien cela, c'est que les données objectives déterminent la conscience, c'est-à-dire que l'on va penser en fonction de la façon dont on a été élevé, en fonction de ce qui se passe sur le plan social, sur le plan historique et on n'est que cela*[14]. Napoléon a fait plus court : « L'éducation commence au moins vingt ans avant la naissance. »

Je me souviens de M. Goldman. Je me souviens de ma rencontre furtive avec cet homme de petite taille carré derrière le comptoir du magasin familial, *Sport 2000,* avenue de la République, à Montrouge, anciennement avenue du Château et accès principal de la ville. J'étais allé y déposer une lettre. Une enveloppe administrative aggravée d'un « Personnel » à l'encre rouge. J'avais expliqué à Jean-Jacques que je n'avais pas trouvé plus efficace. Il a dû en rire. Pauvre papa Goldman qui, lui, dut songer à quelque nouvelle tracasserie d'État. J'avais été frappé par la profondeur de son regard méfiant, presque suspicieux. Né avec le siècle, tout là-bas, à Lublin, dans le rejet, la misère

12. Georges A. Groussard, *Service secret, 1940-1945,* La Table Ronde, 1964.
13. *L'Arche,* n° 535, septembre 2002.
14. TV5, 20 et 21 novembre 1999.

et le deuil, le vieux loup avait quelques longueurs d'avance sur les petits garçons amateurs de chimères…

La ville de Lublin compte six siècles d'existence lorsque le 17 novembre 1909 Alter Mojsze Goldman y paraît, issu de Chaja Goldman, née Choren, la maman, née à Kohrsk, et de Berek Lejb Goldman, le papa, natif de Lublin. Berek est lui-même fils de Szymche et de Syma Perla Goldman. Or, un an presque jour pour jour après la naissance d'Alter, le 22 novembre 1910, Berek décède, laissant une veuve de 36 ans et quatre orphelins. Alter est le cadet. Trois filles le précèdent : Perla, de huit ans son aînée, Aïda, née vers 1902, qui deviendra coiffeuse, et Mania, plus vieille que lui d'une année et qui, elle, plus tard, sera vendeuse. Avant le départ pour Varsovie où ils résideront au 73 rue Gesia [15], tous passeront leur enfance à Lublin. Lublin, première ville en territoire russe. Un point stratégique pour Lénine qui, en 1912, choisit d'y installer un centre de liaison très actif pour ses agents, parmi lesquels une majorité d'activistes juifs, le père du totalitarisme soviétique étant lui-même aujourd'hui « soupçonné » par certains historiens d'avoir une ascendance hébraïque. « Un Russe intelligent est presque toujours un Juif, ou quelqu'un avec du sang juif » (*dixit* Vladimir Ilitch Oulianov).

Il faut savoir qu'après sa fondation, au Xe siècle, la Pologne demeura longtemps une terre d'accueil providentielle pour les Juifs persécutés ou chassés des États d'Europe occidentale. Vers la fin du XVIIIe, cependant, au feu de ce que l'on appelle le « troisième partage de la Pologne » (1795), la situation commença à changer pour les minorités. Des trois « co-partageurs », Autriche-Hongrie, Prusse et Russie, les Juifs, refoulés en Pologne occidentale, héritèrent des plus hostiles à leur égard : les Russes. En 1881, l'assassinat du tsar Alexandre II, dont les Juifs furent accusés à tort, fut le prétexte à de nombreux pogroms qui amorcèrent un début d'immigration des fils d'Abraham vers les États-Unis. Ceux qui hésitaient à franchir le pas ou qui n'en

15. La rue Gesia est l'une des artères de l'ancien ghetto de la capitale polonaise. Elle porte aujourd'hui le nom de Mordechaj Anielewicz..

avaient pas la possibilité ou l'envie héritèrent d'une situation qui s'aggrava après la révolution de 1917, en partie en raison du rôle actif et majeur tenu par de nombreux Juifs dans l'avènement du bolchevisme [16].

En 1980, dans son livre *La Jeune France juive,* Luc Rosensweig a expliqué qu'il existait effectivement une tradition amoureuse entre les Juifs et le communisme et la révolution, rappelant que beaucoup de Juifs se sont impliqués dans l'histoire de l'extrême gauche de ces dernières années. Et de citer l'exemple français de la Ligue communiste: « Sur les douze membres fondateurs, dix sont juifs. » Ou encore celui de Lutte Ouvrière, anciennement Voix Ouvrière, « constituée pendant cinquante ans par des groupes entiers qui venaient des mouvements sionistes [17]. » Dans un autre essai, l'universitaire israélien Yaïr Auron a quant à lui établi les liens ayant pu exister entre l'entité juive et la radicalité politique, en ce qui concerne la génération de ceux qui ont fait Mai 68: « Mai 68 revêt des spécificités juives indéniables, authentiques et profondes [18]. »

Pour la période qui nous intéresse, la communauté juive de Pologne tout entière devint malheureusement la cible d'affreux amalgames de la part des ennemis du régime bolchevique et de ses exactions. Les incidents se multiplièrent. Au point qu'à la fin de la Première Guerre mondiale, le président des États-Unis, alerté par les gouvernements occidentaux, missionna une commission d'enquête. Il lui fut rapporté par le rapport Morgenthau [19] que les informations sur les pogroms étaient exagérées, voire

16. Dans *Les derniers jours des Romanov,* paru en France en 1921 aux éditions G. Grès & Cie, le journaliste et essayiste anglais Robert Wilton, correspondant du *London Time* en Russie, se fonda sur des informations fournies par la presse soviétique, pour attester qu'en 1918-1919, sur les 539 représentants de l'État bolchevique — Comité central, Commission extraordinaire de Moscou et Conseil des Commissaires du Peuple (le gouvernement soviétique) – 457 étaient juifs.

17. *La Jeune France juive,* éditions Libre-Hallier.

18. *Les Juifs d'extrême gauche en Mai 68,* Albin Michel, 1998.

19. Devenu secrétaire d'État au Trésor des États-Unis lors de la Seconde Guerre mondiale, Morgenthau eut le front de s'en prendre aux Anglais. Devant le refus des autorités britanniques d'offrir 10 000 camions à Eichmann en échange d'un million d'otages juifs, il parla d'un « mélange satanique d'ambiguïté et de glaciale froideur équivalant à une sentence de mort ».

dans certains cas « inventées de toutes pièces ». Lors du désastreux traité de Versailles, Woodrow Wilson fit néanmoins adopter une série de clauses protégeant le droit des minorités de Pologne, redevenue une république en 1918. Trois ans plus tard, la constitution du nouvel État s'appliqua même à reconnaître aux Juifs une égalité de droits et la liberté de culte, mais injustices et difficultés persistèrent, entraînant une nouvelle vague d'émigration.

Lorsqu'à son tour il décide de quitter clandestinement son pays natal, Alter Mojsze a 15 ans. Il part seul, laissant derrière lui quatre années de militantisme. « J'appartenais à la section juive du parti communiste. Le Bund, qui était le grand parti socialiste juif en Pologne, s'est scindé en 1921 entre la tendance socialiste et la tendance communiste[20]. » À cette époque, contestant une frontière tracée à l'Est par le traité de Versailles, la Pologne était entrée en conflit ouvert avec l'URSS, qu'elle n'hésita pas à attaquer et qui riposta en portant ses troupes aux portes de Varsovie. Un danger pour l'Europe et plus directement pour l'Allemagne où des subsides d'apparatchiks s'activaient. Inquiète, la France opta pour l'envoi d'une mission sur le front polonais, dirigée par Weygand, qui remit de l'ordre dans les affaires de la Pologne et renvoya chez lui le frère Ivan, par le traité de paix de Riga.

Bien plus tard, interrogé à Montrouge par un journaliste lors de l'affaire Pierre Goldman, Alter Mojsze exposera les raisons de son départ de Pologne, fin 1924 : « Je ne pouvais plus supporter d'avoir à lutter pour avoir les mêmes droits que les autres. Pour moi, il était impossible de supporter la discrimination[21]. » Le choix de la destination est des plus hasardeuses : l'Allemagne vaincue et humiliée, frappée par la disette, le déclin économique et hantée par le péril bolchevique. Un terreau sur lequel le national-socialisme est en train de prendre germe. Alter travaille six mois avant de pousser outre-Rhin, toujours clandestinement, *avec deux pièces de monnaie cachées dans son col de chemise*[22].

---

20. Wladimir Rabi, *L'homme qui est entré dans la loi: Pierre Goldman*, La Pensée sauvage, supplément à la revue *Les Temps Modernes* n° 353, Paris, 1976.
21. *Ibid.*
22. *Télé 7 Jours*, 1er février 1986.

Lire *Quatre-vingt-treize* traduit en yiddish, ça laisse des traces dans les esprits libertaires.

13 juin 1925. Le grand jour. Le Cartel des gauches participe au désastre économique, Robespierre et Danton ne sont plus que des noms de rues avec plein de cadavres en dessous, mais en comparaison avec l'Allemagne l'adolescent goûte comme un paradis la France des années folles et de la folle inconscience, parenthèse élitiste et frimeuse entre deux massacres. Côté cour et côté jardin, emmené par les surréalistes dans leurs carrosses Art déco, Paris joue d'avant-gardisme et continue d'enseigner au monde comment tenir sa fourchette. Or la grandeur française est passée comme une ombre. Reste l'espoir que le « ce qui était vaut mieux que ce qui sera » ne soit que l'une de ces illusions dont l'Histoire vous guérit. S'il n'en fallait qu'un, Maurice Chevalier, dont M. Poincaré ne verrait pas l'apparition de l'effigie sur son franc dévalué d'un mauvais œil, s'en porterait garant…

« En revanche pour le sport amoureux
J' suis un type fameux
Ma carrosserie et mon moteur
Sont à la hauteur !
Y a mêm' des poul's qui quelquefois
Ont l'esprit étroit
Et trouvent que j'ai un dév'loppement
Trop impressionnant »

Le pain et les jeux... Rock, yéyé et dérivés n'auront qu'à suivre la voie, sourds à celle de Condorcet – « Il n'y a pas de liberté pour l'ignorant. »

« Je serais revenu d'Allemagne en rampant ! » dira Alter. Le malheureux n'en eut guère besoin. « Dégoûté des métiers qu'on appelait les métiers juifs », désireux de devenir un vrai prolétaire aux ongles noirs et aux chemises alvéolées, il se refuse dans un premier temps à reprendre son emploi de tailleur et trouve à se faire engager dans une mine de fer et d'argent à Trémuson[23], ancienne paroisse du domaine de Saint-Brieuc, au fin fond de la

23. Du breton *treb* (village) et de Muson (nom d'homme inconnu).

verte Bretagne. Peuplée d'à peine sept cents habitants en 1920, la commune est située sur l'ancienne voie romaine de Corseul à Morlaix. L'existence des mines de plomb argentifère dans les Côtes-du-Nord (aujourd'hui Côtes-d'Armor) remonte d'ailleurs à cette époque. Exploitée depuis lors de manière très irrégulière, le 9 décembre 1865 la concession fut accordée à Charles Le Maout, après une longue période de vacance. La Première Guerre mondiale provoqua un nouvel arrêt, avec une reprise très énergique en 1922. C'est ainsi qu'après plusieurs essais infructueux l'exploitation industrielle des filons de plomb bouleversa rapidement d'une manière significative l'économie de Trémuson. Le but était d'endiguer l'exode rural en fixant les populations. Pour relever le défi on fit appel à une main-d'œuvre étrangère nombreuse, près de huit cents ouvriers, principalement des Européens de l'Est (Polonais, Tchèques, Allemands, Arméniens, Autrichiens, Serbes), ainsi que quelques Italiens, Espagnols, Suisses, Belges et Portugais. Des sabots aux pieds, un chapeau dur et sur le dos un ciré pour se protéger de l'eau tombant à seau dans la mine, Alter Mojsze Goldman fut de ceux-là, soumis au rythme des 3/8, sans un jour de congé autre que le dimanche et les jours fériés, pour l'exécution d'un travail particulièrement difficile et dangereux (223 accidents furent recensés entre 1922 et janvier 1931, date de la fermeture définitive de la mine). Ce, pour un salaire dévalué par rapport à celui de ses camarades français. « La main-d'œuvre locale a cependant toujours été au moins deux fois plus importante que la main-d'œuvre étrangère, contrairement à ce que pensaient les autochtones qui semblaient déjà souffrir du syndrome du "plombier polonais" », peut-on lire aujourd'hui, non sans sourire, sur le site de la mairie de Trémuson.

Oh ! Il ne s'y éternise pas. Grâce aux renseignements fournis le 13 février 1930 par le préfet des Côtes-du-Nord, Gaston Touzet, à la demande du préfet de police de Paris [24], nous savons qu'Alter a résidé et travaillé dans la cité bretonne successivement

24. Courrier conservé aux Archives nationales dans le dossier de naturalisation d'Alter Moïse Goldman.

« du 21 juillet au 7 septembre 1925, puis du 1er au 30 septembre 1926 ». Dans l'intervalle il a alterné avec un emploi d'ouvrier mécanicien chez un confectionneur parisien. « Je travaillais aux pièces, et je gagnais deux fois plus. C'est la raison pour laquelle j'ai quitté la mine. Mais tous, nous avions la fascination du prolétaire, de l'industrie lourde. Devenir comme les autres. Travailler comme les autres, avoir les mêmes droits que les autres. Et aussi renoncer aux métiers juifs[25]. » Une autre note administrative émargée cette fois par le préfet de la Nièvre, Paul Vacquier, et éditée le 14 mars 1930, stipule que le ressortissant polonais a quitté à nouveau un temps la capitale pour s'installer à Fleury-sur-Loire, « de 1926 à 1927 ». En 1928, le revoilà à Paris où il occupe plusieurs logements, rue du Sénégal, notamment, quelques mois, avant de se fixer 37 rue Levert, dans un meublé du 20e arrondissement. Revenu à son premier métier, tailleur, immatriculé depuis le 14 novembre 1927 sous le numéro 7370, le 1er février 1929, il est engagé chez Darles, un magasin de confection pour hommes, 104 rue des Couronnes, dans le 20e arrondissement, toujours, où les Juifs sont nombreux à s'être établis. « À 20 ans, n'étant pas majeur, j'ai demandé à ma mère de m'envoyer par le canal du consulat de France une autorisation de naturalisation[26]. » Alter souhaite servir en devançant l'appel. Les demandes sont déposées auprès du ministre de la Justice. Le commissaire de police du quartier de Belleville est alors prié par le préfet de police de Paris de recueillir « le plus promptement possible » et de transmettre les renseignements utiles à l'aboutissement ou au rejet de la démarche. Le processus est en route.

Libre d'accès, le dossier de naturalisation du papa de Jean-Jacques Goldman, conservé aux Archives nationales, est une clef essentielle si l'on veut comprendre le chanteur, son parcours, ses convictions. Il confirme les déclarations de M. Goldman en 1976. Au peu de ce que l'on sait aujourd'hui, l'émotion est au rendez-vous à la lecture des diverses pièces encore lisibles, rédigées

25. Wladimir Rabi, *op. cit.*
26. *Ibid.*

à l'encre noire ou violette. La demande d'autorisation maternelle figure dans le dossier. Ainsi que la réponse positive de la maman, déposée à Varsovie devant notaire et visée par le consulat de France. Inscrit dans les registres de l'état civil de la confession israélite du district religieux de Lublin, le jeune Polonais avait déjà veillé à se faire délivrer un extrait d'acte de naissance, signé par l'officier d'état civil de Lublin, un certain Bielinski, le 29 octobre 1929, ainsi qu'un extrait d'acte de décès de son père, délivré le 10 mai 1929, tous deux traduits par Paul Pagva, traducteur et interprète près du tribunal de la Seine. Preuve que la décision d'Alter de devenir français fut un acte mûrement réfléchi et volontaire.

Dans le questionnaire de la préfecture de police de Paris, auquel il se soumet dès le 11 janvier 1930, il dit sa motivation de « devenir citoyen français et faire son service militaire en France ». Le questionnaire est fourni, mais les questions ne sont pas incongrues. On veut s'assurer avant tout que le requérant s'intègre bien dans la société française, que sa conduite et sa moralité sont au-dessus de toute observation défavorable. « Paraît bien considéré », peut-on lire de la main du commissaire de police du quartier de Belleville. Et encore : « Ne s'occupe pas de politique »... Alter s'est bien gardé de relater ses quatre années de militantisme communiste en Pologne, mais lorsque question lui est posée quant à l'activité des siens pendant la guerre de 1914, il hisse toute la famille, sa mère, ses sœurs et lui, au rang de « résistants ». Dans *Souvenirs obscurs d'un Juif polonais né en France,* Pierre Goldman raconte : « Mon père était devenu (jeune) communiste à l'époque où l'Armée rouge assiégeait Varsovie, l'Armée rouge dirigée par Trotski qu'ils appelaient *Laïbèlè* – diminutif affectueux de Léon. Cette passion des ouvriers juifs de Varsovie pèsera dramatiquement sur l'antisémitisme polonais : les Juifs avaient souhaité la victoire des Russes sur la Pologne. » Alors même que la France luttait militairement contre l'Armée rouge sur le front polonais, avec la mission Weygand !...

Par chance, l'Administration française ne se donne pas les moyens de ses renseignements. Vérification faite qu'il parle le français « assez couramment » et que son « degré d'assimilation à nos usages et à nos coutumes » est « assez avancé », on s'enquiert simplement de savoir si, en France, Alter fréquente bien des nationaux, et pas seulement des étrangers. « Appartient à la jeunesse sportive de Puteaux, football, où il joue en amateur ». Voilà qui rassure. Même s'il « n'en fait plus partie depuis quelques mois ». Alter Moïse Goldman est-il susceptible d'une assimilation complète ? La réponse est un oui franc. En revanche, le requérant refuse de s'engager à payer la somme élevée correspondant aux droits (1 276 francs pour la naturalisation et 675 francs pour la réintégration). Le formulaire a prévu ce type de situation. « Dans la négative, quelle somme offre-t-il ? » Alter propose 100 francs, ce qui, selon le commissaire de police, paraît plus conforme à ses ressources, le jeune homme déclarant un salaire de 1 800 francs en saison, avec un loyer hebdomadaire élevé à 380 francs. En 1928, il a payé 380 francs d'impôts. Le mois suivant, Alter fournira un bordereau de situation vis-à-vis des contributions indirectes. 8 février 1930, montant des traites : 348,37 francs payés rubis sur l'ongle. Fort de cela, fort d'une déclaration sur l'honneur de l'intéressé, assurant qu'il n'a jamais été condamné ni en France, ni dans son pays d'origine, ni dans un aucun autre pays étranger, fort d'une attestation appuyée de son employeur, M. Bones, fort d'un certificat d'aptitude physique au service militaire délivré par le colonel commandant le bureau central de recrutement de la Seine, fort d'un satisfecit du préfet de la Nièvre notant que, lors de son séjour à Fleury-sur-Loire, « la conduite d'Alter Goldman et sa moralité, ainsi que son attitude au point de vue national n'ont donné lieu à aucune critique », le 13 juin 1930, sur l'avis positif du commissaire de Belleville, le préfet de police de Paris rend son propre avis : « La requête de Goldman Alter peut être prise en considération. »

Le 28 du même mois, le bureau du Sceau déclare l'exilé polonais apte au service militaire moyennant 152 francs. Le 13 juillet, Alter Moïse Goldman est naturalisé français. Le *Journal officiel* paraît deux semaines plus tard, le 27 juillet. Sa carte d'identité lui sera délivrée en mai 1932, n° 244.749. Goldenberg, Goldenstein, Goldfeld, Goldflam, Goldflus… Rien qu'à la lettre G, énormément de Juifs naturalisés dans le sillage d'Alter, pour la seule année 1930. C'est une époque bénie pour les migrants venus tenter leur chance dans l'Hexagone. La guerre de 14-18 ayant décimé les populations françaises, Corses et Bretons en tête, on a besoin de monde. La crise américaine qui atteindra le pays dès 1932 contraindra plus tard l'État français à serrer la vis dans certains secteurs d'activité, mais Alter peut désormais aller tranquille. Devançant l'appel comme il avait prévu de le faire, il part servir en Algérie dans les chasseurs d'Afrique. « Allez, on peut le prendre, ça fera un bon soldat[27] », aurait lancé le commissaire de police le jour de la présentation de la demande de naturalisation. Un toit. Une famille. Une maison. Ayant retrouvé un logement dans le 11e arrondissement de Paris, au 2 square Servan – sur les listes électorales, il est inscrit à cette adresse depuis 1937 – mais toujours célibataire, lorsque le citoyen Goldman regagne la métropole, la France, *son* pays, il doit reporter *sine die* la réalisation de ses délires « schizo-maniaco-psychotiques », chantés plus tard par son fils. La guerre. Parce qu'elle n'était qu'une menace, elle a fini par éclater. C'est la France qui l'a déclarée à l'Allemagne, ou plutôt le gouvernement français, sans concertation avec les chambres, mais sous l'influence occulte de la Grande Loge d'Écosse qui en aurait intimé secrètement l'ordre à Paris. Le début d'un engrenage fatal dans lequel le monde va bientôt se retrouver impliqué. Mobilisé dès septembre 1939, Mojsze est incorporé dans la 3e DLM. Neuf mois plus tard, c'est le désastre et l'armistice.

Dès l'entrée de la Wehrmacht dans Paris, collabos de la première heure, les « cocos » tentèrent de placer leurs pions en

27. Wladimir Rabi, *op. cit.*

sollicitant de l'occupant la reprise légale de la publication de *L'Humanité,* réduit à la clandestinité depuis le 27 septembre 1939, date du décret de dissolution du PCF engagé par Édouard Daladier[28]. Depuis le début, Staline cherchait à instrumentaliser Hitler dans le but de vider de leurs forces vives les peuples occidentaux, aux fins d'imposer au monde sa révolution prolétarienne, avec la complicité du Parti communiste français, ardent artificier du démembrement moral et militaire du pays. Moscou et Berlin étant à présent sur une même ligne, liés par le pacte germano-soviétique de 1939, que va faire l'ancien émigré polonais ? Alors qu'à Vichy les premières lois antijuives s'élaborent, Mojsze serait revenu à Paris. « J'y suis resté quelques mois, puis je suis allé en zone sud, à Lyon. En 1942, un camarade du YASK[29] m'a fait entrer dans la Résistance. La Résistance juive n'existait encore qu'à l'état d'embryon, mais c'était un commencement[30]. »

On a souvent parlé de la passivité des Juifs face à leur tragédie, les rabbins enseignant à leurs fidèles de ne pas se rebeller afin de laisser s'accomplir la volonté de Dieu. Jean-Jacques Goldman lui-même a évoqué cette résignation, à travers une confession à un journaliste de *La Vie,* en octobre 2000 :

28. Six ans plus tard, dans sa brochure « Réponse aux chefs communistes » (C.T.P., Paris, 1946), le « Taureau du Vaucluse » publiera un texte édifiant remis à la Propaganda Staffel, en 1940, par Maurice Tréand et Jacques Catalas, membres du Comité central du PC, par lequel « forts de la connivence germano-soviétique et de l'aide précieuse qu'ils ont apportée aux vainqueurs en s'attaquant à "l'ennemi de classe", les communistes rappellent dans leurs démarches qu'ils ont été "les seuls à se dresser contre la guerre et à défendre envers et contre tous le pacte germano-soviétique" ». Ils précisent : « *L'Humanité,* publié par nous, se fixait pour tâche d'être au service du peuple et de dénoncer les responsables de la situation actuelle en France [...] de dénoncer les agissements des agents de l'impérialisme britannique qui veulent entraîner les colonies françaises dans la guerre, et d'appeler les peuples coloniaux à lutter pour leur indépendance contre les oppresseurs capitalistes [...] de poursuivre une politique d'amitié franco-soviétique qui serait le complément du pacte germano-soviétique et ainsi créerait les conditions d'une paix durable ». Texte édifiant qui constitue une déclaration de guerre à De Gaulle et une proposition de collaboration franco-allemande par Soviétiques interposés. Cité par Jacques Le Groignec – ancien commandant de la défense aérienne de Valéry Giscard d'Estaing – dans *Pétain, gloire et sacrifice,* Nouvelles Éditions latines, Paris,1958.

29. YASK (*Yiddishe Arbeiter Sporting Cloub,* un « club sportif à tendance progressiste », comprendre proche du parti communiste, au sein duquel Mojsze pratiqua de nombreux sports avant la guerre. La politique et le militantisme jusque dans les loisirs...

30. Wladimir Rabi *op. cit.*

En Pologne, [mon père] *souffrait autant de la passivité de la communauté juive que de l'antisémitisme.* Il faut cependant savoir que, dès 1933, la communauté internationale juive avait relevé le gant en appelant à s'unir contre Hitler par le boycott des marchandises allemandes. « Le judaïsme déclare la guerre à l'Allemagne », titre le *Daily Express* du 24 mars 1933 (n° 10258). « Juifs du monde entier, unissez-vous [...] Le judaïsme est bien décidé à ne pas rester indifférent devant cette renaissance médiévale des émeutes contre les Juifs. L'Allemagne pourrait bien être amenée à payer un lourd tribut pour l'animosité d'Hitler contre les Juifs. Elle va devoir faire face à un boycott international dans le domaine du commerce, de la finance et de l'industrie. Le somptueux marchand juif laisse là ses comptes, l'administrateur la salle du conseil, le boutiquier son échoppe et le colporteur sa charrette pour s'unir en vue de ce qui est devenu une guerre sainte et combattre les ennemis hitlériens des Juifs [...] Les représentants des organisations juives dans les capitales européennes ont convenu de faire des représentations aux différents gouvernements pour qu'ils usent de leur influence auprès du cabinet d'Hitler et l'amener ainsi à l'oppression des Juifs allemands. »

À partir de 1942, tandis qu'outre-Rhin 130 000 Juifs se sont engagés dans la Wehrmacht par facilité, obligation ou par pur patriotisme[31], Alter Goldman choisit de s'illustrer au sein de la section juive de la MOI (main-d'œuvre immigrée), travaillant avec les FTP. « Il y avait plusieurs directions d'action : presse, propagande, solidarité, travail antiallemand, combat. J'ai été chargé du travail militaire et de l'organisation de groupes de combat[32]. » Ce qui vaudra à cet internationaliste déclaré, grand admirateur de Trotsky, la Croix de guerre et plus tardivement la Légion d'honneur, le 19 novembre 1988, onze jours avant sa disparition.

À aucun moment, dans son interview de 1976 où il détaille ses activités, Alter Goldman ne fait référence à Clermont-Ferrand.

31. Bryan M. Rigg, *La Tragédie des soldats juifs d'Hitler*, éditions De Fallois, 2003.
32. *Ibid.*

C'est pourtant dans cette ville qu'en 1944 le Service national des statistiques situe l'ancien émigré polonais. Une première fois, en décembre 1942, le 21, la commission de révision des naturalisations avait réétudié son cas. Après enquête, la nationalité avait été maintenue. En 1943, deuxième examen, requis par le garde des Sceaux près le préfet de police de Paris. Le 16 juin 1944, celui-ci répond au ministre que l'intéressé, vainement recherché dans le département de la Seine, résiderait à Clermont-Ferrand, 34 boulevard Carnot. Partant, le préfet de police de Paris indique au ministre que sa requête concernant Alter Goldman a été transmise au préfet du Puy-de-Dôme, ce, dès juillet 1943, accompagnée d'un historique exhaustif et très indéfini des activités de l'ancien émigré polonais depuis son arrivée en France, dont une copie est adressée au garde des Sceaux. Alors que le militant communiste est en plein cœur de l'action clandestine, on peut y lire : « Bien que les souvenirs qu'il a laissés soient vagues, ils ne sont pas mauvais. Il n'a pas attiré l'attention de nos services aux points de vue conduite et moralité. Il paraît ne pas avoir d'activité politique. Il est difficile d'émettre un avis sur son loyalisme, toutefois ses sentiments à l'égard de notre pays n'ont pas donné lieu à critique. Son assimilation serait bonne. Goldman est inconnu au service des garnis et des prisons, arrestations. » Aussitôt, le garde des Sceaux prend contact avec le préfet du Puy-de-Dôme. Simple formalité administrative… « Je vous prie de bien vouloir me faire parvenir le plus rapidement possible et au plus tard dans le délai d'un mois des renseignements précis sur la situation de famille, la profession, la conduite, la moralité et le loyalisme de l'intéressé et, le cas échéant, sur ses services militaires en me faisant connaître votre avis sur l'opportunité d'une décision soit de maintien, soit de retrait de la nationalité française à l'égard de ce naturalisé. » Certainement notées de la main du préfet, au crayon à papier, apparaissent ces lignes, au bas de la lettre du ministre : « Participation à des opérations de guerre, présence dans une unité combattante, blessures, citation, captivité. » Quelques jours plus tard, lors de sa séance du 24 juillet 1944, la commission de révision des naturalisations rend son verdict. La nationalité française d'Alter Moïse Goldman est maintenue. Aucune des mentions, « retrait » ou « maintien », n'est barrée mais, à l'évidence, il s'agit d'une omission. Le citoyen Alter Goldman – « il semble être de confession juive, bien qu'il soit inconnu du service israélite », avait consigné le préfet de police de Paris à l'attention du garde des Sceaux, en 1943 – n'inquiétera jamais les autorités de Vichy. Preuve de sa totale efficacité.

C'est bien à Lyon que notre émigré modèle fit la conquête de Jeanine Sochaczewska, une Juive d'origine polonaise comme lui et comme lui très impliquée dans les réseaux de la Résistance. « Une militante professionnelle [...] On l'a appelée, après la Libération : la passionaria juive [...] Elle a dit : “Je veux avoir un enfant”, et quand elle est [tombée] enceinte, elle a dit : “Envers et contre tout, je veux cet enfant” [...] L'année 1944 fut une année terrible et très dure à Lyon. Il y avait des attentats tous les jours [33] ». Pierre, au destin si lourd, naît au milieu du chaos, le 22 juin 1944, enregistré sous un faux nom. Dans son berceau, pas de jouets, mais des armes et de la propagande antiallemande. Une stratégie des parents pour traverser la ville. « Je suis né juif et en danger de mort, expliquera le demi-frère de Jean-Jacques Goldman. Je n'avais pas l'âge de combattre, mais à peine en vie j'eus l'âge de pouvoir périr dans les fours crématoires de Pologne. Je suis né dans l'ombre et mon désir fut longtemps qu'on ne m'arrache pas à l'ombre où je suis [34]. » La fin des hostilités scella celle du couple. Pierre vivra dans un premier temps avec sa mère, mais lorsqu'en 1948 celle-ci regagnera la Pologne où elle occupera de hautes fonctions avant d'être l'objet d'une « purge » et de retomber ainsi dans le militantisme actif, Alter l'empêchera d'emmener l'enfant. « Je ne sais si mon père m'a repris parce qu'il m'aimait. Je sais qu'il ne voulait pas que son fils vive dans un pays où des millions de Juifs avaient été

33. Wladimir Rabi, *op. cit.*
34. Pierre Goldman, *Souvenirs obscurs d'un Juif polonais né en France*, Seuil/combats, 1975.

exterminés, un pays antisémite et stalinien. Un pays maudit. C'est tout ce que je sais. Mon père n'exprime pas ses sentiments[35]. » Placé chez une sœur d'Alter qui a gagné à son tour la France, puis bringuebalé d'un foyer l'autre, Pierre à nouveau connaît l'instabilité. Jusqu'à ce que son père rencontre Ruth Ambrunn et l'épouse en juin 1949. Juive d'origine allemande née à Munich en 1922, Ruth était arrivée à Lyon à l'avènement de Hitler, avec sa famille. Pierre est alors légalement adopté par son géniteur qui le prend définitivement, croit-il, sous son aile protectrice.

35. Pierre Goldman, *Souvenirs obscurs d'un Juif polonais né en France*, Seuil/combats, 1975.

Les illusions perdues d'un professeur de violon

Je n'ai jamais rien ressenti en écoutant de la musique classique.

Dans ce contexte familial, Jean-Jacques point en octobre 1951, le 11, au cœur de la nuit, dans le 19e arrondissement de Paris où les Goldman se sont temporairement fixés. Un peu plus d'un an après sa sœur Évelyne. On remarquera le choix des prénoms, témoignage de la puissante volonté d'intégration de ces expatriés fidèles à leur mémoire et à leur douleur mais respectueux de la culture du pays d'accueil. *Mes parents m'ont élevé dans l'amour de la patrie des droits de l'homme, du respect de la devise Liberté, Égalité, Fraternité. C'est l'amour de mes parents pour leur pays d'accueil et l'école de la République qui m'ont donné la fierté d'être français*[36]. Même si… *Avec un père polonais et une mère allemande, même en naissant en France, on a toujours l'impression de venir d'« ailleurs ». C'est peut-être pour cette raison que j'ai passé mon enfance dans une famille un peu repliée sur elle-même*[37].

36. *La Vie,* octobre 2000.
37. *OK !,* 1983.

Bientôt naît Robert, en 1953. L'avenue Gambetta délimite alors le premier champ de vision de ces petits Parisiens « de souche », puisque dans bien des cas de figure, s'il faut s'en remettre à Guitry, et toujours nous nous en remettrons de bon gré à l'esprit du maître, « être Parisien, ce n'est pas être né à Paris, c'est y renaître. » Peu de souvenirs de ce séjour. Jean-Jacques a 5 ans quand la famille quitte la capitale pour Montrouge, une petite ville limitrophe de 36 298 habitants (recensement de 1954). Depuis la délocalisation des diverses imprimeries qui constituèrent jusqu'à la fin du XIXe siècle la principale activité économique de la commune, Montrouge connaît quelques difficultés, mais au fil des ans, il deviendra le fief des Goldman puisque dans le sillon du patriarche le clan s'y établira. *Moi j'ai choisi la banlieue / Si tu crois que c'est facile / Viens donc vivre ici, mon vieux / N'oublie pas ta carabine…* [38]

L'ancien émigré polonais est à présent en mesure d'offrir aux siens une vie conforme à ses aspirations. Plus tard, Jean-Jacques dira avoir été élevé comme un petit-bourgeois, ce dont il refusera d'avoir honte. L'un de ses camarades de classe, témoignant sur le site Copains d'avant, créé au début des années 2000 pour permettre de retrouver d'anciennes connaissances, se souvient avoir été invité par le jeune Jean-Jacques à l'anniversaire d'Évelyne. « Un petit pavillon d'une petite impasse près de l'avenue de la République. » Un détail marqua le garçon, qui nous renseigne sur la position sociale des Goldman : « J'ai décroché le téléphone et la servante m'a dit de ne pas y toucher. Je n'avais jamais vu de téléphone avant ça. » Pour parodier Luc Rosenzweig, les Goldman font partie de ces familles juives « qui se sont construites dans les déchirements d'un exil qui n'est devenu doré qu'à force d'oubli. » Un oubli tout relatif. Mettons que, entre la structure d'origine et la société d'accueil, ces gens ont su trouver un compromis. À la maison, à table, où la politique tient le haut du pavé, le yiddish est d'usage. Peut-être par réaction vis-à-vis de l'extérieur… *Mes parents ressentaient le danger tout le temps. Partout.*

---

38. « Sans un mot », paroles et musique de Jean-Jacques Goldman.

À travers une certaine façon de marcher dans la rue[39]. Les réfugiés ayant fui les pays de l'Est « communisés » par Yalta ont livré des confidences similaires sur l'attitude de leurs parents à leur arrivée en France. Chacun ses fuites et son qui-vive. À l'instar de ces déracinés, Ruth et Mojsze Goldman ont toujours considéré la France comme une providence. Cela a-t-il placé Jean-Jacques hors d'atteinte de tout racisme ? Chaque insulte est une insulte de trop, mais il relativise : *En essayant d'être objectif, je ne crois pas l'avoir rencontré plus que des rouquins que l'on appelle « Poil de Carotte », que des Italiens que l'on appelle « ritals », que des gros que l'on appelle « gros patapouf », cette espèce de racisme ordinaire qui existe chez tous les mômes et touche n'importe quelle différence. Il est vrai que j'ai eu quelques « sale Juif » et autre du même genre, mais ce n'était pas franchement à la manière de ce que l'on appelle vraiment le racisme et l'antisémitisme*[40].

Ruth et Mojsze ont une tout autre approche de l'injure. Pour ces miraculés, elle n'a pas la même signification parce qu'elle ramène instinctivement à des souvenirs indélébiles. Ils la redoutent sans toutefois exclure la possibilité de devoir y faire face. Pendant la guerre, recherchée, Ruth avait dû vivre longtemps cachée. *C'était les années 50, alors, la guerre n'était pas loin. Ils avaient cette inquiétude dans le sang. Ce n'est pas tragique mais cela te permet de prendre conscience de certaines choses*[41]. D'où ce sentiment de méfiance exprimé par M. Goldman, le jour où je suis allé déposer l'enveloppe « administrative » aux bons soins de son chanteur de fils ? D'où l'attitude de repli observée par celui-ci, le fait qu'il préfère l'ombre à la lumière, les tête-à-tête avec lui-même aux excès d'enthousiasme de la foule, les plages de réflexion aux réactions impulsives, le calme d'un automne pluvieux aux agressions des soleils aoûtiens, les endroits clos aux vastes champs médiatiques ? *Quand j'arrive dans une salle, je n'aime pas que l'on me regarde, je n'aime pas le regard des*

39. *Le Journal* (magazine du fan club de Patrick Bruel), mars 1993.
40. Europe 1, *Studio 1*, mars 1986.
41. *Le Journal* (magazine du fan-club de Patrick Bruel), mars 1993.

autres sur moi. Je ne peux pas dire que j'en souffre mais je déteste être la vedette d'un endroit. Cela a toujours été comme ça, même à l'école[42].

Conscient de devoir fournir le minimum exigé par des parents qui se sont élevés au mérite, Jean-Jacques n'entame pas une scolarité de premier de la classe. On est cependant loin de l'option « cancre de service » si valorisante dans une bio d'artiste. « Bon élève, sans se fouler »[43], spécifie sa mère. Globalement et dans le détail, l'enfant donne toute satisfaction à ses géniteurs. *Ça s'est très bien passé entre nous. Mais je crois que j'appartiens à une génération où nous n'avons pas véritablement posé de problèmes à nos parents. À la maison, je n'ai jamais contesté l'autorité parentale. Mais de leur côté, ils étaient incontestables. Je pouvais discuter librement avec eux, ils m'écoutaient et me traitaient en adulte. Ils ne m'ont jamais traité en gamin et ne m'ont jamais sorti des trucs du genre : « Tu verras quand tu seras plus vieux... » Ça n'existait pas à la maison. Du coup, il n'y a jamais eu de conflit. L'ambiance familiale était assez cool*[44] [...] *Je me souviens que chez mes parents on restait longtemps autour de la table, à parler. C'était des discussions sans fin, qu'on continue à avoir encore aujourd'hui. C'était très passionné, très chaleureux, même lorsqu'on n'était pas d'accord*[45].

Une harmonie dans laquelle Pierre, devenu pensionnaire et de ce fait de plus en plus absent, va néanmoins venir jeter quelque trouble. Très intelligent, mais d'une nature trop accusée pour ne pas devenir rebelle, on ne compte plus les établissements d'où cet écorché vif se fait exclure, parmi lesquels le lycée Lakanal, à Sceaux, où Alain-Fournier rédigea *Le Grand Meaulnes*. Son baccalauréat en poche, il intègre la Sorbonne. Il y milite aussitôt, avec une exaltation inquiétante, d'abord au Front universitaire antifasciste, puis à l'Union des étudiants communistes (l'UEC),

42. *Le Journal* (magazine du fan-club de Patrick Bruel), mars 1993.
43. Europe 1, *Studio 1,* 1986.
44. *OK!,* décembre 1987.
45. *OK!,* 1983.

liant partie avec Bernard Kouchner, Alain Krivine, Serge July et comparses. « Actif, bagarreur, adepte du karaté, il sera l'un des gorilles pensants de ce mouvement, avant de rejoindre les trotskystes des Jeunesses communistes révolutionnaires », précise le commissaire Leclerc dans ses *Mémoires*. L'heure du service militaire approche. Il est déclaré apte, mais il choisit la clandestinité. Enfin la Résistance [46] ! » Recherché, Pierre s'enfuit quelques mois en Pologne, chez sa mère. De là, il passe au Benelux où il fraye avec différents groupes d'extrémistes européens de gauche, avant de s'exiler en Amérique du Sud. Après le Mexique, fasciné par l'« œuvre » de Castro, il suit à Cuba une formation de guérillero, dont il fera l'usage au Venezuela, intégrant les bandes armées de Douglas Bravo et participant à leurs côtés à de fabuleux hold-up. Les événements de Mai 68 le ramènent à Paris. Commissaire Leclerc : « Il n'a campé qu'un soir dans la Sorbonne occupée… armé d'un pistolet et la tête remplie de funestes projets. On l'appelait Pierrot-le-fou. » Il le reconnaîtra lui-même : « Je connaissais quelques militants très impliqués dans la conduite des combats étudiants. J'allai voir l'un deux, il appartenait au Mouvement du 22 mars, et je lui proposai une action armée […] À cette violence surprenante, le gouvernement opposerait une réponse militaire et la situation en serait bénéfiquement aggravée, radicalisée […] Et là, je fus regardé comme un fou [47]. » Révulsé de constater qu'à l'action les beaux parleurs substituaient le verbe, Pierre reprit le large en direction de l'Amérique latine. Pas pour très longtemps…

Avec le recul et vu de l'intérieur, il semble admis que le mal central dont souffrait Pierre Goldman eut quelque lien avec ses antécédents familiaux. Ses parents avaient échappé à la déportation, mais d'autres membres de sa famille n'eurent pas cette chance. Pierre aurait développé le syndrome de ces enfants de déportés victimes de la transmission transgénérationnelle de manifestations psychopathologiques liées directement au

---

46. *De l'antigang à la criminelle*, Plon, 1993.
47. Pierre Goldman, *op. cit.*

traumatisme de la déportation. Un sentiment de culpabilité d'avoir une jeunesse plus heureuse que celle de leurs parents, en somme. Les voyages en Pologne, chez sa mère, sont loin d'apaiser les tourments et les impulsions de ce garçon en perpétuelle agitation et incapable de se fondre dans le moule sociétal. Hanté par la Shoah, il y dévore des livres sur la guerre d'Espagne et la résistance antifasciste, de plus en plus acquis à une culture de la mort et du néant, qui ne le quittera plus.

Nettement moins remuant, Jean-Jacques est à l'opposé de cet être de feu. Contrairement à lui, face à la souffrance des siens, aux combats passés et à la fois si proches, on pourrait le croire comme en sommeil. Leurre. *Petit, d'après mes parents, je montais dans la voiture en disant : « On va avoir un accident et on va tous mourir*[48] ! » Sous les eaux dormantes, il y a un gamin qui se débat et s'interroge. Sans pouvoir toujours exprimer tout ce qu'il ressent et que ses *cauchemars*[49] à répétition traduisent parfois. *J'étais très fasciné par les autres et je me sentais comme la masse des gens. Ce que je me sens encore, d'ailleurs*[50] [...] *J'enviais ceux qui avaient plus de bagout*[51]. On pourrait le définir comme un rêveur immédiat sans projection particulière. Un ersatz de lunaire solidement rattaché à la terre par tout un tas de choses qui ne ressemblent pas à des chimères. Certes, on ne fera jamais de lui une personnalité en vue, mais il ne sera pas non plus un voyou de série B au casier judiciaire chargé. Pas d'idéalisme forcené. Pas d'alcool. Pas de belles gitanes planquées sous le matelas. Pour avoir certainement essayé, il sait que le tabac fait tousser. Pas même un vol de mobylette pour faire le paon devant une dinde coiffée à la BB ! Pas de mobylette du tout, d'ailleurs. Un gosse méfiant et insensible aux chants des mauvaises sirènes, le fils Goldman. Un être visiblement dépassionné. On a souvent parlé de « normalité » à son égard, mais là est sa prouesse.

---

48. *Télémoustique,* 5 juin 2003.
49. *OK !,* décembre 1985.
50. RTL, *Grand Format,* 29 juillet 1991.
51. *Le Soir,* 16 février 1994.

Son héroïsme. Sa différence. Sa force. *Je n'ai jamais dit merde à mes parents*[52]. Il va au cinéma et au spectacle avec papa maman, les suit en vacances partout où ils décident de se rendre, se fait offrir les livres qu'il a envie de lire, ou les disques de Jean Ferrat (le chanteur), qu'il aime passer en boucle sur son pick-up, et ne réclame pas d'autre argent de poche que celui gagné en lavant la voiture familiale ou en vendant du muguet dans les rues de Montrouge. Et lorsqu'à la maison on lui donne du « Chinois[53] », il sourit et laisse dire. *Je n'ai jamais su si c'était pour mes yeux bridés ou bien pour mes silences qui pouvaient durer des heures*[54]. Il y a de l'amour dans tout cela. La taquinerie, méchanceté des bons.

La solitude est déjà sa meilleure compagne, un terrain où il se sent en lieu sûr. *Au lieu d'aller faire du vélo ou jouer au foot, je dévorais des livres, allongé sur le lit de ma chambre. J'ai toujours été un enfant très renfermé, n'aimant pas me mêler à la foule*[55] [...] *Quand je vois des ados en bande, ce que j'envie beaucoup, c'est cette inconscience d'âge. Ce côté équipe de foot en virée, troisième mi-temps, tout ça me fascine un peu, j'ai une inaptitude totale à ça. Je suis très envieux de ça, oui*[56]. Jean-Jacques est né seul. Il le restera. Le plus souvent possible. Pour les siècles à venir. Les autres vous révèlent, mais la connaissance vient de soi. Il ignore la notion de « meilleur ami », ces idoles éternelles que l'on se crée à l'âge des premières illusions. *Je changeais d'amis, de copains, comme de classe*[57]. Une solitude nécessaire pour mieux observer le monde. Spectateur. « Ni il n'était seul dans son coin, ni il n'était le leader de grands chamboulements dans les écoles[58] », ajustera son frère Robert. Quant à ce qu'il fera quand il sera grand... Robert, encore :

---

52. *Le Soir*, 16 février 1994.
53. « Goldman Story », 1994, site www.parler-de-sa-vie.net, rubrique « Écrits ».
54. *OK !*, 1983.
55. *Ibid.*
56. *Le Soir*, 16 février 1994.
57. *OK !*, décembre 1987.
58. RTL, *Grand Format*, juillet 1991.

« Il y a des jeunes qui deviennent médecin ou pompier et qui disent que lorsqu'ils étaient petits ils rêvaient d'être médecin ou rêvaient d'être pompier. Lui non. Jamais on n'avait le genre de discussion que l'on prête souvent aux enfants, du genre : "Quand je serai grand, je ferai ceci, quand je serai grand, je ferai cela." » Plus tard, avec Michel Drucker, leur mère confirmera. À la question : « Lorsqu'il avait 10, 12 ans quelle était sa vocation, quels étaient ses rêves ? » Ruth eut ces mots : « C'est difficile à dire, il se laissait très bien diriger, il n'était pas bien décidé [59]. »

Avant de travailler dans le magasin de sport monté par son mari, Ruth a fait métier d'accompagner de jeunes enfants dans une démarche éducative et sociale globale en lien avec leur famille. Éducatrice d'enfants, en termes plus concis, une profession encore appelée « jardinière d'enfants » [60]. Pour connaître bien les petites personnes, elle s'étonne parfois de l'isolement de son avant-dernier. Toujours à l'écart des groupes et des slogans de ralliement, Goldman ne gardera pratiquement aucun contact avec ses camarades de prime jeunesse. *Je n'ai pas un bon souvenir de mon enfance, ni de mon adolescence. J'avais des parents très bien, mais durant tout cet âge-là, je me sentais un peu victime de ce monde adulte. Je n'étais pas content d'être là, dans l'ensemble* [61]. Rien pour lui donner envie de l'être ? Sauf à vouer un culte discret à Davy Crockett, un vieil ami présenté à Évelyne Pagès, lors d'une interview sur RTL, en 1991 : *J'avais un grand Davy Crockett, un soldat de plomb, un cadeau de Noël. Peut-être que j'avais trois ou quatre ans, j'étais un peu fasciné par* [lui]. *Je ne me rappelle pas avoir vraiment eu envie de devenir Davy Crockett. J'aimais bien Davy Crockett.* Le célèbre Davy, héros populaire de l'histoire américaine, plus grand et plus beau que papa mais, comme lui, armé d'une conscience et de convictions. Ses amis indiens, contre l'expropriation desquels il lutta de toute son influence, et qui le parèrent des plumes de leur estime,

---

59. Europe 1, *Studio 1,* mars 1986.
60. O'FM, 29 décembre 1993.
61. Europe 1, *Studio 1,* mars 1986.

doivent beaucoup à ce soldat-trappeur devenu un vertueux politique. « Davy, Davy Crockett, l'homme qui n'a jamais fui... » Goldman choisit ses héros, mais ne les envie pas.

L'école ? Ni « sensas ! », ni « j' veux pas ! », le garçonnet s'y rend généralement sans émotion particulière. *L'école, la fac, j'ai toujours aimé,* devait-il déclarer dans l'une de ses premières interviews. Avant de contre-déclarer quelques années plus tard : *Je me rappelle que je m'ennuyais à l'école.* Un sentiment qui ira croissant. *Je me suis ennuyé pendant toutes mes études. J'en veux beaucoup au corps professoral français. Parce qu'en plus, il y a beaucoup de choses maintenant qui m'intéressent en histoire, en géographie. Je découvre tout ça dans la vie et quand je pense qu'ils ont réussi à me faire haïr tout ça : la littérature, les maths, la géologie, la géographie, l'histoire. Je leur en veux terriblement d'avoir perdu tellement de temps avec eux* [...] *Franchement, le souvenir que j'ai de mes quinze ou vingt ans d'études, c'est cette horloge grise, derrière, ronde, avec ces minutes si lentes, alors qu'elles me paraissent tellement rapides maintenant. Vraiment, je ne pardonne pas ça. Entre 6 et 20 ans, on a tellement mieux à faire*[62]. Goldman et ses paradoxes... *En tout cas, je ne revendique pas de ne pas être contradictoire*[63].

Jean-Jacques pratique-t-il une ou des activités sportives ? S'il passe son brevet « 25 mètres nage libre », ou s'il concourt pour de premières étoiles en ski, à Courchevel, c'est pour les obtenir. Alors il les obtient. Point. Tout comme il se rend aux cours de violon où ses parents l'ont inscrit, avec l'impression d'apprendre les sciences naturelles. Cet instrument noble fait pour tirer les larmes lui laisse les yeux secs. *Je n'étais pas très intéressé non plus par la musique et la chanson*[64]. Ce qui aura le don d'exaspérer son professeur, huit années durant. « Il ne me satisfaisait pas beaucoup parce qu'il ne travaillait pas assez. Alors, un enfant doué qui ne veut pas travailler, j'ai envie de

62. RTL, *Grand Format,* juillet 1991.
63. *Rock & Folk,* décembre 1981.
64. RTL, *Grand Format,* 29 juillet 1991.

l'étrangler tout de suite[65]. » Le violon est exigeant. Son apprentissage une petite inquisition. *Une fois que vous avez fait dix ans de cette espèce d'instrument de torture, je crois que vous êtes capable de jouer de tous les instruments*[66] ! Un acquis pour un dégoût ? *J'ai vraiment fait beaucoup de classique, et je peux vraiment dire que je n'aime pas du tout la musique classique. Je n'ai jamais rien ressenti en écoutant de la musique classique. Plus j'en entends, et moins je ressens quelque chose*[67] ! Haydn, Liszt et Chopin devraient pouvoir s'en remettre. *Surtout Schuman et puis Mozart*[68]...

---

65. M6, *Plus vite que la musique,* juin 2003.
66. Interview vidéo du 7 avril 1986 (accessible sur www.dailymotion.com).
67. RTL, *Grand Format,* juillet 1991.
68. « Comme toi », paroles et musique de Jean-Jacques Goldman.

Le Dieu noir est français

Ma première guitare, je pense que c'est mon cousin qui me l'a prêtée. J'ai dû la lui racheter par la suite ou la demander pour un anniversaire.

Il a 10 ans. *Comme dans toutes les familles juives, on m'a mis au piano*[69]. Il semble que cet instrument d'ambiance convienne davantage aux doigts longs et fins du beau Jean-Jacques. Même si *ma sœur était bien meilleure que moi*[70]… Parce qu'il est beau, notre « Chinois ». Un cheveu souple et soyeux, des lèvres pleines et sensuelles, une dentition parfaite, étincelante, pour un sourire chaud, lumineux et engageant qui le rendent furieusement vivant dès qu'il s'en acquitte. Et ces yeux !... A-t-il conscience de son potentiel biologique ?

69. *Rock & Folk,* novembre 1975.
70. *OK !,* 1983.

Un jour, une fille m'a dit que j'avais les yeux profonds. C'est marrant, personne n'avait remarqué que j'avais les yeux profonds entre 22 et 32 ans.... En fait, à 100 000 albums on est pas mal, à 300 000 on devient vraiment intéressant, et à 500 000, alors là je te raconte pas, on est carrément irrésistible[71] ! Coquetterie ? Même avec une petite gueule à renverser un plateau de religieuses, on est généralement le dernier à succomber à ses charmes. Or il en rajoute... *À 14 ans, je n'avais aucun succès ! Ça va peut-être vous paraître idiot, mais jeune adolescent je ne connaissais pas de filles. C'est vrai, je n'en connaissais pas ! Il faut dire que, jusqu'en seconde, je me suis trouvé dans des classes où il n'y avait que des garçons. Je me souviens seulement d'une copine que j'appelais de temps en temps au téléphone parce qu'elle n'habitait pas Paris. Cette fille, je l'avais rencontrée lors d'un séjour dans une famille en Angleterre*[72]. Sans être sûr du prénom, Goldman n'attribue à cette relation que des vertus amicales, sans un seul regard en biais, ni tentation de part et d'autre. *De toute façon, j'avais 13/14 ans, les filles, je ne les intéressais pas beaucoup. Franchement, je n'avais pas de succès avec les filles. C'était le bide total ! Je dois reconnaître que je n'étais pas très attirant non plus* [ce que démentent les photos d'époque] *; j'avais les cheveux courts et je portais des culottes courtes, comme un enfant maintenant*[73]. Légère contradiction avec d'autres propos tenus dans la même interview : *Les jean's étaient interdits. C'était pas un problème, le look. Tout le monde était habillé, coiffé de la même façon. Personne ne s'identifiait alors à quel- qu'un d'autre, à une idole, au point d'essayer de lui ressembler*[74]. Et ailleurs encore, évoquant les sempiternelles discussions politiques à table : *Ça m'intéressait, mais j'étais plus amusé par la musique et les filles*[75].

---

71. *Chanson*, 1984.
72. *OK !*, décembre 1987.
73. *Ibid.*
74. *Ibid.*
75. *L'Express Weekend* (Belgique), 29 avril 1994.

Grazianna a l'âge de Goldman. Montrougienne de naissance, elle a gardé un souvenir très précis du Jean-Jacques « d'avant ». « J'habitais alors rue Verdier et il venait répéter avec des copains de mon bloc. Je l'ai par ailleurs souvent croisé dans la rue ou bien, plus tard, au magasin de ses parents, *Sport 2000,* où j'étais cliente et qui marchait très bien. Je peux vous dire qu'il était loin de laisser indifférent ! Qu'est-ce qu'il était mimi ! [76] » De l'attrait folâtre pour les p'tits gars de Montrouge… Dans les années 30, invitée à animer une kermesse à Montrouge, Joséphine Baker s'était vu demander par le maire enthousiaste : « Ah ! Joséphine, quel plaisir vous nous avez donné, que pouvons-nous vous offrir en retour ? » Et la panthère noire de pointer du doigt un homme, très beau, qui dansait sur la piste avec sa femme : « Je veux ça ! »

Plus sérieusement, Gainsbourg ou Aznavour eurent, eux, à souffrir réellement d'apparences non « conformes ». Le physique intelligent de Goldman a longtemps été pour lui un atout solide avec lequel il a flirté, sans jamais abuser. On peut tricher à bien d'autres égards, mais le charme ne se fabrique pas. Je me souviens d'une émission, *L'Académie des neuf,* à laquelle il participait au début des années 80. Quand l'animateur lui fit part d'un sondage qui le classait en tête des hommes les plus séduisants, il prit un air farouchement étonné. « Julien Clerc est un bel homme, pas moi », bredouilla-t-il en substance, s'excusant presque. Trop de modestie gêne la modestie. Du reste, chez JJG, comme il signe ses lettres, modestie et gentille démago donneront parfois l'impression d'osciller, sans que la réelle honnêteté intellectuelle de l'intéressé n'ait à en souffrir. Même si la notoriété, la fortune et le pouvoir allongent forcément les cils, et même s'il n'aura jamais le regard bleu des héros de la collection « Signe de piste », qui trouble les adolescentes des années 60, dans la cour du lycée elles doivent avoir été quelques-unes à se noyer dans un certain regard sans que l'intéressé en ait pris conscience. Les garçons qui ont l'air de ne pas y toucher, les filles adorent ! Peut-être Jean-Jacques a-t-il consigné ses premiers émois dans le journal intime

76. Entretien avec l'auteur, le 18 octobre 2010.

qu'il tient régulièrement et dans lequel il couche, en rime ou en prose, tout ce qu'il ne parvient pas à dire ?

Les années 60 battent leur plein. À l'heure où les yéyés prennent les tympans d'assaut, l'avant-dernier des enfants Goldman ne soupçonne pas vraiment l'existence d'une vraie chanson française. Il ignore que pour être foisonnante celle-ci est l'héritière d'une longue histoire qui se confond primitivement avec celle de notre littérature. Une grande partie des textes littéraires du Moyen Âge étudiés aujourd'hui dans les lycées et les universités étaient faits pour être chantés. Troubadours du Midi, trouvères du Nord, chansons de geste accompagnées d'instruments de la famille de la vielle ou du rebec... Ronsard estimait que « la poésie sans les instruments ou sans la grâce d'une ou de plusieurs voix n'est nullement agréable. » Puis la chanson est devenue essentiellement populaire et la poésie a trouvé refuge dans les livres. Pour ne citer qu'elle et la bien citer au nom de tous les autres, il faut avoir vu Cora Vaucaire interpréter « Drouot », de Barbara, sur scène, sans autre accessoire que le verbe et le geste, pour perdre tout complexe devant les casses-pattes de l'Amérique. Légataires de tant d'autres et inspirateurs d'autres encore, ces femmes-là quand elles s'expriment traînent des théâtres entiers derrière elles.

Or, au mépris des Brel, Brassens, Aufray, Leclerc ou Béart, qui ajoutent quelques rimes de noblesse à la chanson française contemporaine, le truc de Jean-Jacques va précisément devenir l'anglo-saxon. Quand, même à 16 ans, ignorera-t-il paradoxalement qui sont les Beatles, lorsqu'il rêvera, ce sera en anglais. Il y a un déclencheur à cela. *Une chose qui m'est arrivée, qui a été fondamentale dans mon existence un peu grise, un peu sans désirs et sans grands plaisirs.* Mais encore ? *Un jour, j'étais dans une boîte par hasard – je ne sortais pas beaucoup, ça devait être pour le Nouvel An – je devais avoir 14 ou 15 ans, et j'ai entendu « Think », par Aretha Franklin. Je peux dire que c'est l'événement qui a probablement bouleversé ma vie. Je me suis dit, là, je suis en train de ressentir quelque chose qui me donne un plaisir qui est hallucinant. Je suis devenu fou en écoutant cette chanson, alors que j'étais vraiment un enfant très calme. Vraiment, ça m'a procuré une sensation...* [77] Une voix qui vient redéfinir avec précision tout ce à quoi Goldman aspirait secrètement. Sa sensualité musicale déjà exercée en prend un grand coup. Subjugué par « l'atmosphère, un plaisir non intellectuel, absolument pas raisonnable, complètement physique », il apprend que « Lady Soul » est née à Memphis, la ville du King, qu'elle est fille d'un pasteur très fervent. Composante essentielle manquant à sa vie banale, l'âme noire pénètre le petit Juif et le guide vers d'autres gimmicks.

Depuis le chevalier de Saint-Georges, maître à jouer de Marie-Antoinette, la France a toujours été plus qu'une terre d'élection, un tremplin providentiel pour les artistes noirs. En 1925, dans la *Revue nègre,* Bechet et Armstrong mirent l'Hexagone au bout de leurs instruments au théâtre des Champs-Élysées. Une génération perdue qui, pour eux, fut un Paris gagnant. De son côté, affecté au 369e régiment et envoyé en France pour y distraire les troupes américaines, Noble Sissle, connu pour avoir créé à Broadway, avec son partenaire Eubie Blake, les premiers grands *musicals* entièrement montés et joués par des Noirs, fit ses premières armes chez nous, dans le fameux Jimmy Europe, l'étoile montante du jazz. En voyant un jour, dans un village des Vosges, une vieille dame répondre au son du saxo par un pas de danse proche du « *walking the dog* », une certitude lui vint : celle que « la musique américaine deviendrait un jour la musique du monde entier. »

Argument supplémentaire pour Jean-Jacques, d'aimer et d'apprécier Aretha à sa juste et haute valeur : John Hammond. C'est lui qui a un jour repéré l'étoile du rythm' n' blues, comme il avait découvert Bob Dylan. Dylan que Jean-Jacques découvre de son côté à l'Olympia, un soir de 1965. Son premier concert. Il a 14 ans. Toujours il gardera la vision sublimée d'une immense bannière américaine déployée derrière le créateur pacifiste

---

77. RTL, *Grand Format,* juillet 1991.

de « The Times they are a-changin' ». L'Amérique, pays obligé du rêve pour tous les émigrés de la terre, les Juifs notamment, qui s'y sont regroupés en une puissante diaspora. Jean-Jacques y puisera beaucoup de ses influences, au point de chanter de toute son âme noire l'Amérique des pionniers, à une époque où celle de Reagan ralliait contre elle une bonne partie de l'opinion internationale.

C'est peu ou prou vers la même période, lors d'un séjour linguistique dans une famille anglaise, à Londres, qu'il entre en communion d'esprit avec une autre icône de la musique black : Jimi Hendrix, devenu très jeune l'égal des plus grands musiciens. De cette figure de proue du mythique concert de Woodstock, en 1968, Goldman dira : *J'adore son modernisme et son originalité selon moi jamais égalés. Tous les soirs à Londres, j'allais dans un pub où il y avait un juke-box et vingt fois de suite je réécoutais son disque, l'oreille collée à l'appareil. Mon plus grand regret : ne pas l'avoir vu sur scène*[78]. Déjà il réagit en musicien. Ce qu'il est devenu. Piano. Violon – il a véritablement arrêté après le choc Aretha (*ça faisait dix ans que je faisais du classique sans ressentir la moindre chose*[79]). Guitare, maintenant. Grâce à ses économies, il vient de s'en offrir une d'occasion au prix de 700 francs. Un deal familial, semble-t-il… *Ma première guitare, je pense que c'est mon cousin qui me l'a prêtée. J'ai dû la lui racheter par la suite ou la demander pour un anniversaire*[80]. La musique comme un exutoire. Un second souffle qui ne doit pas mordre sur les études. Les parents ont prévenu sans avoir à hurler. Jean-Jacques le raisonnable. Que fera-t-il de sa vie, en a-t-il une idée plus précise ? De la musique, peut-être. De la musique sûrement. *Just playing.* Jouer sans penser à la gloire et à l'argent, toutes ces excellentes raisons qui finissent par se venger à la fin. *Les premières émotions, on les a à 6 ans, à 8 ans, quand on joue du violon dans un petit orchestre de chambre, par exemple. Et puis que, tout*

---

78. Jimi Hendrix est mort le 18 septembre 1970, à l'âge de 27 ans. Il est toujours considéré comme le meilleur guitariste du monde.
79. RTL, *Grand Format*, juillet 1991.
80. *OK !*, décembre1985.

à coup, on se rend compte qu'avec un petit morceau de bois, des cordes en métal tendues dessus et puis du crin, on arrive tout à coup à faire quelque chose de joli. C'est cela les premières émotions musicales, car on sait que notre vie va se dérouler dans ce coin-là[81]. Jean-Jacques Goldman a donc eu très tôt la révélation que la liberté par l'affirmation de soi lui viendrait d'ailleurs, d'un monde parallèle et secret, où les sensations sont prodigues. Pour l'adolescent qu'il est alors, l'ambition est une notion bizarre, un mot étranger dont il connaît l'orthographe mais pas le sens. L'ambition pour quoi faire ? Ça n'est pas de son âge. *Et je plains les plus malins / Et je plains les ambitieux.* La musique pour la musique. Mariage hypothétique ou fécond entre les sons et les mots. Et s'il ignore les mots, c'est qu'il n'a pas encore entendu Ferré.

D'aucuns se sont souvent interrogés sur le manque d'ambition déclaré de Jean-Jacques Goldman. Quand on est/naît musicien, peut-on passer toute une vie à jouer dans une cave, sans songer un seul instant à partager avec le nombre ? Même s'il jurerait le contraire, parce qu'à 15 ans, demain c'est toujours trop loin, même si à pareil âge on pense souvent tout et le contraire de tout en légitimant ses certitudes sur les pages d'un journal de bord prévu à cette fin, Jean-Jacques n'est pas sujet à caution. Les chapiteaux enflammés ne sont effectivement pas pour ce garçon traqueur et ultra-discret que les autres semblent ne pas voir, ce qui lui convient parfaitement. Pour l'heure, ce dont il rêve c'est d'égaler les grands classiques qu'il s'est choisis pour modèles : McCartney pour le son de basse ; Johnny Winter et Eric Clapton pour les accords. Entre technique et feeling, s'imprégnant de la façon qu'ils ont de jouer, sur le pick-up, à toute petite vitesse, il passe et repasse leurs disques. *Johnny Winter est peut-être le guitariste qui m'a le plus influencé. Très maigre, très blond (il est albinos), habillé tout en noir, son look n'avait rien à envier à Boy Georges*[82] !

---

81. TV5, 20-21 novembre 1999.
82. *OK !*, août 1985.

Le fils Goldman n'est pas le seul à se découvrir un engouement pour l'évolution de la nouvelle musique noire américaine, d'Otis Redding à Percy Sledge, en passant par Roberta Flack. Dans la France déprimée qui prépare Mai 68, certains pour le snobisme, d'autres pour le fun, on fait sursaut en se calquant sur la *black attitude*. Tous ces chanteurs de couleur qui, lorsqu'ils n'appellent pas à la violence en réclamant pour eux seuls un pouvoir qui serait exclusivement noir, prônent le retour à une notion d'humanité partagée, ceux-là font recette et leurs textes sont perçus comme une bouffée d'air frais. Comme autrefois Duke Ellington dans le sillage des Bechet et Armstrong, sous le joug de leurs notes les Européens se redécouvrent une animalité primaire trop souvent méprisée par les rigueurs de leur statut d'hommes blancs. C'est l'un d'eux, le père Dufourmentelle, un prêtre n'ayant « pas d'oreille musicale » et chantant « horriblement faux[83] » qui, contre toute attente, servira de levier initial à la gloire de « l'Homme en or », amenant le jeune homme à une prise de conscience de son potentiel. Grâce ou à cause de lui, Goldman délaisse définitivement le violon et la musique classique pour ne plus adopter que la guitare. Bientôt, son premier groupe est formé : The Red Mountains Gospellers. *C'est un peu pour me guérir de ma timidité et de mon isolement que j'ai commencé à faire partie des groupes qui se montaient au lycée. Beaucoup d'adolescents vivent le même genre d'expérience sans pour autant rêver d'une carrière artistique. C'était tout à fait mon cas. Pour gagner un peu d'argent de poche, on chantait dans les bals, les salles des fêtes*[84]. L'événement majeur, pour ce garçon qui n'a pour seul défit que de s'épater lui-même, est alors l'enregistrement à l'orgue d'un 45 tours, avec des morceaux comme « Jericho » ou « Colors », financé par la paroisse Saint-Joseph de Montrouge. Tous les dimanches seront désormais réservés aux gospels, ces lointains chants d'espoir aux paroles tour à tour tristes ou traversées par la gloire de la joie rayonnante et douce. Oui-da,

---

83. *France-Dimanche,* 12 mars 1984.
84. *OK !,* magazine, 1988.

mes ouailles, le fils de Ruth et de Mojsze chantera maintenant dans la maison du dieu des chrétiens et béni soit qui mal y pense !

Des années plus tard, pour les besoins d'un documentaire, Jean-Jacques reviendra sur les bancs de la petite église. À la question du journaliste l'interrogeant sur la singularité pour un Juif de se retrouver isolé dans le chœur d'une assemblée de chrétiens, Goldman se perdra d'abord en bégaiements. *C'est-à-dire... euh... de temps en temps, je me sentais un peu seul, effectivement, mais...* Avant de se retourner vers une représentation du Christ en croix et de lâcher effrontément : *Oh ! j'étais pas le seul Juif, là-dedans, il y en avait bien un autre !* Délicieux blasphème pour lequel le pêcheur magnifique ne put que se faire absoudre par qui l'on sait, lorsque, en duo avec Michael Jones, son complice de toujours, il interpréta sous la voûte, entre deux cierges allumés, un « Rain » solennel et déchirant, apte à convertir le dernier des agnostiques. *« Listen to the falling rain, listen the rain fall »...*

Jésus n'a jamais fait peur à Goldman. Ni Goldman à Jésus. Les valeurs chrétiennes n'entrent pas en contradiction avec les convictions profondes de l'homme. On les retrouve dans certains de ses actes visibles et ses engagements publics constituent aujourd'hui une preuve tangible. L'amour du prochain, la solidarité entre les êtres, le partage, l'humilité, l'égalité : des données universelles dont Goldman a pu faire le double apprentissage chez les Éclaireurs de France, le plus ancien mouvement de scoutisme de l'Hexagone, créé en 1911 et reconnu d'utilité publique, au même titre que les Scouts de France, fondés dix ans plus tard et ouverts à tous, sans préjugés confessionnels, dans le but d'aider les jeunes à s'auto-éduquer et à devenir des « citoyens heureux, utiles, actifs et artisans de la paix. » La devise de l'association : « Tout droit ». Son emblème : un arc tendu...

J'ai été Éclaireur de France de 8 à 15 ans, et ces années ont été très importantes pour moi. J'y ai appris très tôt la respon-

sabilité, le sens de l'effort, le respect des autres[85]. Et aussi l'essentialité de la nature, avec laquelle l'humain fait corps, le respect de l'environnement. Mais encore la conscience de l'homme dans sa diversité, la lutte contre toutes formes de discrimination et d'intolérance. De cela aussi il s'est imprégné. *J'ai une dette envers le scoutisme qui m'a tant apporté. Il m'a appris la vie, les relations humaines, la débrouille. J'y ai découvert la nature, la nuit, l'effort, la musique, le chant choral, la façon de monter un spectacle*[86]. Une dette dont Goldman s'acquittera plus tard en acceptant de parrainer le prix « Champions de la paix », lancé par les Scouts de France – en partenariat avec l'Action catholique des enfants (ACE) et le Mouvement eucharistique des jeunes (MEJ) – un concours national ouvert aux enfants de 8 à 12 ans, « acteurs de la paix là où ils sont », pour célébrer le jubilé et l'année 2000, déclarée « année internationale de la culture et de la paix » par l'ONU, au siège de laquelle se déroula la cérémonie.

En avant-première, l'illustre parrain accorda deux interviews à des journaux catholiques, dans lesquelles il revient sur son parcours avec humour et décontraction. *Imaginez qu'à 15 ans nous sommes partis en Irlande, seuls. Le responsable avait 16 ans. Chacun à son niveau assurait une responsabilité. On faisait du stop et on dormait dans des granges. On ne pourrait plus faire ça aujourd'hui. Moi qui étais assez asocial, surtout à l'école, j'ai appris la vie en collectivité. Mes parents travaillaient énormément, samedi et dimanche matin compris. On vivait beaucoup en autarcie. Le scoutisme m'a permis de devenir quelqu'un d'un peu plus sociable*[87].

Jean-Jacques l'a dévoilé dans un livre sur le sujet, paru en 1995 : sa mère a été scoute, ainsi que ses frères et sœurs, Pierre compris. Une tradition familiale. Il précisa à cette occasion avoir intégré le groupe des Éclaireuses et Éclaireurs de France, le CHB

---

85. *Pèlerin*, 12 mai 2009.
86. *La Vie*, octobre 2000.
87. *Ibid.*

du 17e arrondissement de Paris, où il passa *toutes les étapes, louveteau d'abord, puis éclaireur, et j'ai continué jusqu'au clan*[88].

Comme toute « chapelle », le scoutisme a ses rites. Ainsi en va-t-il de l'attribution du totem, un nom d'animal qu'un scout se voit parfois attribuer en signe d'initiation et de cooptation par d'autres scouts. Jean-Jacques n'y échappe pas : « Caffra arrogant et décidé »… *Le caffra était un chat sauvage. Inutile de vous dire que c'est le genre de titre qu'on ne choisit pas*[89] ! Il concédera par ailleurs qu'il était alors *maigre comme un chat sauvage*[90] ! De l'arrogance ? *C'était une grande surprise, pour moi, une grande surprise puisque c'est des gens qui me connaissaient extrêmement bien. Moi je ne me vivais pas du tout comme ça. Probablement qu'on dégage des choses sans le savoir, on les dégage à l'extérieur mais c'est pas forcément conscient. Cette histoire d'arrogance, on me l'a dit après, très souvent, c'est pas une volonté d'être méprisant, pas du tout, et c'était peut-être une distance et c'était une surprise pour moi, mais c'est probablement vrai, on ne se juge pas soi-même, on est jugé par les autres*[91]. […] *Mais le scoutisme m'a ouvert. Il m'a intégré à la vie associative*[92].

Paul-Émile Victor a été membre des Éclaireurs de France. Jean Moulin itou. Ainsi que les époux Aubrac et plus tard Julien Clerc et Charlélie Couture. En dépit de sa contribution au changement de la société et peut-être à cause de cela, et pour toutes sortes d'autres raisons encore, le scoutisme a cependant toujours souffert d'une image négative et réactionnaire. Goldman, lui, est fier d'en avoir été : *Quand certains de mes copains se moquaient de moi, ça m'amusait d'affirmer à quel point j'étais fier d'être Éclaireur. J'ai toujours aimé ce côté provoc !* Mieux, en 1993, à un journaliste du *Nouvel Observateur* qui s'inquiétera de savoir

88. Dolorès Gonzalez et Amélie de Turckheim, *Scouts toujours ! Des personnalités témoignent*, Bayard, 1995.
89. Dolorès Gonzalez et Amélie de Turckheim, *op. cit.*
90. *La Vie*, octobre/novembre 2000.
91. Europe I, 19 juin 1988.
92. *La Vie*, octobre/novembre 2000.

si Goldman pourrait chanter à Longchamp à la demande du Saint-Siège, il n'en écarta pas l'hypothèse. *Premièrement parce que cela aurait été mal vu* (sourire). *Deuxièmement, parce qu'il y avait plus de « scouts ridicules » catholiques dans la Résistance que d'intellectuels gauchistes* (pas de sourire)[93]. Faites passer !

Or voilà que… *À l'âge de 15 ans, où normalement on devient chef, c'est-à-dire où l'on commence à donner aux plus jeunes tout ce qu'on a appris, la musique m'a accaparé. Pour moi c'est un remords*[94]…

93. *Le Nouvel Observateur,* 4-10 septembre 1997.
94. *Pèlerin magazine,* mai 2000.

Profession étudiant : un excellent alibi

Quand on me dit que je suis génial, faut quand même pas abuser !

Fin 1969. Pierre Goldman est de retour en France. Après une longue et nébuleuse pérégrination sud-américaine, passablement désœuvré, il retrouve sans conviction la famille de son père, la sienne. « Je fus surpris de découvrir que ma sœur avait 19 ans, qu'elle étudiait la médecine, savait danser, avait un amant, militait et croyait que le développement des forces productives s'était arrêté en 1939. Mes frères étaient âgés de 16 et 18 ans. Ils étaient jeunes, fins, enjoués, plaisants. Ils aimaient la musique pop et portaient chacun une longue chevelure. Ils étaient lycéens, à moins que le plus âgé ne fût déjà bachelier. Je fus quelque peu ému, étonné qu'ils m'aiment et se souviennent de moi, que pour eux je sois un frère. Je ne les avais pas vus depuis des années et quand je les avais quittés, ils n'étaient que des enfants. Je me demandai si j'aimais mes frères et sœurs, ma sœur. Je conclus que je les aimais bien. »

Il est en prison lorsqu'il trace ces lignes, en 1975. En dépit des racines qui parlent encore, entre lui et les demi-frères un fossé psychologique s'est creusé. Il est énorme. Même de retour, il est déjà loin, Pierre Goldman. À pareilles distances, on ne peut plus s'apprendre ou se réapprendre. À peine se parle-t-on sans trop s'écouter, lorsqu'on se voit, dans la même langue si possible. Celui dont il suppose qu'il est déjà bachelier, c'est Jean-Jacques. Comme Pierre quelques années plus tôt, il a décroché son bachot, session 1969, après avoir dit adieu au lycée François-Villon, dans le 14e arrondissement de Paris, limitrophe de Montrouge. Un bac sciences ex (l'équivalent du futur bac D), qu'il a rapporté chez lui, non comme un trophée, mais avec la certitude apaisante de trouver des parents soulagés. Cette caution garantie, va-t-il maintenant envisager la musique avec plus de sérieux et de liberté ? Si la musique était un métier, on y trouve plus de gueux que de princes et Jean-Jacques n'a pas la vocation saltimbanque. Les risques non calculés, il n'en est pas adepte. *Chez les Juifs, ce n'est pas mal vu d'être artiste, mais il faut avoir du succès, il faut que ça marche... en dollars !* devait-il déclarer en novembre 1975. *Le mythe du génie incompris, ça n'existe pas*[95]. Fort de ce principe, à la rentrée 1969, le nouveau lauréat se promet d'attaquer de front son année de préparation HEC (Hautes études commerciales), au lycée Lavoisier. Pour l'occasion, *mais pas à ma plus grande joie,* il fait un détour chez un coiffeur indiqué par son père. *J'en suis ressorti avec des airs de garçon de bonne famille bien sage. De quoi rassurer mes parents et mes professeurs*[96]. Un bon bagage et de solides connaissances en gestion et en marketing, ça n'est jamais pain perdu.

Quelles sont alors les échappées littéraires de Goldman ? Pour n'évoquer que les plus influentes, citons *Qu'elle était verte, ma vallée !,* de Richard Llewellyn, un roman qui plante la rude épopée des mineurs gallois, à la fin du XIXe siècle. Jean-Jacques y retrouve un peu des récits de son père à l'époque de Trémuson.

---

95. *Rock & Folk.*
96. *OK !,* magazine, 1988.

Brillamment adapté par John Ford au cinéma en 1941, le film remporta six oscars. Autre lecture marquante: *La cicatrice,* de l'Américain Bruce Lowery, prix de l'Académie française en 1962. Nombre de lecteurs avouent avoir versé une larme dans leur jeunesse en plongeant dans cette fresque émouvante contant l'histoire d'un petit garçon tenu de subir les moqueries et les insultes de ses camarades à cause d'une malformation dont il souffre, une horrible cicatrice. Du jour où il gagnera l'amitié du meneur de la classe, sa vie s'en trouvera changée. Les deux ouvrages traitant du drame de l'exclusion sociétale, en 1988, une journaliste du magazine *Je bouquine* fera remarquer à Goldman que le chanteur prend souvent la défense de «ces gens-là» dans ses chansons. *Je ne parle jamais des paumés et des marginaux en m'apitoyant sur leur sort,* tiendra-t-il à préciser. *Si je chante que quelqu'un a une drôle de couleur de peau ou qu'une femme n'est pas belle, je dis que c'est peut-être une chance. Un fils de riche, pour qui tout arrive tout cuit, risque d'avoir des surprises un jour. Des gens défavorisés n'auront pas ce genre de déconvenues. Parce qu'ils ont appris à se battre très jeunes.*

Or la musique fait déjà partie intégrante de la vie du garçon. Au-delà du besoin et de l'envie, la musique est devenue une évidence. Sauf pour sa mère… En 1986, à la faveur d'une interview radio avec Michel Drucker qui l'interrogea par téléphone, Ruth déclara qu'à cette époque, son fils, «un adolescent assez calme et secret», n'aimait pas la musique «plus que cela». Elle et son mari souhaitaient-ils le voir devenir musicien ou bien formaient-ils d'autres projets? «Non, pas du tout. Nous souhaitions qu'il s'épanouisse. Nous n'avions pas d'ambitions particulières pour lui. C'était à lui de trouver sa voie[97].» Outre le fait que l'obligation d'apprendre un instrument émanait bien de parents qui *y tenaient beaucoup,* en 1983, dans un entretien accordé à *OK!* Goldman révéla que son grand-père maternel avait fait du café-théâtre en Allemagne. Le seul artiste de la famille… Pour autant,

97. Europe 1, *Studio 1,* 1er mars 1986.

lors de son premier Olympia, il s'abstiendra d'inviter les artisans de ses jours. *Pour eux cela n'avait aucune signification. Alors que si j'avais écrit un livre, si j'avais trouvé quelque chose en médecine, ou si j'avais fait quelque chose de vraiment bien, j'aurais été fier de cela. Mais passer à la télé ou avoir des filles qui crient mon nom, je n'en étais pas spécialement fier, je me cachais plutôt*[98]. Éloquent. Tout autant que la brève de Patrick Sébastien, le déjà subtil pasticheur de « Casser du Noir » : « Vois Goldman qui chante "Je te donne". Toute sa famille veut le renier. Ils lui ont proposé "Je te loue" à la place. Parce que Goldman, attention, la famille le serre de près. Un jour ses parents lui ont dit : « Bon, tu as fait l'ENA, t'es sorti premier. Tu as voulu faire Polytechnique, encore premier. Tu as encore voulu faire Saint-Cyr, encore premier. Tout ça c'est bien mais maintenant il faut choisir : confection hommes ou confection femmes[99]. »

Après The Red Mountains Gospellers, en 1968 Jean-Jacques a participé à la création d'un quintet : The Phalanster[100], au sein duquel il écume les petits bals et les MJC, avec le répertoire de Deep Purple. Au chant : Christian, dont le frère, Alex, tient l'orgue. À la basse : Paul. À la batterie : Jean. Jean-Jacques qui ne chante pas encore se contente de jouer de la guitare. Ensemble ils passent leur temps libre à déchiffrer de vieux blues sur des guitares bon marché. En pleine époque hippie, les jeunes gens ne se la jouent pas dilettante et mettent la gomme jusqu'à aller se frotter aux meilleurs groupes parisiens sur la scène du Golf Drouot, chez Henri Leproux, cantinier musical des Hallyday et de tous les pionniers français issus de la mouvance rock'n'roll. Un soir, ils remportent le tremplin en tenant la scène pendant deux bonnes heures ! Parce que cette fois, pour Jean-Jacques et sa clique de mordus, c'est de rock'n'roll dont il s'agit. Le rock : incarnation satanique ou nouveau langage universel, au même

---

98. M6, janvier 1994.

99. Patrick Sébastien, *Le masque et les plumes,* Carrère/Lafon, cité par Jérôme Duhamel, dans *Le Grand méchant bêtisier,* Albin Michel, 1986.

100. Pour l'anecdote, deux des Gibson Brothers, le groupe disco qui accéda au succès international avec « Cuba », en 1979, sont issus des Phalanster.

titre que le football et le coca-cola ? Écoutons ce qu'en dit Pierre Voyer dans *Le Rock et le Rôle* : « Le rock n'est peut-être qu'une prière électrique entonnée par les adolescents du monde entier pour obtenir, une fois pour toutes, la "sainte paix" et la libération des contraintes sociales qui tentent d'orienter les jeunes vers des *rôles* traditionnels, des rôles imposés de force par des automatismes non repensés, des rôles souvent sans relation avec la volonté d'amour qui les anime, des rôles qu'ils refusent sans s'apercevoir que le commerce de la musique récupère à mesure leur refus. » En 1985, Goldman ira plus loin : *Je pense qu'il y a beaucoup de caractéristiques de droite dans le rock. Le rapport avec les femmes, avec la foule, avec son fanatisme, les collusions avec l'argent et le pouvoir, les Beatles décorés par la reine, Springsteen chanteur favori de Reagan, etc. L'appel à la drogue, l'insolence et la révolte très adolescentes qui alimentent les textes de rock confortent les pouvoirs établis. C'est le comble du bonheur pour tout pouvoir — surtout s'il est autoritaire – que les jeunes prennent de la colle, assistent aux concerts de rock et se secouent la tête. Insolence bidon, révolte bidon que celle du rock ! Appeler à ne pas voter et affirmer « la politique, c'est nul », c'est fantastique pour tous les pouvoirs militaires. Tout cela est présent dans le rock et c'est en fait vraiment réactionnaire*[101]. Vous reprendrez un peu de coca, jeune homme, c'est du *light* ?

Jean-Jacques se sentant « plus James Brown que rock'n'roll pur », le rock de Phalanster est fortement teinté de blues. Au moins, les parents seront-ils rassurés. Parfois, au hasard de festivals dits « rock », Goldman and co ont à croiser les Présence, une autre formation gérée par le même manager et dont le leader se nomme Daniel Balavoine. *Présence essayait de sortir du rang en faisant un répertoire personnel. C'était un peu un groupe phare qu'on respectait. Daniel, même à 18 ou 19 ans était déjà une vedette. Il avait du charisme, on savait déjà que c'était un bon. On sentait que c'était un type qui avait de l'appétit, qui a toujours cru en lui, un gagneur, un Rastignac*[102] !

101. *Paroles et Musique,* décembre 1985.
102. Gilles Verlant, *Balavoine,* Albin Michel, 2002.

Jean-Jacques nourrissait-il déjà quelque ambition de comédie musicale à la fin des années 60 ? Sur le site Copains d'avant, Mercedes Gagnon l'affirme. « C'était en 1968 ou 69, un de ses meilleurs amis me l'a présenté car il souhaitait créer une comédie musicale et je faisais de la danse à cette époque. » Le fait n'a rien de surprenant si l'on se replace dans le contexte et que l'on songe à l'impact du succès de *Hair,* le *musical* rock de James Rado, Jérôme Ragni et Galt MacDermot. La version française, réadaptée par Jacques Lanzmann et jouée à guichets fermés pendant des années au théâtre de la Porte Saint-Martin, devait révéler Julien Clerc et Gérard Lenorman. Plus tard, martel en tête, Goldman reprendra le fil de ses rêves de comédie musicale. En vain. *L'album* Rouge *a été un début, puis finalement j'en ai fait un album. Puis j'avais commencé à en écrire une que j'ai bien fait de ne pas sortir, car juste après le film* Titanic *est arrivé. Ce qu'il en reste se trouve sur le deuxième Céline Dion. Ça s'appelle* Sur le même bateau. *Je ne voulais pas reprendre une grande histoire comme dans* Les Dix commandements *ou* Notre-Dame, *mais en écrire une avec un scénario. Et je me suis rendu compte à quel point j'étais incapable d'écrire une histoire avec des rebondissements*[103].

Mercedes Gagnon témoigne également de l'engouement que suscitait déjà Jean-Jacques Goldman. « Avec une amie (folle amoureuse de lui !), nous le suivions dans toutes les salles où il se produisait avec Phalanster. Curieuse coïncidence, lorsque j'ai rencontré mon mari, j'ai appris qu'il avait été son batteur pendant quelque temps. » Certainement avant la gloire puisqu'il est dit que, lors de la première participation à la fête de la musique du Goldman que nous connaissons, le couple Gagnon, venu l'applaudir, lui fit passer un mot pour se rappeler à son bon souvenir. « Il est venu tout de suite nous voir. » Des années plus tard, au décès de son époux, Mercedes reprit contact avec Jean-Jacques. « Trois jours plus tard, j'avais un petit mot de sa part et une touchante dédicace sur une photo de mon époux : *Que la musique t'accompagne, Philippe.* »

---

103. *Le Soir,* 5 décembre 2001.

Puis Phalanster meurt de sa belle mort. C'est le destin des groupes de se désagréger à plus ou moins brève échéance pour mieux réapparaître parfois sous une autre forme. Jean-Jacques fait le choix de s'investir dans son année de prépa. Échec. Il a peut-être tout et trop donné à la musique. Lorsqu'il quitte Paris pour tenter à nouveau sa chance, cette fois à l'école des Hautes Études commerciales de Lille, une vieille dame rigoureusement sélective que l'État finira par reconnaître en 1971[104], il éprouve un certain pincement au cœur, assumant néanmoins sa décision. Papa et maman financeront. Dans ses bagages, il n'oublie pas d'emporter sa guitare. Les études ne sont-elles pas le meilleur moyen d'engranger du temps libre pour soigner la musique? Il loue une chambre dans une maison appartenant aux parents d'un certain Jimmy, également camarade de promo, avec lequel il engage une longue amitié[105]. *Dans ma chambre (toute petite sous les toits), j'avais recréé un univers dans lequel je me sentais à l'aise. Au mur, des posters de mes idoles, Jimi Hendrix et le groupe Chicago, une queue de renard porte-bonheur, beaucoup de fouillis et bien sûr, dans un coin, ma guitare qui me suivait partout*[106].

S'il donne sa part à la musique, il n'en remplit pas moins ses « obligations ». Le minimum syndical réclamé par ses parents. Dans sa promo, Goldman est curieusement surnommé « Benny ». Après « Caffra arrogant et décidé », voilà Benny. À quel titre? Jimmy racontera plus tard que c'était en référence au clarinettiste Benny Goodman[107].

Pour supporter autant de sobriquets sans broncher, c'est Jean-Jacques Cool-man qu'il faudrait rebaptiser l'intéressé ! Quel étudiant Jean-Jacques est-il ? Interrogé, des années plus tard, l'un de ses professeurs d'anglais, M. Bourgeois, parlera d'un garçon extrêmement réservé, un rien évanescent, ayant horreur de se faire remarquer. Son niveau ? « C'était quelqu'un qui se situait dans le milieu du tableau, dans la deuxième moitié de tableau sur

104. Cette année-là, sur 576 inscrits, seuls 110 candidats furent admis. Soit moins du quart.
105. *OK!*, juillet 1986.
106. *OK!*, 1988.
107. *OK!*, juillet 1986.

le plan des résultats dans le domaine commercial. Je pense que c'est quelqu'un qui a traversé les études commerciales gentiment, poliment, discrètement. » Un jour, à l'issue d'une épreuve orale d'anglais, où il vient de le questionner sur un sujet « aussi peu palpitant que le fonctionnement de la Bourse en Grande-Bretagne », tout à trac M. Bourgeois s'enquiert de savoir si l'étudiant Goldman connaît et apprécie le chanteur Stéphane Golmann, l'un de ses préférés. N'ayant probablement jamais eu vent de ce presque homonyme, également un « compatriote », Jean-Jacques se déleste d'un vague *oui, oui, sans doute, peut-être...* Car Stéphane Golmann, aujourd'hui bien oublié, est lui aussi originaire de Montrouge, où il naquit en 1921. Fils d'un Russe ashkénaze, il passa son enfance en Tunisie, avant de tenter une carrière en France, frayant avec des débutants nommés Catherine Sauvage, Léo Ferré et Jacques Douai. S'il n'alla pas aussi loin qu'eux, il est tout de même considéré par les spécialistes comme « le précurseur des [...] auteurs-compositeurs-interprètes à la guitare[108]. »

Le témoignage du professeur d'anglais fut soumis à son ancien élève le 29 juillet 1991, par Évelyne Pagès qui reçut ce jour-là, à RTL, dans son émission *Génération laser,* un excellent client, loquace et fort pertinent. L'animatrice : « Il ne manque pas d'humour, M. Bourgeois ! » Et Goldman de reconnaître à chaud que le tableau brossé est conforme au modèle. *Il me fait sourire parce qu'il a très bien vu les choses. En fait, il n'y avait rien à voir ! C'était probablement quelqu'un de très intéressant et de passionnant, ne serait-ce que pour enseigner à l'EDHEC, je crois qu'il fallait avoir de grandes compétences, et je n'ai pas souvenir non plus d'un professeur spécialement abject. Je pense que c'était quelqu'un de très sympathique. Les rapports que peut avoir un élève dans une promotion de quatre-vingt-dix ou cent personnes avec un prof d'anglais commercial, c'est assez limité. Je n'ai jamais eu de rapports spécialement intimes avec aucun de mes professeurs, mais j'en ai haï assez peu !*

108. Michel Trihoreau, « Stéphane Golmann : ballades et chansons de geste », *Chorus,* n° 59, printemps 2007.

Et comme les voyages forment la jeunesse, Jean-Jacques formera la sienne aux voyages. L'été principalement, loin de l'odeur crayeuse des amphis. Flanqué de sa guitare, s'entend, cette sœur de sang, et souvent accompagné de son ami Jean-Max, avec lequel il sacrifie à toutes sortes de petits boulots pour gagner sa pitance. L'aventure pour l'aventure. *En 1971, j'étais en vacances en Yougoslavie. Je faisais du camping de pays en pays pour me rendre en Grèce, quand j'ai entendu un mec qui jouait du blues dans la tente d'à côté. Avec ma guitare, sans le savoir, j'ai joué avec lui un bon moment. Et puis on s'est retrouvés dehors en éclatant de rire. Du coup, on est devenus copains et je suis parti avec lui dans son pays, la Suède. C'est lui qui, le premier, m'a fait connaître Elton John, alors complètement inconnu en France. Depuis, j'ai acheté pratiquement tous ses albums*[109]. Lors du même voyage, à court d'argent, le jeune Français n'hésite pas à faire la manche dans le métro en interprétant « Butterfly », le grand succès de Danyel Gérard.

Des souvenirs de villégiature estivale, avec tente et sac à dos, Jean-Jacques en a engrangé quelques-uns. Significatifs pour certains. Comme cette fois où, de nouveau en Angleterre, il décida de brûler les quatre ou cinq tomes de son journal intime (le nombre varie selon les interviews). *J'y mettais tout ce qui bouillonnait en moi et que je n'arrivais pas à exprimer ouvertement*[110]. Mettre le feu à ses souvenirs est un acte grave. Arrivé à l'âge de raison, Jean-Jacques estima-t-il ses interrogations trop primaires, stupides, et peu dignes de passer à la postérité, ou bien considéra-t-il l'exercice périmé ? Il ne s'est jamais vraiment exprimé clairement là-dessus. Sans doute ce mode d'expression chez lui avait-il vécu. Dans ce cas, il s'agirait plutôt d'une purification pour aller vers d'autres modes d'expression plus directe, comme l'écriture de textes de chansons, au contact d'une réalité plus proche et de ceux qui la font.

---

109. *OK!*, août 1985.
110. *OK!*, 1988.

La Turquie, avec Jean-Max, toujours. Un autre voyage, à bord d'une vieille 2 CV de fortune. Friand de ces espaces de liberté où le temps n'a plus d'importance, l'ancien scout ne met généralement aucune hâte à retourner aux habitudes parisiennes. Cette année-là, pourtant, il paraît nerveux. Une puce le gratte, aux grands yeux de fille. *Je connaissais Catherine depuis quelque temps déjà, car nous avions les mêmes copains. On se voyait régulièrement à Paris, mais il ne s'était jamais rien passé entre nous, puisque j'avais une petite amie et elle un flirt attitré*[111]. La Turquie dans le rétro, le Montrougien ne tient plus et décide de mettre sa pauvre 2 CV à contribution pour cravacher à travers l'Europe, le cœur battant. Destination l'Espagne où la jeune femme, étudiante en médecine, passe ses vacances avec sa sœur. Sans être certain de la qualité de l'accueil, Cyrano a bien l'intention de déclarer sa flamme. Rien ne résiste à un timide quand il oublie qu'il l'est. Catherine, la mère de ses trois premiers enfants. « Ce n'est pas par des voies ordinaires que l'on s'achemine vers le rendez-vous d'une jeune fille, c'est par la prairie de Chloé, la forêt d'Iseult, le jardin de Marguerite, le balcon de Juliette[112]. »

En 1973, ce fut le tour de la grande Amérique, du Canada et du Mexique, toujours en compagnie de Jean-Max. Là encore, Jean-Jacques ne voyage pas idiot et se repaît de toute substance jugée comestible. Les Doobie Brothers, par exemple. Un soir, le *very frenchie* se trouve dans la chambre d'un copain sur le campus de Houston, au Texas, lorsqu'il perçoit des notes de « Without you ». Curieux, il frappe à la porte de la chambre voisine et la soirée se termine par un bœuf en compagnie d'un étudiant qui écoutait le groupe en boucle. Jean-Jacques rentrera en France avec dans ses bagages les trois derniers vinyles des Doobie Brothers. L'unique déception de ce périple américain tint dans ce qu'il lui fut impossible d'assister à un seul concert de Chicago. Partout le même panneau : *Sold out* (complet). Ce ne fut pas faute d'avoir suivi le groupe de ville en ville, en faisant

111. *OK !*, août 1983.
112. Poète anonyme.

de l'auto-stop. *Finalement, je les ais vus à Paris, en rentrant. Ils comptaient encore avec leur ancien guitariste qui s'est tué en jouant à la roulette russe*[113]. De ce voyage, Jean-Jacques a tiré l'enseignement qu'il y avait deux Amériques : celle dont on rêve et celle où l'on vit. *C'est un pays dur où l'on perd vite ses illusions, mais le rêve américain de liberté demeure*[114]. *Ça m'a toujours fasciné de voir les migrations des pays pauvres vers les USA où l'on sait bien qu'il y a du racisme, du chômage. On n'a jamais vu des migrations en masse vers l'URSS, par exemple, où, pourtant, il y a du travail et pas de criminalité. Ce que les émigrants cherchent donc à trouver, plus que la sécurité, c'est la liberté*[115]. À ceci près que l'ex-URSS reste, dans la mémoire de ceux qui en ont fait l'expérience, le paradis rouge du racisme et de l'antisémitisme. Dans les années 70, de nombreux juifs ont fui leur Russie natale pour gagner Israël où une réalité moins lumineuse qu'espérée les attendait. La sécurité, première de toutes les libertés. Quant à la criminalité, dans les pays soviétiques, l'État s'en est toujours chargé, en connexion plus ou moins directe avec les mafias locales.

Goldman passe trois années à Lille. Il y mène de front ses études commerciales et un DUEL (diplôme universitaire d'études littéraires) de sociologie, sans pour cela négliger la musique puisqu'à présent il n'est plus question de vivre sans. Quelques années après le choc Aretha Franklin, un soir il y enregistre une seconde secousse émotionnelle. *J'étais allé voir Zoo qui passait en première partie de Léo Ferré. Ferré, je n'en avais rien à cirer, mais comme j'avais payé ma place et que Zoo l'accompagnait, je suis resté. Et là, je me suis retrouvé cloué sur ma chaise. Je n'ai pas compris ce qui m'arrivait. Et puis j'ai compris que c'était possible en français, qu'il y a des mots qui peuvent tuer. Il m'a vraiment eu. Il est inhumain. Devant Ferré, qui que tu sois, tu es un petit garçon. Tous les mots comme poésie, mysticisme, dont quinze ans d'Éducation nationale avaient réussi à me*

113. *OK !,* août 1983.
114. *Chanson,* juin-juillet 1984.
115. *Ibid.*

dégoûter, je les ai compris. La force des mots… le poids des mots, le choc des notes ! Le personnage, aussi. J'ai compris que tout ce qui était génial était forcément un peu ridicule. Ferré, Higelin, Lalanne… ils sont sans arrêt à la limite ; c'est ça qui les rend sublimes. Il faut frôler le ridicule pour arriver à la force. Moi je n'arriverai jamais à prendre ce risque[116]. Ou le fameux « Du sublime au ridicule, il n'y a qu'un pas », résumé par Napoléon. C'est pour cela que l'on ne pourra jamais parler de génie chez Jean-Jacques Goldman. Mozart est un génie. Einstein est un génie. Céline est un génie. Napoléon était un génie. Jean-Jacques a du talent. Un talent sûr et bien placé, celui d'un excellent mélodiste « qui a bien pigé ce qu'était la world music[117]. » L'auteur ? Tout dépend de l'échelle de référence sur laquelle on se situe, mais Goldman a peut-être amené une façon de raconter différente. Avant le bon, le très bon, l'approximatif et le *bis repetita*, il y a d'abord chez lui la reconnaissance d'une patte. Indéniablement. Que certains de ses textes soient enseignés dans les mouroirs de l'Éducation nationale ne signifie rien, mais il faut y voir un encouragement. Quand tant d'autres glorifient la destruction dans laquelle ils se complaisent et s'enferment, cet homme bien doté pour plaire au plus grand nombre est la preuve et le garant que l'on peut aussi passer sa vie à essayer de créer.

Au mitan des années 80, une journaliste ne résista pas à l'interroger sur sa conception du génie. Si le chanteur commence par réquisitionner l'un de ses pairs : *J'avais entendu une phrase de Richard Gotainer qui m'avait plu, elle disait que le génie était la capacité à s'obséder,* la suite de sa réponse tient debout toute seule : *On peut imaginer que le génie est quelqu'un qui apporte quelque chose qui soit en même temps universel et d'une très grande originalité. Quelque chose qui vienne de lui, qu'il est le seul à pourvoir apporter à l'universel*[118]. Un talent sage vaut parfois mieux qu'un génie noir, tordu et (auto)destructeur. Goldman est

116. *Chanson,* 1984.
117. *Dixit* Thierry Séchan, *Mag MCM,* 11 octobre 1996.
118. *Cool,* juin 1987.

un homme en marche et vivant coûte que coûte, devant son piano comme chez le boulanger lorsqu'il achète ses croissants. Un petit garçon face à Ferré ou à Barbara, certes, mais un petit garçon foutrement respectable, fût-ce par l'infaillible pertinence de ses analyses : *Vous mettez un musicien sans talent dans une pièce, et vous le laissez jouer toute la journée. À un moment, il va faire deux choses de qualité dans le tas, mais il ne saura pas les reconnaître. En ce qui me concerne, je ne sais pas d'où cela me vient, mais je peux reconnaître la qualité. Un son, un changement d'accord, un petit rien vont me plaire et si ça me plaît, ça va plaire aussi aux autres. Il y a une étincelle, et je la décèle. C'est là où je suis plus balèze que l'autre musicien. Avec le texte, c'est pareil : trois mots détachés du fatras des autres mots, vont concrétiser un moment d'émotion musicale. « Quand la musique est bonne », quoi de plus simple ? Et pourtant cela a fait une chanson à succès et, pour les jeunes qui l'ont chantée, l'idée que je pouvais transmettre passait par ces mots*[119].

119. *Le Point,* 27 mai 1991.

Avec Taï Phong, la quête du succès

Tout le monde sait que la plomberie ne s'apprend pas du jour au lendemain et que des études d'au moins trois ans sont nécessaires[120].

Quel avenir lorsqu'à près de 22 ans on sort de l'EDHEC avec deux diplômes en poche, une fille dans le cœur et une Gibson en bandoulière ? Pendant trois ans, Jean-Jacques ne s'est pas contenté que faire semblant d'avoir bossé en pensant à Catherine. S'il se prépare à intégrer l'équipe de *Sport 2000,* à Montrouge, repris par son frère Robert et lui-même, il ne peut plus concevoir qu'il puisse exister des royaumes sans clefs de sol. Cela tombe bien, Khanh et Taï non plus.

Qui sont-ils ? Rien moins que les fils de l'ancien ministre de la Défense nationale du Viêtnam, réfugié en France. Khanh et Taï Ho Tong. Pour ne pas gêner leur père, ils ont adopté chacun un pseudonyme. En cas de succès. Car eux aussi font du bruit avec des instruments, une profession très mal considérée au Viêtnam. À l'instar de Jean-Jacques, la zique est devenue une véritable marotte : guitare pour Taï ; guitare, basse et chant pour Khanh. Jusqu'à monter un jour leur propre studio dans la cave du pavillon familial de Sceaux, en lointaine banlieue parisienne.

120. *Les Enfants du Rock,* 24 avril 1986.

Du beau matos. « On avait le même que les Shadows, c'était très rare à l'époque, Fender, Vox et tout », expliquera Khanh. Des parents vernis, ça aide, mais au prime abord ces deux fils de l'Orient ne semblent pas raisonner à la manière de têtes à vent nourries au blé de papa. Dès qu'ils en ont eu l'âge et la possibilité, les frères Ho Tong se sont débrouillés pour se faire embaucher ; Taï à la BNP, Khanh, lassé par des études de médecine, au studio Barclay, en qualité d'ingénieur du son, après avoir trimé *gratis pro Deo* les trois premiers mois. Yes, Genesis, Pink Floyd, Aphrodite Child : c'est à cette mouvance qu'on peut les associer. Pour ces boulimiques de performances musico-techniques, tout commença au milieu des années 60, lorsque, très jeunes, ils formèrent leur premier groupe : Monssoon (Mousson). Et comme pour leur prouver que l'idée n'était pas si mauvaise, par trois fois le jury du championnat des orchestres de Sceaux les a consacrés lauréats de leur manifestation annuelle. Dépités par la faible répercussion de ce succès d'estime, les frères marquent une pose. Le bac, les pressions familiales. Ils revendent leur matériel et réfléchissent. Exilé en Angleterre où les deux frères furent un temps scolarisés, Taï s'exerce à jouer dans les pubs. Le temps de remonter un autre groupe : Taï Phong (Grand Vent), en 1973.

Il leur faut cette fois recruter des musiciens motivés, car les deux premiers chanteurs-guitaristes, l'un engagé en 1972, l'autre en 1973, se montrèrent inaptes à tenir le rythme de travail qui était de trois répétitions par semaine, de 21 heures à minuit. Une annonce dans le *Melody Maker,* l'hebdo musical le plus coté d'Angleterre, suffit à leur ramener un clavier anglais, Less, ainsi qu'un guitariste-chanteur franco-américain, John, arrivé d'Allemagne. Avant tout projet scénique, l'objectif de Taï Phong est l'enregistrement, puis la sortie d'un album. Logique ? Pas forcément si l'on songe que nombre de groupes fonctionnent sur le mode inverse. Khanh : « Nous, on n'allait pas chercher les producteurs, on travaillait de notre côté, tranquillement, et après on faisait écouter[121]. » La réalisation d'une maquette réclame

121. Entretien téléphonique avec l'auteur, mai 2011.

une somme de travail colossale. Aussi les répétitions vont-elles bon train dans la cave de Sceaux. Rien ne les arrête. Pas même les plaintes des voisins, qui se multiplient. Ingénieux, les frères Ho Tong ont tôt fait de bricoler une tapisserie en laine de verre. Le problème du bruit est résolu.

Un soir, Khanh convainc l'un des responsables de Barclay de venir les voir répéter dans leur cave. Il s'agit de François Bernheim, l'heureux directeur artistique des Poppys, qui a écrit pour Bardot et, beaucoup plus tard, prendra en main la carrière de Patricia Kaas et celle de Renaud, dont il produira les deux premiers albums. Convaincu, Bernheim leur fait enregistrer une maquette de trois titres mais les modalités du contrat deviennent source de mésentente et Bernheim garde la bande. Les Taï Phong n'ont aucun recours. Désormais, ce sont eux qui financeront leurs enregistrements, de manière à pouvoir démarcher en toute indépendance. C'est le moment que choisit John pour s'en aller rejoindre sa prime formation venue tenter sa chance en France. Quant à Less… Avec les autres, ça ne passe pas. Des problèmes d'égo. En attendant de se séparer de lui, Khanh et Taï prospectent à nouveau. Dans le petit monde des groupes de rock tout le monde connaît tout le monde. La rencontre avec Jean-Jacques s'est faite grâce à des amis communs. L'entrée du futur « patron » du showbiz français à Taï Phong n'est donc pas un fabuleux hasard, mais un concours de circonstances favorable. Khanh : « La première fois qu'il est venu nous écouter, un soir de 1974, il nous a dit qu'il n'avait jamais vu un groupe aussi au point que nous[122]. » De son côté, Jean-Jacques possède de sérieux atouts, car s'il ne parle pas l'anglais couramment, une carence que ses acolytes auront tôt fait d'effacer, il a une voix qui va chercher très haut et question gratte il pourrait en remontrer à plus d'un petit doué. Des qualités nécessaires pour le rattrapage du précédent raté. Le réenregistrement des fameux trois titres a lieu au studio des Champs-Élysées. Une nuit suffit. *Je suis entré dans Taï Phong*

122. Entretien téléphonique avec l'auteur, mai 2011.

alors que l'Anglais était encore là. On l'a vidé, très étonné qu'il était [123] !

Peu après Jean-Jacques, arrive Jean-Alain Gardet en remplacement de Less. Gardet touche à tous les claviers (piano, orgue, synthé). Il est d'ailleurs le seul à ne pas avoir d'activité extra-musicale, et gagne sa vie en accompagnant des musiciens et des chanteurs, le soir, dans des cabarets. Manque un batteur. On le trouve en la personne de Stéphan Caussarieu, le cadet, un garçon de 17 ans sérieusement référencé puisque issu de la classe de jazz de Kenny Clarke. Le groupe est constitué. Jean-Jacques s'est trouvé une nouvelle famille musicale. Joignons-y le chaleureux Jean Mareska, un ancien chanteur reconverti, devenu le directeur artistique de la formation.

Côté vie privée, Catherine est toujours là, de plus en plus proche, mais de cela le jeune homme ne veut pas parler, c'est son histoire. Pas plus qu'il ne fait étalage du tremplin remporté au Golf Drouot du temps des Phalanster, ou de ses anciennes prestations dans les églises avec les Red Mountains Gospellers. Bizarre, ce Goldman… En dehors de la musique, lui et les autres membres ont-ils quelque atome crochu ? *Dans mon ancien groupe Taï Phong, nos rapports restaient strictement professionnels. Enfin, si l'on veut. Ils jouaient tellement fort que je me cassais régulièrement la voix à assurer à cette puissance. Comment veux-tu jouer correctement avec quelqu'un qui n'a jamais pris la peine de venir boire un verre chez toi ? Primordial, la complicité chez un groupe de gens qui jouent ensemble* [124].

Jean-Jacques a-t-il jamais invité une seule fois les frères Khanh et les autres à venir prendre un coca-cola chez lui ? Khanh ne s'en souvient pas. Stéphan Caussarieu répond de sa personne et de celle d'Alain Gardet, aujourd'hui disparu, et affirme que ce ne serait pas faute de sentiments amicaux vis-à-vis de Goldman. « Contrairement à ce qu'on a tenté de me faire dire dans une biographie précédente, je n'ai absolument jamais eu de problèmes

123. *Rock & Folk,* novembre 1975.
124. *Batteur magazine,* 16 novembre 1988.

avec Jean-Jacques, n'était notre différence d'âge ; j'étais de cinq ans plus jeune que lui. Il m'avait invité à son mariage avec Catherine. Si l'on n'a jamais pris de verres ensemble, c'est vrai, Jean-Jacques détestant l'alcool et moi aimant bien la bière (avec modération), il n'y a pas maldonne. Je suis très sportif, lui aussi, et lorsque j'allais acheter des tennis, c'était à *Sport 2000*. Jean-Jacques allait lui-même chercher ma pointure dans la réserve et me servait personnellement. En plus d'apprécier la personne, j'étais très admiratif de l'excellent musicien, mélodiste, compositeur et chanteur qu'il était[125]. » Stéphan Caussarieu allègue toutefois que des dissensions existaient avec les membres fondateurs du groupe, les frères Ho Tong, eux-mêmes parfois en conflit entre eux, ce que Jean Mareska étayera plus avant. À quoi Khanh, interrogé, répond : « Ce que Stéphan oublie de dire, c'est qu'à un moment donné Jean-Jacques, mon frère et moi l'avons viré. On ne pouvait plus lui faire aucune suggestion, il était devenu le Phil Collins français. Des années plus tard, bien après que Jean-Jacques eut explosé et sur les conseils de Jean Mareska, nous l'avons repris[126]. »

Un groupe c'est une famille, avec ses affinités et ses dissymétries fonctionnelles. La musique doit primer sur le reste. Les querelles de personnes étant loin d'être apaisées, nous ne les rallumerons pas. Khanh au demeurant ne souhaite plus s'étaler sur ce volet de l'histoire de Taï Phong. Des « menaces » lui seraient parvenues, par personnes interposées. Il signale simplement qu'il n'a rien à se reprocher, Jean-Jacques, notamment, s'étant régulièrement vu proposer de rester dîner au pavillon familial de Sceaux. Ce qu'il aurait refusé la plupart du temps eu égard à l'heure tardive. En revanche, il aurait souvent été l'hôte gracieux de M. et Mme Ho Tong dans leur restaurant de Savigny-sur-Orge.

Au départ, tous veulent être auteurs-compositeurs. Il en résulte chaque fois un trop grand nombre de titres proposés et des grincements de dents dès lors qu'il en faut éliminer la moitié.

---

125. Entretien téléphonique avec l'auteur, février 2011.
126. *Ibid.*

Pour remédier à ce gâchis et ménager les susceptibilités, les membres de Taï Phong adopteront d'abord la solution du vote à bulletin secret, à la condition de ne pas plébisciter son propre titre. *In fine,* chacun aura droit à deux titres par album.

En 1973, le groupe a enregistré un titre simple, « Melody », chez Barclay, chanté par Jean-Jacques. Une autre magouille de derrière la console a empêché la sortie du produit. *Bis repetita* malheureux. Sitôt leur première maquette en boîte, les Taï Phong entament une tournée des maisons de disques. L'année suivante, ils décrochent un contrat chez WEA (Warner Electra Atlantic), où Dominique Lamblin accepte toutes leurs conditions. En signant pour un premier album entièrement en anglais censé s'intituler *Taï Phong,* à paraître avant l'été 1975, les jeunes gens n'ont pas encore soumis à Lamblin leur chanson providentielle, un titre de la même facture que « Melody » : « Sister Jane », un slow écrit et composé par Khanh et mixé par Andy Scott, l'un des vétérans goldmaniens. En comparaison avec les autres morceaux de l'album, « une musique planante élaborée avec des arrangements acoustiques et rythmiques très sophistiqués, incluant des harmonies vocales », « Sister Jane », de par sa tonalité et sa durée raisonnable, apparaissait beaucoup plus commercialisable. La mise en boîte de la chanson a demandé sept heures d'efforts à Jean-Jacques. Sa voix y fait merveille. Pourquoi sept heures ? Khanh : « Nous avons travaillé avec le système du *drop,* c'est-à-dire mot par mot. Tant que la première ligne n'était pas parfaite, on n'allait pas plus loin. Et ainsi de suite. Jean-Jacques a enregistré tout le morceau assis sur une chaise. » À l'époque, le fils d'Alter effectue son service militaire à Villacoublay, dans l'armée de l'air. Pour se rendre aux séances d'enregistrement, il bénéficie parfois d'autorisations d'absence, mais il lui est également arrivé de faire le mur. De là à ce que « Sister Jane » passât celui du son pour se retrouver dans les charts internationaux... Or ça va fonctionner ! En France, à tout le moins, « Sister Jane » devient l'un des slows de l'été, à part presque égale avec « L'été indien » de Joe Dassin.

Il a été raconté que, au vu de l'abondante programmation du titre par les radios, WEA avait décidé de coordonner un service de promotion suffisamment efficace et cohérent pour décrocher un maximum de passages télévisés. Sur la foi des archives de l'Institut national audiovisuel, Taï Phong se produit d'abord chez Danièle Gilbert, à *Midi Première,* le 26 juillet 1975, alors même que le single n'a pas encore été mis sur le marché et qu'il ne le sera qu'après le mois de septembre. En décembre, le 23, le groupe est l'invité de Michel Drucker aux *Rendez-vous du dimanche*. Le 30, il participe aux *Petits Papiers de Noël,* l'ancêtre du Téléthon et de Sidaction, aux heures glorieuses de la télévision, quand Jacques Solness et son équipe partaient sillonner les routes de l'Hexagone, avec caravanes et artistes, pour en appeler aux bas de laine, en association avec *Télé-Poche*. Chaque semaine, le magazine proposait de découper un petit papier, lequel devait être remis aux artistes qui se produisaient dans l'émission généralement tournée en plein air, au contact direct de la foule. Le tout mené de main de maître par le débonnaire Jean-Pierre Descombes, figure emblématique de la France profonde de ces années-là. Février 1976 sonne le glas télévisé pour Taï Phong. Il semblerait qu'il y ait eu un passage chez Guy Lux, à *Ring Parade* et un autre à Télé Monte-Carlo, introuvables sur le relevé des archives de l'INA. Très peu d'émissions en tout. Jean Mareska se l'explique par la faible télégénie du groupe. « Ils chantaient en anglais, n'étaient pas très à la mode côté variété, n'avaient pas beaucoup de présence scénique car ils ne bougeaient pas, étaient statiques. Je leur disais d'avoir un peu l'air gai quand ils chantaient « Sister Jane », mais ça n'était pas le “Sirop Typhon”, pas vraiment la chanson pour rigoler [127]. »

Ce dont personne ne se souvient, c'est que « Sister Jane » est le titre d'un autre tube qui atteignit la quatrième place dans les charts anglais, trois ans plus tôt, en 1972, interprété par les New World, un groupe australien fondé en 1965 et dissous onze ans plus tard…

---

127. *Platine,* août 1994.

Or, sans l'action souterraine d'un certain Willy, le succès du « Sister Jane » « français » aurait-il été le même ? Willy, le premier chanteur du groupe Monssoon, monté par les frères Ho Tong, au mitan des années 60. Une autre anecdote totalement inédite, dont Khanh n'a eu connaissance que très récemment et Jean-Jacques sans doute jamais. C'est là où le biographe d'investigation, friand de ce genre de découvertes de dernière minute, trouve toute son utilité et son éphémère plénitude. « Au début, Monssoon était un groupe instrumental qui ne faisait que reprendre des standards des Shadows, explique Willy. Surpris par la vague pop, les Beatles et autres, ils se sont adaptés en recrutant un chanteur. Je venais d'un groupe rock de Fontenay-aux-Roses, qui s'appelait les Rythmers. » Willy tourna un an avec les frères Ho Tong, dans les MJC et les festivals de banlieue. Le circuit classique. Après quoi il s'essaya à d'autres formations avant de s'expatrier pendant deux ans en Scandinavie dans le sillage d'une belle Suédoise. De retour à Paris il se vit offrir un contrat chez WEA France, au service du copyright. Et là… « Un jour, en feuilletant des documents, je tombe sur le nom de Taï Phong, mes anciens complices sous contrat avec la maison et dont le premier single était en phase de diffusion ! La promotion étant réduite à presque rien, je peux dire que j'ai pas mal poussé à la roue en amont pour que « Sister Jane » aille là où il méritait d'arriver. » Comment ? « Étant à l'intérieur de la société, il m'a été facile de tricher en apposant des stickers « Sister Jane » sur chaque carton à destination des disquaires. Intrigués, ceux-ci appelaient aussitôt le bureau des commandes pour se renseigner : “C'est quoi ce truc ?” C'est comme ça que c'est monté. Je me souviens encore que pour qu'un disque soit distribué dans les juke-boxes, par exemple, la SACEM exigeait un certain seuil de vente. Chaque semaine, un représentant venait relever les chiffres. » Là encore, Willy intervient en gonflant celui des ventes de « Sister Jane ». Une belle leçon de camaraderie. Ou un grand coup de pouce à la petite Histoire… Bien des années plus tard, il sera donné à Willy de connaître l'un des professeurs d'économie de Jean-Jacques à Lille, M. Lefèvre, devenu au début des années 90 le premier directeur de l'EDHEC de Nice, où l'épouse de Willy travaillait. « Elle m'a raconté qu'il commençait toujours ses cours par une citation de Jean-Jacques Goldman, que M. Lefèvre n'avait pas oublié et dont il avait gardé un souvenir agréable[128]. »

Au final, le « Sister Jane » « français » s'écoule à près de 100 000 exemplaires. Premier contact avec la notoriété pour Jean-Jacques. Il est épouvanté ! Dans les coulisses des studios de télévision, il se cache, rougit quand on lui demande un autographe et n'attend que le moment de se retrouver enfin seul, libéré des regards et du poids des projecteurs. Seul, il ne l'est plus vraiment puisque Catherine lui a dit oui officiellement en juillet – en présence des membres de Taï Phong – et qu'un enfant est en route, à paraître en décembre.

Premiers contacts avec la presse également. *France-Soir, Rock & Folk*... Des journaux plus ou moins sérieux que l'attaché de presse de la maison de disques a convaincu de s'intéresser sérieusement à Taï Phong. Avec Khanh, qui s'est pavané tout l'été dans son coupé sport, sur la tête une casquette à l'enseigne de *Sport 2000,* payée rubis sur l'ongle, Jean-Jacques se fait le porte-parole du groupe. En parfait diplômé de commerce, il en dévoile la stratégie : *Notre tactique, c'est de vendre pour acheter, pour nous équiper. Seul le succès peut nous permettre d'améliorer notre produit, et nous le recherchons sans fausse honte*[129]. Une démarche logique et naturelle. À quoi servirait autrement de saigner sur des Gibson dans une cave, sinon pour faire planer les rats ? « Ce que les gens ne savent pas, dévoilera Khanh, c'est que, lorsqu'on a signé avec WEA, avant de sortir « Sister Jane », on a fait quelques concerts pour tester le groupe et c'est Jean-Jacques qui chantait. Le premier eut lieu dans une MJC à Fresnes avec sept autres groupes sur scène et cinquante personnes à tout casser dans la salle et ça s'est très bien passé. Le deuxième

128. Entretien téléphonique avec l'auteur, mai 2011.
129. *Rock & Folk,* novembre 1975.

concert, on n'était plus que deux groupes sur scène, mais il y avait cent personnes dans la salle, c'était mieux ! Quant au troisième concert, il a eu lieu à la fac d'Antony, dans une salle qui ressemble au Palais des Sports, mais en plus petit. On était le seul groupe programmé pour la soirée, et c'était plein. C'est là que la maison de disques a compris qu'il fallait sortir le single. Après ces concerts, Jean-Jacques n'a plus voulu monter sur scène avec nous. Il fuyait la scène parce qu'il avait un trac fou ! D'ailleurs il vomissait avant d'y monter[130]. »

130. *Platine,* mai 2002.

L'émancipation

Le groupe s'est arrêté parce que les groupes ça meurt.

À *Sport 2000,* derrière le comptoir du magasin familial, où il œuvre à plein temps, lorsqu'un client s'enhardit à lui demander s'il est bien le chanteur du groupe Taï Phong, Jean-Jacques nie. La musique d'un côté, la vie de l'autre. Il ne sait pas encore ce qui le guette. Pour l'heure, lui et ses complices en sont à la digestion du succès de « Sister Jane » et à la préparation d'un deuxième album. Le premier, hors single, a tout de même atteint les 50 000 exemplaires. Sans compter les ventes à l'étranger dans seize pays différents, dont le Japon, grâce à un système de pressages locaux. Dans la presse rock, on ne s'est d'ailleurs pas économisé en amabilités : « Voici un disque remarquable. À croire que la pop en France mûrit et qu'un futur plus intéressant, plus personnel se dessine. Taï Phong est de toute évidence destiné à être une force en développement[131]. »

---

131. *Rock & Folk,* juin 1975.

Même enthousiasme pour le second album, jugé par les mêmes comme celui de « la maturité ». Or l'accueil réservé par le public à *Windows,* en 1977, sera décevant. À elle seule, la pochette était pourtant déjà accrocheuse, dessinée comme la première, par Lang, le cadet des frères Ho Tong, élève dans une école de beaux-arts. Accrocheuse et parfaitement adaptée aux ballades langoureuses vomies par les guitares acoustiques et à l'atmosphère rock symphonique et lyrique, servie par des instrumentaux léchés. Seule la critique a relevé cette évolution. Dommage. Parce qu'ils ne sont plus tout à fait des gamins, les Taï Phong avaient accueilli avec beaucoup de prudence le succès de leur premier bébé. N'ayant jamais décollé dans leur tête, ces garçons sains n'ont pas eu à redescendre sur terre, seulement besoin de faire le point. Khanh se souvient que lors de l'enregistrement de *Windows,* aux studios IP Colysée, des dealers à la petite semaine écumaient les lieux pour écouler leur marchandise. Du shit. *« Je crois que partout où ils allaient en proposer, il y en avait toujours au moins un pour dire oui. Sauf chez nous. Personne dans Taï Phong ne fumait. Sauf le pianiste, mais c'était des cigarettes. »* Et d'ajouter avec humour : *« Taï Phong : les seuls musiciens planants qui ne fumaient pas* [132] *! »*

En marge de leur vocation à faire de la musique dans leur cave avec l'ambition à peu près affirmée de sortir un album par an, les Taï Phong font parfois surface et s'offrent des plages extra-récréatives, comme l'enregistrement au château d'Hérouville d'un disque de démonstration pour le magazine *Sono*, à l'occasion du Salon de la Musique : *Rise above the wind,* auquel Jean-Jacques participe. Il y a aussi la composition d'un jingle publicitaire radio pour annoncer la sortie de *Salut les Copains*. La scène pour la scène, Jean-Jacques n'en est toujours pas partisan. Il est d'avis que la musique de Taï Phong, pour passionnante qu'elle soit à élaborer en studio, n'a aucune utilité sur scène. Ou alors il est trop tard pour le faire. La mode est en train de passer. Au demeurant, dès 1976 il commence à prendre ses distances

132. *Platine,* mai 2002.

avec ses partenaires. Une impression de tourner en rond. Dix ans de groupe c'est beaucoup quand on éprouve le besoin de faire route à part, loin des tensions créées par la promiscuité et les problèmes d'autorité. Goldman se cherche. Inguérissable solitaire, il ne déserte pas pour autant la cave de Sceaux, mais il consacre beaucoup plus de temps à l'écriture et à la composition de chansons en français qu'il projette d'interpréter lui-même. Puisque chez WEA, en dépit d'excellentes conditions d'enregistrement, on semble ne pas montrer d'exigences draconiennes, il pourra toujours « s'essayer » avec la possibilité de fonctionner à nouveau « à mi-temps-plein », avec ses camarades de cave.

En l'espace de trois années, à raison d'un par an, trois 45 tours signés Jean-Jacques Goldman apparaissent sur le marché du disque sans le révolutionner. Successivement : *C'est pas grave papa / Tu m'as dit, Les nuits de solitude / Jour bizarre* et *Back to the City Again / Laetitia*. Des chansonnettes. Douces-aimantes ou conçues pour faire taper du pied, elles sont fraîches, enlevées, gentiment foldingues par endroit et loin d'être idiotes. S'il estime un peu hâtivement qu'hormis le musette, qui est bien français, la musique vient d'ailleurs et qu'en anglais on peut faire dans la débilité, leur auteur, nourri au son américain, respecte par trop la langue de Molière, faite pour dire. Alors, pour racheter des arrangements pas toujours originaux, il tâche de ne pas dire n'importe quoi, n'importe comment. La dentelle viendra plus tard. L'individu en décalage avec la société, l'humour, les préoccupations sociales : c'est déjà tout Goldman qui se rassemble ici, petites pièces éparses du grand puzzle en construction. Il est patent que ce garçon n'est pas que l'héritier d'une histoire lourde ; il a vécu des choses sur lesquelles il a appris à poser ses propres mots. Contemplatif de nature, l'enfant secret qui passait des journées entières seul dans sa chambre boit l'air ambiant avec une paille et essaie d'en tirer parti. Un photographe efficace et d'une sensibilité exercée, Jean-Jacques Goldman. « Une éponge[133] », métaphore Jean Mareska. *Quand on est timide, en général, c'est parce*

133. Entretien téléphonique avec l'auteur, octobre 2010.

qu'on a une conscience très forte des autres et de ce qui nous entoure. Donc quelqu'un qui est timide, probablement qu'il emmagasine des choses, qu'il est très sensible à ce qui se passe autour de lui. C'est peut-être ces gens-là qui ont emmagasiné ces sensations qui peuvent ensuite les restituer par la création. C'est la réceptivité[134].

Dans « Back to the City Again », il parle du retour à la ville qu'il préfère à la campagne. Un pied de nez humoristique et provocateur à Mai 68 et au flux de bobos partis tondre les moutons dans le Larzac. Réminiscences de ses lectures d'adolescent (*La Cicatrice*), son cristallin « Laetitia » est bouleversant. L'histoire d'un pauvre gars juste un peu trop fragile, un *looser* dont tout le monde se moque au bureau. Heureusement il peut compter sur sa Laetitia qui l'attend chaque soir, lorsqu'il rentre, à bout chaque fois. Ce texte délicat ressemble à son auteur. « [À l'école], quand il y avait un môme un peu attardé dont les autres se moquaient, c'est vrai qu'il n'était pas du côté des loups[135] », témoignera son frère Robert. Goldman preux interventionniste ? *J'étais pas spécialement courageux ! En plus, j'étais un peu en avance, alors j'étais un peu petit par rapport à la taille des autres*[136]. Jusqu'au jour où… *Six jours déjà que j'attends ici dans le noir / Laetitia est partie, c'était vendredi soir / Elle a laissé un mot « adieu et oublie-moi » / Et je ne comprends pas et je guette ses pas…*

Et il attend, Jean-Jacques, guettant et travaillant à son évolution. Jean Mareska se souvient de cette époque et plus particulièrement de l'enregistrement de ces chansons « ratées », où Goldman se contentait de poser sa voix, refusant de participer au mixage dont il laissait le soin à l'ingénieur du son. « Ça le gonflait vraiment […] Il faut dire que, pour poser sa voix, ça allait très vite ; en une ou deux prises il était en place, le feeling était parfait. La seule chose qu'il demandait c'est qu'on le prévienne

134. *Cool,* juin 1987.
135. Utilisé par Évelyne Pagès pour son *Grand Format* du 29 juillet 1991.
136. RTL, *Grand Format,* 29 juillet 1991.

vingt minutes avant de chanter pour qu'il aille se remplir l'estomac, en allant acheter deux ou trois brioches, pains au chocolat ou croissants… [137]» Il fait déjà bon dans les chansons de Goldman. On y est au chaud, comme dans un cocon, de la tendresse accrochée partout. On n'a pas envie d'en sortir.

Rien. Aucun sursaut dans le public. La sauce ne prend pas. Encore faut-il avoir les moyens de l'atteindre, ce public. Plus tard, Jean-Jacques en rendra responsable sa maison de disques, WEA, et sa *politique de l'échec. Je confiais des maquettes à des arrangeurs et je ne venais au studio que lorsque la musique était pratiquement enregistrée.* L'inverse d'avec Taï Phong. *C'était à la limite de la variété, tout à fait dans le genre « truc qui devrait marcher » et, précisément parce que c'était fait pour marcher, ça ne marchait pas* […] *Le principal défaut de WEA, c'est que tu y fais tous les disques que tu désires. Une fois que tu as un contrat, ils acceptent tout ce que tu leur présentes, que ce soit bon ou mauvais ; et puis le disque sort et tu n'en entends plus jamais parler. Ça, ça n'est pas rendre service à un artiste* [138].

Goldman sait à peu près où il veut aller, mais on ne lui donne pas les moyens de ses certitudes musicales. « Quand quelqu'un a du talent et ne marche pas, c'est intolérable, reconnaîtra Khanh, fair-play. Je ne comprends pas que les gens aient mis si longtemps à découvrir Jean-Jacques. » Chez WEA, personne ne croit en lui et naturellement, sans être une cloque d'égocentrisme, Goldman en conçoit une blessure d'amour-propre hautement compréhensible. Jean Mareska se souvient de cette époque de flottement : « On a dû presser 1 000 ou 2 000 [de chacun de ses singles] et puis c'est tout. Je crois que Jean-Jacques n'a décroché aucune promo, ni en radio, ni en télé, en plus parce que l'équipe de promotion percevait très mal les velléités artistiques en solo de Jean-Jacques et devait se dire : "Mais qu'est-ce qu'il nous fait ?" Je me souviens d'une réunion, un jour, chez Warner, où la directrice de promotion m'a dit, alors que j'annonçais le troisième

137. *Platine,* août 1994.
138. *Rock & Folk,* décembre 1981.

disque de Jean-Jacques : "Encore lui, mais tu ne peux pas arrêter !?" » Goldman avait-il au moins des velléités pour un album ? Jean Mareska est catégorique : il n'en avait pas. « Il voulait faire des coups, des chansons pop [...] C'était peut-être aussi parce qu'il avait vu le succès des singles de France Gall, produits par Michel Berger comme "Ma déclaration" [139]. » Jean-Jacques considérait Berger comme l'auteur-compositeur le plus doué du moment. « Il lui vouait une admiration sans borne, atteste Jean Mareska. Il me parlait tout le temps de lui. Même si je n'aimais pas du tout sa façon de chanter, j'appréciais également beaucoup Michel, l'homme, et le musicien. Un jour, dans les couloirs de WEA, je les ai présentés l'un à l'autre. Jean-Jacques, très ému, a dit à Michel tout le bien qu'il pensait de lui et Michel a accusé réception avec la gentillesse qui le caractérisait [140]. » *Si on me demandait de citer un nom en France, je citerais celui de Michel qui a énormément fait évoluer la chanson française* [avec Véronique Sanson] *Il a su marier la musique d'influence anglo-saxonne avec les bons textes. Il est en rupture et à la fois fidèle à une certaine idée de la chanson* [141] [...] *« Seras-tu là » est peut-être la chanson que j'aurais aimé écrire* [142] [...] *Je lui ai piqué plein de trucs et je pense qu'il y a un pont entre nos deux musiques* [143].

En 1979, alors que Jean-Alain Gardet et Taï viennent de quitter le groupe, aussitôt remplacés par Pascal Wuthrich et Michael Jones, Jean-Jacques collabore au dernier album de Taï Phong : *Last Flight,* ainsi qu'à la composition d'un single disco : « Follow Me ». Face B figure « Dance », un morceau sur lequel Jean-Jacques a posé sa voix avec Taï. Khanh : « Il a aussi, quelque temps après, enregistré un medley de slows [144] à la sauce disco. Il faut dire que précédemment, Voulzy avait fait un carton avec "Rock Collection" [145]. » Sur cette échappée disco de Goldman,

---

139. *Platine,* août 1994.
140. Entretien téléphonique avec l'auteur, octobre 2010.
141. *Salut,* juillet 1985.
142. OK !, juillet 1985.
143. *Graffiti,* n° 24.
144. *Salut,* juillet 1985.
145. *Platine,* mai 2002.

les souvenirs de Jean Mareska sont encore plus précis : « Jean-Jacques, toujours à l'affût d'un bon coup, m'a dit : "Si on faisait la même chose avec des slows ?" » Une quinzaine de chansons furent ainsi « imbriquées » avec l'aide d'un arrangeur, toutes bâties « sur le même anatole, les mêmes suites harmoniques. On passait de « Only You » des Platters à « Nights in White Satin » des Moody Blues. Jean-Jacques n'a fait que poser sa voix en alternance avec une amie anglaise qui faisait des passages parlés. » Khanh : « Pour Jean-Jacques, le disque a marchoté. Il faut être honnête, c'est pour ça qu'il est revenu dans le groupe, autrement il serait parti définitivement. »

Goldman ayant confessé ne garder aucune nostalgie de Taï Phong, Kahnh avouera avoir mal perçu, lui comme les autres, le fait que Jean-Jacques ait pu vouloir enregistrer ses propres disques en solo : « Nous attendions les rentrées d'argent pour nous équiper en matériel pour faire de la scène, et lui ça ne l'intéressait pas. Il préférait être seul, ça lui permettait de travailler à 100 % pour lui[146]. » Tous sont anéantis. Après *Last Flight,* une tournée de trois mois est entreprise. L'excellent Michael Jones remplace Goldman sans parvenir à monter aussi haut, chaque note aiguë donnant presque systématiquement lieu à un couac. *Last Flight* est un nouvel échec. Peu à peu le groupe se disloque. Trop de tensions, de conflits, de divergences de vue et de jalousies rentrées, chacun n'écrivant plus que dans son coin. Personne n'a éprouvé l'envie de sauver le navire.

« Il me semble que le père de Khanh et Taï avaient une sorte de présence occulte, analyse Jean Mareska. Dans le groupe, il y a eu des frictions entre les deux Vietnamiens et les trois non-Vietnamiens. Ceci s'explique par le fait que les frères Ho Tong parlaient depuis longtemps de monter une société pour financer l'achat de leur matériel. Une société familiale dans laquelle leur père, leur sœur et eux auraient été majoritaires. Dès lors, à quatre contre trois, les trois non-Vietnamiens se retrouvaient en position d'infériorité[147]. » Elle n'est pas exprimée clairement, mais l'on

146. *Ibid.*
147. Entretien téléphonique avec l'auteur, octobre 2010.

sent une certaine rancœur, aujourd'hui, dans les interviews de Khanh. Jean-Jacques les a-t-il bel et bien plantés ? *En général, je ne suis pas spécialement fidèle par devoir*[148]. Goldman aime où il veut et choisit ses saisons. Mareska : « Le groupe existe toujours sous une autre forme, mais il faut dire que si la carrière du Taï Phong d'alors s'est arrêtée, c'est dû au départ de Jean-Jacques[149]. » En 1985, à la demande de Khanh, via Jean Mareska, Goldman acceptera cependant volontiers de faire bénévolement les chœurs sur un disque de Taï Phong. « Khanh m'avait appelé en me demandant de jouer les intermédiaires, se souvient l'ancien directeur artistique du groupe. J'ai donc téléphoné à Jean-Jacques qui a répondu O.K., à condition de lui trouver un studio à proximité de Montrouge. Ce qui fut fait. Khanh était très ému. Malheureusement, en dépit du nom de Goldman sur la pochette, le 45 tours n'a pas marché[150]. » La même année, en décembre, les Taï Phong montèrent sur la scène du Zénith aux côtés de Goldman pour « Sister Jane ». Peu de temps auparavant, « L'Homme en or » était passé voir son ancien acolyte dans le magasin d'instruments de musique où celui-ci travaillait. « Il a vu une guitare que j'avais fabriquée, un modèle unique, il a voulu me l'acheter immédiatement, sans même se renseigner sur le prix. Bien sûr, je n'ai pas abusé. Il m'a par ailleurs demandé de lui construire un pédalier pour lui faciliter la tâche sur scène, de manière à ce que, lorsqu'il appuyait sur 1, 2 ou 3, il puisse obtenir le son de la chanson désirée. Il en a été extrêmement satisfait. Il était même fou d'excitation ! Je ne la lui ai pas vendue pour grand-chose, même pas l'équivalent de quatre-vingts de nos euros. Ensuite, nous nous sommes vus à Montrouge dans un café où je lui ai fait écouter quelques maquettes personnelles. C'est là qu'il m'a proposé de faire le Zénith avec lui. Trois semaines à guichet fermé, sept jours sur sept. Il y avait le nouveau pianiste du groupe, un choriste, ainsi que Stéphan Caussarieu[151]. »

---

148. RTL, *Grand Format,* juillet 1991.
149. *Ibid.*
150. *Ibid.*
151. Entretien téléphonique avec l'auteur, mai 2011.

Trois semaines de bénévolat… Khanh et Stéphan Caussarieu l'ont révélé dans une précédente biographie[152]: non seulement personne n'a été payé, mais ni Jean-Jacques, « très distant », ni la production n'ont proposé le moindre défraiement pour l'essence. Sans doute attendaient-ils un geste de la part de Goldman. Sans doute celui-ci considéra-t-il que la publicité dont ils bénéficièrent valait autant sinon mieux qu'un cachet. Ce genre d'arrangement se négocie toujours en amont.

Aujourd'hui Stéphan Caussarieu estime que ses propos ont été mal interprétés. Il n'aime pas qu'on pense que Jean-Jacques et son frère pourraient avoir des problèmes avec l'argent. « J'y vois une consonance nauséabonde qui ne me plaît absolument pas. Aussi, après la parution de la bio en question, ai-je écrit une lettre à Jean-Jacques qui, par le plus grand des hasards, est aujourd'hui mon voisin à Marseille, sans que nous nous soyons rencontrés une seule fois en dix ans, de manière à rétablir les choses[153]. »

Or l'histoire du fameux pédalier a une suite. Khanh nous la livre : « Au bout d'un an, je reçois un coup de téléphone d'un proche de Jean-Jacques : "Le pédalier ne marche pas bien, tu peux nous rembourser ?" J'ai proposé qu'on me le rapporte afin d'effectuer les réparations nécessaires, ce qui me semblait être beaucoup plus logique. Je n'ai jamais eu de réponse[154]. » Plus tard, en 2000, lors de la sortie du quatrième album de Taï Phong, *Sun,* Khanh sollicitera Goldman derechef pour qu'il intervienne auprès des médias. Goldman n'aurait fait qu'accuser réception. Un artiste de premier plan est-il automatiquement une garantie de succès ? Le fondateur de Taï Phong, moins chanceux que son ancien complice, attendait juste de celui-ci quelques mots à l'occasion d'un passage télé ou radio, même hors antenne.

---

152. Bernard Violet, *Jean-Jacques Goldman, un homme bien comme il faut,* Flammarion, 2010.
153. Entretien téléphonique avec l'auteur, 15 février 2011.
154. Entretien téléphonique avec l'auteur, mai 2011.

Nous ne sommes qu'à la charnière des années 80. Que va Jean-Jacques devenir, privé de ses activités de groupe et négligé par une maison de disques pour laquelle il n'est qu'un boulet ? Une femme, un travail, une maison, des parents encore vaillants et la lecture de quelques journaux sérieux « fabriqués par des idiots et destinés à être lus par d'autres idiots » (Caragiale) ; socialement il est installé, sans avoir jamais eu à ramer. Un choix. Pas d'urgence, donc. Seulement des enfants à élever et la gimmick au bout des doigts. En attendant un signe… *Tu ris mais sois tranquille, un matin / J'aurai tout ce qui brille dans mes mains…* Une chanson sur laquelle le Montrougien est en train de plancher.

Survient un événement tragique et pour un peu prévisible : l'assassinat de Pierre, le 20 septembre 1979, deux mois après la naissance de Mickaël, le deuxième enfant de Jean-Jacques. Une publicité dont la famille se serait volontiers dispensée, déjà rudement éprouvée par « l'affaire du boulevard Richard-Lenoir », neuf ans plus tôt, devenue « l'affaire Goldman ».

Les murs de Fresnes

Pour beaucoup de gens, le fait de chanter « Quand la musique est bonne », et que cela émeuve un public d'adolescents qui ne savaient pas que Pierre Goldman avait existé, avait quelque chose de… louche[155].

Nous avions laissé l'aîné d'Alter Goldman sans surveillance en 1969, date de son retour définitif en France. En décalage avec ses rêves de révolution pour la révolution, dans un Paris sucré de bébés brailleurs ayant renoué avec leur petit train-train démocratique, après avoir fait croire qu'ils avaient des idées personnelles alors qu'ils n'avaient fait que retourner celles des autres en les présentant les jambes en l'air et la tête à l'envers, aux cris trop grands pour eux de « CRS-SS ! », Pierre entra dans une phase de « grande dépression », s'adonnant à la boisson et absorbant des « médicaments excitants[156] ».

155. *Le Point,* 27 mai 1991.
156. Éléments fournis par le représentant du ministère public, Jacques Basse, en 1976, lors du second procès d'Amiens.

Dès lors, à tout jamais perdu pour la société, il va descendre encore d'un cran en se livrant à une série de violents braquages à main armée sur de petites gens. Trois en l'espace de deux mois, décembre 1969 et janvier 1970. Ce, après avoir tenté de séquestrer Jean-Edern Hallier, qu'il honnissait, et projeté de dévaliser le psychanalyste Jacques Lacan. « Je voulais déchirer, briser le cours paisible des relations politiques de ce pays, y introduire la violence, la provoquer[157]. » Les assistants de Goldman : des « Pieds Nickelés » antillais qu'il ne dénoncera jamais et en compagnie desquels il passera des nuits à jouer des percussions à la Chapelle des Lombards, notamment, un club parisien de salsa. Jusqu'au jour où la police vient mettre son nez dans sa vie dissolue et lui passe les menottes. Nous sommes le 8 avril 1970. « Où étiez-vous le soir du 19 décembre 1969 ? » Affaire Goldman : moteur !

Où était Pierre, ce soir-là ? Connaître aujourd'hui ses faits et gestes avec exactitude ne rendra jamais la vie aux deux pharmaciennes assassinées dans leur officine du boulevard Richard-Lenoir, à Paris. L'une d'elle laissait une fillette de 28 mois. Des mortes pour rien dont firent très peu de cas les partisans de Pierre Goldman. « On a abandonné sur le bord de la route judiciaire des détresses et des douleurs, des morts qui n'avaient pas la chance d'avoir le label révolutionnaire » (*dixit* Philippe Bilger).

La trame de cette affaire semble complexe. Résumons-la. Boulevard Richard-Lenoir, donc. Au 6. La pharmacie de Mlle Delaunay, quasiment place de la Bastille, avec ses animations de foire et son génie de la Liberté, vit au vent sur sa colonne de bronze. 20 h 10. Mlle Delaunay et Mme Aubert, sa préparatrice, manteau sur l'épaule, s'apprêtent à rentrer chez elles lorsqu'un individu fait irruption, pistolet au poing, et retranche les deux femmes dans l'arrière-boutique. Que veut-il ? De l'argent. Survient M. Trocard, un habitué venu acheter des médicaments et qui se retrouve avec un revolver pointé vers lui. L'agresseur

157. Pierre Goldman, *op. cit.*

est en âge d'être son fils. « Tu es le roi des crétins, tu vas te faire prendre tout de suite », tente-t-il de le raisonner. Des mots de trop. L'individu tire. M. Trocard s'écroule, la mâchoire fracassée.

Pendant ce temps, dans un café du coin, *Le Jean-Bart,* en repos ce soir-là, le gardien de la paix Quinet sirote en compagnie d'une cousine. Alerté par les cris d'un passant qui dit avoir entendu des coups de feu, Quinet fonce en direction de la pharmacie mais, avant qu'il n'ait le temps d'ouvrir la porte, d'autres coups de feu ont éclaté. Les deux pharmaciennes. Mortes. Surpris par l'intrusion de Quinet, l'assassin, paniqué, met l'intrus en joue. Quinet lui empoigne le bras. L'autre se dégage et parvient à s'enfuir, aussitôt rattrapé sur le trottoir. Une courte lutte à l'issue de laquelle une balle tirée à bout portant blesse le policier, qui s'écroule à son tour. Depuis sa fenêtre, située quelques étages au-dessus de la pharmacie, le docteur Pluvinage a suivi toute la scène. Expert agréé auprès des tribunaux, il est spécialisé dans les travaux de microscopie, ce qui exige une grande acuité visuelle. Il affirmera avoir vu les consommateurs du Jean-Bart se précipiter pour porter assistance à Quinet. Il attestera surtout avoir parfaitement distingué le visage du tueur et sa physionomie, grâce aux lumières des stands voisins et à celle d'un lampadaire planté sous sa fenêtre.

Après enquête, dans les jours qui suivirent, plusieurs truands furent appréhendés, emmenés à la brigade criminelle du quai des Orfèvres et présentés aux témoins oculaires, selon le système de la glace sans tain. Incapables de se déplacer du fait de leur hospitalisation, MM. Quinet et Trocard n'en furent pas moins placés à contribution. Afin d'assurer la fiabilité de leur témoignage, conformément à la procédure habituelle on mélangea les photos de la douzaine de suspects arrêtés avec celles d'officiers de police et de malfrats en prison ou décédés. Personne ne reconnut personne. L'assassin des deux pharmaciennes courait toujours.

C'est alors qu'au mois de mars 1970 un indic donna à la police suffisamment de renseignements sur un certain « Goldy » pour que, le 8 avril suivant, celle-ci en arrive à resserrer ses filets sur Pierre Goldman, hébergé dans un studio du 13e arrondissement par Pierre Barouh, l'auteur de la musique du célèbre film *Un homme et une femme,* qui lui sert de prête-nom. Au témoignage de l'indic, « Goldy » s'était vanté d'avoir arraché la caisse d'un pharmacien, malgré les coups de manivelle de ce dernier, ajoutant qu'il avait tiré dans une autre pharmacie, du côté de la Bastille, afin de se garantir contre tout nouveau coup de manivelle éventuel. Porteur d'un faux-passeport vénézuélien, Pierre Goldman est immédiatement et formellement identifié par Trocard, Quinet et Pluvinage. Ainsi que par deux autres témoins, une crémière et une passante. Cinq témoignages accablants sur sept. Or, l'agent chargé de développer les photos prouvant que les identifications s'étaient déroulées selon les règles remonta du laboratoire avec une pellicule entièrement voilée. « Le c... ! », s'écria alors son patron, le commissaire Leclerc, chargé d'interroger Goldman et de lui soutirer des aveux. Toutefois celui-ci a un alibi : au soir et à l'heure du crime (19 décembre 1969, 20 h 10), il se trouvait chez l'un de ses amis, Joël Lautric, rue de Turenne, à dix minutes à pied de la Bastille. Retrouvé quarante ans plus tard par le journaliste Michaël Prazan, le même Lautric parlera plutôt de 18 heures [158]...

Comme il mentira sur le fait d'avoir jamais possédé ou utilisé d'arme à feu, Goldman mettra du temps avant de reconnaître la responsabilité des trois précédents braquages, l'un dans un magasin de vêtements, l'autre contre un payeur d'allocations familiales et le dernier dans une pharmacie où le pharmacien s'était défendu avec... une manivelle. En revanche, il nie toute implication dans le double assassinat du boulevard Richard-Lenoir et n'y dérogera plus. L'histoire des photos ratées allait jouer en sa faveur lors du second procès.

158. *L'assassinat de Pierre Goldman,* documentaire de Michaël Prazan, d'après son livre *Le Frère de l'ombre* (Le Seuil).

Trois jours après son arrestation, Pierre Goldman est transféré à Fresnes, en attendant d'être jugé. Lorsqu'il lui rend visite pour la première fois, le docteur Yves Roumajon [159] le trouve « dans un triste état ». « Il m'accueille courtoisement toutefois : Ah ! C'est vous, le docteur Roumajon, me dit-il, vous savez que vous avez une excellente réputation à la Haute Surveillance [160]. »

La théorie de ce psychiatre qui a consacré sa vie à l'étude des criminels et de l'enfance difficile est qu'en général le criminel a d'abord été un enfant innocent que peu à peu les faiblesses, les circonstances, les autres ont poussé vers la délinquance. « On se met à parler et je suis frappé par le flou de sa pensée qui part dans toutes les directions, incapable de se fixer. Il montre aussi une anxiété qui est presque visible physiquement. J'en suis impressionné au point de dire à ma consœur, Mme Boittelle, d'aller le voir au plus vite car je me demande s'il n'y a pas lieu de conseiller le placement en milieu psychiatrique [161]. »

Cinq semaines après l'arrivée de Goldman à Fresnes, on apprend le décès troublant de M. Trocard, retrouvé noyé dans 1,50 mètre d'eau, du côté d'Angoulême où il passait sa convalescence chez sa fille. Un petit étang que cet homme taillé en athlète connaissait comme sa poche et où il avait l'habitude d'aller pêcher à la ligne. Après l'arrestation de Pierre Goldman, M. Trocard avait confié à un journaliste sa peur d'être assassiné par le meurtrier, du fait qu'il était le seul à pouvoir l'identifier avec certitude et qu'il l'aurait reconnu entre mille. Une autopsie fut pratiquée deux ans après, qui ne donna aucun résultat quant à la manière dont le principal témoin du meurtre du boulevard Richard-Lenoir avait perdu la vie.

Pierre Goldman est accusé d'homicides volontaires, de tentatives d'homicide volontaire et de vols. Des charges très lourdes. L'instruction sera longue. Plusieurs années sans doute. À Montrouge, en dépit du tapage médiatique, les Goldman ne

159. Son père, Jean Roumajon, lui-même psychiatre, avait rapporté dès 1937, au garde des Sceaux de l'époque, l'urgence d'une réforme totale des maisons d'éducation surveillée.
160. Dr Yves Roumajon, *Ils ne sont pas nés délinquants,* Robert Laffont, 1977.
161. *Ibid.*

sont aucunement montrés du doigt par leurs voisins. « Les gens m'ont fait confiance, dira Alter. Personne ne m'a jamais dit un mot. C'est ça la France[162]. » Reste que, pendant deux ans, le patriarche refusera d'entendre parler de son fils. Est-ce à dire qu'il le croyait capable d'avoir commis ce dont on l'accusait ? En 1972, c'est un père parfaitement convaincu du contraire qui ressortira du parloir de Fresnes. « Lorsque je me suis décidé à aller le voir, je lui ai simplement demandé : "Est-ce toi ou n'est-ce pas toi ?" Il a répondu : "Ce n'est pas moi". Il a aussi, plus tard, porté serment sur la mémoire des morts d'Auschwitz. Mais je n'ai pas prêté d'importance à ce serment. Je suis contre tout serment. Un serment n'ajoute rien. Une parole d'homme suffit[163]. » Dès lors, l'ancien résistant va se mobiliser aux côtés des partisans de Pierre pour qu'éclate *leur* vérité.

En prison, Goldman est soumis au régime de l'isolement. Après la visite de Mme Boittelle, son état psychologique semble s'être amélioré. « Elle me téléphone qu'elle l'a trouvé plutôt détendu, note le docteur Roumajon dans ses souvenirs parus en 1977. Des tranquillisants lui ont été administrés et sa pensée est devenue plus cohérente. Je retourne le voir et fais la même constatation.

– "Ça va mieux", reconnaît-il lui-même.

À partir de cet instant, les progrès sont impressionnants. Je découvre en lui un garçon extraordinairement intelligent, un esprit acéré, rapide, capable de remuer les idées avec une capacité que je lui envie, d'une culture qui, sur de nombreux points, philosophie ou politique, me dépasse de très loin. Nos conversations sont d'ailleurs très libres. Sans fard, il décrit le point où il en est arrivé : un idéalisme assez désabusé. La façon dont il décrit ses voyages me fait sentir qu'il s'agit d'un itinéraire de fuite autant qu'idéologique. Pierre Goldman est à la recherche de lui-même et sans doute il ne s'est pas trouvé. »

---

162. Wladimir Rabi, *op. cit.*
163. *Ibid.*

Dès lors, le matricule X de la prison de Fresnes va tenter de se rassembler. Au fil des mois, c'est un tout autre visage qu'il offre à ses geôliers que celui proposé par certains journaux. Immergé dans l'apprentissage et le savoir, il parviendra à décrocher un DUEL de philosophie et d'espagnol. En même temps, il œuvre à l'alphabétisation de quelques camarades de détention. Ce, au gré de pérégrinations intérieures très inégales. Docteur Roumajon : « De longs mois se passent avant que je ne le revoie. Je le trouve alors comme au premier jour, abattu, les pensées en désordre, imprégné surtout d'une grande angoisse qui prend de nouveau une allure pathologique.

– "Je ne travaille plus, me dit-il, je ne lis même plus. Il me faut un trop grand effort pour comprendre ce que je lis."

J'essaie de le remettre d'aplomb. Je relance la conversation sur la philo. Il me regarde, presque ironique, comme si cela ne faisait plus partie de lui. »

Lors de son second procès, les antécédents médicaux de Pierre Goldman seront mis en exergue par le représentant du ministère public, M. Jacques Basse, selon lequel le fils de Mojsze, avant son entrée dans la clandestinité, aurait subi un traitement psychiatrique dans une clinique du Loir-et-Cher, ponctué d'électrochocs. « Il connaissait des états névrotiques de manière cyclique », dira-t-il, citant quelques déclarations enregistrées auprès de plusieurs victimes des agressions à main armée commises par Goldman et reprises par *Le Monde :* « "Il était très nerveux et paraissait drogué"… "J'ai pensé à un fou"… "Il avait l'air très nerveux"… Je craignais qu'il ne perde son sang-froid" [164]. »

Le changement semble néanmoins à ce point notable aux yeux du directeur de Fresnes, et la conduite du détenu si exemplaire, qu'elle vaut à « Goldy » un rapport des plus élogieux. On lui sait gré d'avoir calmé le jeu lors d'une mutinerie. Pierre Goldman s'est-il renié pour autant dans cette affaire ? Yves

---

164. *Le Monde,* 6 mai 1976.

Roumajon : « Lors des émeutes de 1973 [la date exacte est juillet 1974], il avait joué un rôle pacificateur mais, ajoutait-il, l'on s'était abusé sur ses intentions.

"Tout était parti d'une grève des surveillants, me dit-il, et je considérais que ce n'était pas notre combat." »

Lorsque, le 9 décembre 1974, son procès débute, l'accusé fait savoir qu'il a choisi d'assurer lui-même sa défense. La veille, il confie au docteur Roumajon : « Maintenant, une seule chose me passionne, la philosophie. C'est de ce côté-là que je chercherai uniquement. » En dépit d'une brillante prestation à effets, les jurés déclarent Pierre Goldman coupable du meurtre des deux pharmaciennes et la cour d'assises de la Seine le condamne à la réclusion criminelle à perpétuité, sans aveux ni véritables preuves matérielles, des armes appartenant à Goldman ayant été retrouvées, mais non celle du crime. Le doute aurait dû bénéficier à l'accusé, mais le jury aura probablement considéré que le seul fait de détenir une arme est déjà fort préjudiciable. Tohu-bohu dans la salle du tribunal. Les amis de Pierre, dont une bonne partie du magma gauchiste de l'époque, n'admettent pas le verdict et crient au procès politique. Plusieurs semaines avant le début des débats ils avaient mené campagne dans la presse de gauche, soutenus par une brochette d'intellectuels. De par sa personnalité, sa violence, ses imprévisibilités, ses activités antérieures et ses modes de pensée et d'action contraires à l'ordre établi, Pierre Goldman pouvait effectivement fournir un coupable idéal, mais cette vulnérabilité ne devait pas faire de lui une victime fatalement. Les violents incidents et les insultes proférées contre le président de la cour d'assises, André Braunschweig [165], contraignirent Jean Lecanuet, alors garde des Sceaux, à intervenir publiquement sur TF1, au journal de 20 heures, le 18 décembre 1974.

Dans la foulée, Me Libman annonce le pourvoi de son client en cassation contre la décision pénale. Omet-il volontairement de se pourvoir contre la condamnation civile, de manière

165. Malmené par la presse de gauche, il demandera la condamnation au franc symbolique pour les directeurs du *Monde* et de *La Croix* au motif d'« injures publiques envers un fonctionnaire en raison de ses fonctions ».

à éviter la confrontation avec la partie civile en cas de révision du procès ? Une révision arrachée à la Cour de cassation, plus qu'obtenue, tant la pression, en face, est forte. Prétexte officiel : une faute du greffier qui n'a pas daté le procès-verbal des débats. On modifie donc la jurisprudence. D'aucuns s'indignent. Au « Comité de justice pour Pierre Goldman », on applaudit. « Toute forme de soutien doit être envoyée par écrit à Évelyne Goldman, boîte postale 127, 92 Montrouge », fait-on savoir dans *Le Monde* du 20 décembre 1979. Pour rappel, Évelyne, alors étudiante en médecine, est la demi-sœur de Pierre et la sœur de Jean-Jacques et de Robert Goldman.

Pendant ce temps, dans sa cellule, soutenu par ses psychiatres, Pierre a déjà commencé la rédaction d'un livre bluffant à moult égards et présenté comme un contrepoint de l'enquête : *Souvenirs obscurs d'un Juif polonais né en France*. Il va semer la confusion dans les esprits. « C'est vrai que le livre est magnifiquement écrit, notera le commissaire Leclerc. Le style est si convaincant qu'il habille de vérité les situations les plus invraisemblables. » Proposé au Goncourt, l'ouvrage va faire davantage pour la cause de Goldman que les plaidoiries de Me Kiejman, son nouvel avocat. Pouvait-on encore condamner un homme qui alignait les mots ainsi ? À droite, Jean Dutourd se laissa retourner comme une jeune veuve : « J'affirme que cet homme-là n'est pas un assassin. D'abord, parce que, s'il en avait été un, il l'aurait dit ! » De son côté, dans *Le Figaro* Claude Mauriac détourne carrément le débat : on a osé jeter un philosophe en prison ! Le fils ne fait que marcher sur les brisées du père, lorsqu'à la Libération François Mauriac se signala vainement auprès du général de Gaulle aux fins d'obtenir la grâce de Robert Brasillach, fusillé en février 1945, au fort de Montrouge. Arguant des vertus poétiques ou philosophiques des intéressés, ce sont avant tout des hommes que les gens du château de la Motte eurent à cœur de sauver, coupables et demi ou blancs comme suie.

Deux ans plus tard (avril 1976), à Amiens, c'est dans un contexte surchauffé que se déroula le second procès. Là encore, l'intelligentsia de gauche et d'extrême gauche battit le pavé pour soutenir celui dont elle avait fait un héros appelé à devenir un « mythe ». Joseph Kessel, Jean-Paul Sartre, Simone de Beauvoir, Pierre Mendès-France, Françoise Sagan, Régis Debray, Philippe Sollers, Eugène Ionesco, Claude Sautet... Proche de publier ses mémoires, derrière de grosses lunettes noires, Simone Signoret assiste à chaque audience. Sans Maurice Pons, son supposé « nègre ». De politique, l'affaire devint presque d'État lorsque François Mitterrand, présidentiable au long cours et déjà sensible au problème de la peine de mort, se déclara persuadé de l'innocence de Pierre Goldman. Parole de « kangourou de l'Observatoire ! » Ne sachant plus à quelle sainte vérité se vouer, influencés par l'indolence du président de la cour qui laissa toute initiative à la défense, comme en rend compte sur la foi des minutes le commissaire Leclerc dans ses mémoires, le jury vota finalement l'acquittement, ce qui mit un terme à un procès jugé comme « un vaste imbroglio judiciaire et médiatique. »

Condamné à douze années de réclusion pour les trois autres braquages – « Si vraiment [les jurés] ont pensé que Goldman est à coup sûr innocent du meurtre, les trois autres agressions ne valent pas une peine aussi sévère », note à juste titre Jean Laborde, dans *Paris Match*[166] – « l'idole des gauches » bénéficia cependant du système de remises de peine et de détentions provisoires. Quelques mois plus tard, déchu de ses droits civiques, il était libre. Devenu journaliste « très intermittent » à *Libération* et à la revue *Les Temps Modernes,* en 1977 il publie sans succès un roman intitulé *L'ordinaire mésaventure d'Archibald Rapoport,* dans lequel il raconte l'errance d'un marginal qui tue quatre policiers, deux magistrats et un avocat auprès desquels le meurtrier dépose un phallus factice une fois son forfait accompli.

166. 5 octobre 1979.

L'un des policiers assassinés s'appelle Jean-Jacques Droit… Une littérature provocatrice qui mettra Me Kiejman mal à l'aise et commencera à éloigner de Goldman nombre de ceux qui l'avaient soutenu. Au demeurant, en 1992, dans *Éloge des idéaux perdus* [167], la prose de Régis Debray ne laisse aucune équivoque sur la caducité de son « plaidoyer pour Goldman » rédigé dix-sept ans plus tôt.

Ex-journaliste à « Libé », Gilles Millet eut l'occasion de côtoyer Pierre Goldman après sa sortie de prison. « Nous étions en total décalage, mais il m'avait à la bonne. D'une manière générale, bien que très intéressant, il était en décalage avec tout, le compteur bloqué sur une époque révolue. Il en était encore au fascisme et à tous ces trucs-là. Il était très parano, faisant des montagnes de tout, élaborant de grandes théories sur absolument tout, de la politique à la fabrication des caleçons ! Partout, il voyait anguille sous roche. En musique aussi, il était très en retard. En dehors de la salsa, il ne connaissait rien. À la limite, Taï Phong, avec leurs cheveux longs, c'était des groupes de pédés. Alors qu'on était presque tous en jeans et en bottes à bouts pointus, lui se montrait toujours en costume-cravate. Très strict. "Tu vas porter ça jusqu'à quand ?", me demandait-il avec le plus grand sérieux. Je le trouvais drôle, sympa, mais complètement barjo. Il avait trente-six vies, trente-six cercles. Il aimait s'entourer de mystère. Il fréquentait un panel de gens incroyables et très différents les uns des autres, qui ne se connaissaient pas entre eux. Ça allait de la pute à Jean-Paul Sartre. Ça partait dans tous les sens. Il proposait toujours trente-six trucs à tout le monde en même temps. Je me souviens qu'il était secrètement maqué avec une fille qui faisait le tapin en Allemagne, par exemple. Il m'emmenait dans des boîtes antillaises très chaudes, où les Blancs étaient rares. Un jour, on passe devant une pharmacie, rue Ernest-Roussel, lorsqu'il me lance : "Tu vois, celle-là, on l'a

167. Aux éditions Contretemps.

attaquée !" – "Je croyais que c'était au boulevard Richard-Lenoir", m'étonnai-je. "Ah ! Tu vois, toi aussi tu me crois coupable !" Bien que l'on ne soit sûr de rien dans cette affaire et que celui qui a tué les deux pharmaciennes ne devait pas être seul, son livre *Souvenirs obscurs d'un Juif polonais né en France,* m'est apparu à l'époque non pas comme le livre d'un innocent, mais comme celui d'un coupable [168]. »

En prison, où il noua des relations très dangereuses, Pierre avait épousé une jeune femme d'origine guadeloupéenne rencontrée dans les années 60 – Christiane Succab-Goldman, aujourd'hui réalisatrice –, avec qui il s'installa, rue des Colonies, dès sa libération. Trois ans plus tard, Christiane était sur le point d'accoucher lorsqu'un commando d'hommes cagoulés abattit le père de son enfant en plein jour, à Paris, place de l'Abbé Georges-Hénocque, dans le 13e arrondissement. Sept balles tirées à bout portant et une revendication par voix d'AFP : « Honneur de la police », une organisation présentée comme d'extrême droite et inconnue des services de police. Au hasard d'une lecture sur Joseph Joinovici, un industriel du fer accusé d'avoir été l'un des principaux acteurs du pillage économique de la France sous l'Occupation, j'ai découvert que, pendant la guerre, « Honneur de la police » fut le nom d'un réseau de la préfecture de police de Paris, qui lutta pour le compte de la Résistance, grâce notamment à des transports d'armes. Joinovici, un Juif ashkénaze originaire de Russie, en fit partie [169].

Le meurtre de Pierre Goldman suscita une intense émotion. « Je pense à Signoret qui avait fait de l'affaire Goldman SON affaire », consigne Guy Bedos dans son journal [170]. À gauche, ce fut une nouvelle levée massive de boucliers. « Crime raciste ! » Que de certitudes pour si peu de mémoire… Dans *La Gauche réactionnaire* [171], l'universitaire Marc Crapez, très proche de

---

168. Entretien téléphonique avec l'auteur, 16 février 2011.

169. André Goldschmidt, *L'affaire Joinovici, Collaborateur, résistant et… bouc émissaire,* éditions Privat, 2002.

170. *En attendant la bombe,* Calmann-Lévy, 1980.

171. Marc Crapez, *La gauche réactionnaire: mythes de la plèbe et de la race,* Berg International Éditeurs, 1998.

Pierre Goldman, nous remémore qu'il existe une tradition révolutionnaire antichrétienne et antisémite et que lors de l'affaire Dreyfus, la propagande antisémite mobilisa, outre la droite cléricale, ces deux mouvances de la gauche réactionnaire que furent, d'une part « un social-chauvinisme porté par les héritiers des sans-culottes de 1793 » – leur devise pouvant être « Patrie-Égalité-Travail » – et, d'autre part, « un communisme d'ultra-droite initié par de singuliers disciples de Voltaire, nourri d'un athéisme intégral, d'une répudiation violente du monothéisme et d'une théorie "scientifique" de l'hérédité raciale, et qui serait assimilable à un "Race-Égalité-Science". »

Quant aux remous abusifs de certaines associations, ils sont ici d'autant plus suspects que s'il n'y avait pas de certitudes fondamentales que Goldman ne fût pas le meurtrier des deux pharmaciennes il y en a moins encore aujourd'hui que son propre assassinat fût un crime raciste, cette piste plausible au départ ayant été évacuée depuis beau temps. À Amiens, pendant le procès, le docteur Pluvinage fut raillé et honteusement accusé d'antisémitisme, lui qui parlait hébreu couramment et entretenait les meilleures relations avec l'élite universitaire israélite. Autant de manœuvres destinées à impressionner le jury mais qui n'élevèrent pas le débat.

Maintenant, qui a tué Pierre Goldman : la question reste posée. *« ¡Hombre ! »* auraient crié ses assassins. On évoque aujourd'hui la piste du Gal, un service de contre-terrorisme ibérique composé de barbouzes chargés de liquider les gens d'ETA. Une histoire de trafics d'armes, à laquelle Goldman aurait été mêlé. Les multiples fréquentations, dont parlait Gilles Millet, n'étaient évidemment pas toutes du meilleur grain, dont certaines tissées en prison. L'enquête de Michaël Prazan nous a révélé que, après sa libération, « Goldy » avait renoué avec son idéologie en frayant avec l'action terroriste basque. Dès lors, il ne pouvait plus mourir dans son lit. À quelques jours de rendre l'âme, il avait confié : « Je sais que ni le couple, ni la famille, ni la patrie, ni la musique que j'aime, ni aucun peuple ne me sauvera du fait d'être une personne, c'est-à-dire du fait que, quand je serai mort, je serai mort[172]. »

Pierre Goldman parlait de liberté, mais libre, il ne l'était pas puisque prisonnier volontaire d'une histoire et d'un passif trop lourd pour cet esprit fragile, qui décidèrent de sa trajectoire et de sa fin en eaux troubles. Au lieu d'apaiser ce garçon perdu – « Je me sens aussi étranger parmi les Juifs[173] ! » – lors de ses séjours en Pologne sa mère et les amis de sa mère l'endoctrinaient à grosses louches. Jeanine Sochaczwska termina de traumatiser définitivement son fils en l'emmenant à Auschwitz, où soixante-douze membres de sa famille avaient péri. « C'est ainsi qu'il a été peu à peu hanté par cette expérience historique qu'il n'avait pas vécue[174] », témoignera son père. Un père qui, de son côté, n'avait pas désarmé face à l'adversité. Pierre, dans « Souvenirs obscurs » : « Je me souviens de la coupe du monde de football en 1954 et je me souviens que les policiers suisses qu'on voyait sur l'écran avaient des casques identiques à ceux de la Wehrmacht et que la foule allemande hurlait en allemand et qu'à la victoire de l'équipe allemande mon père fut pris de fureur et qu'au moment où retentissait l'hymne allemand *« Deutschland über Alles »*, il cassa le poste de télévision[175]. »

La douleur des peuples traverse les générations et se répand telle une cascade génétique. Elle est une espèce de loi naturelle et presque sûre, dont il faut apprendre à s'affranchir sans perdre de sa vigilance. Pour s'être laissé piéger, Pierre Goldman en est mort. Avant l'heure. Ou en retard. Selon que l'on considère que sa survie pendant la guerre fut ou non une fatalité. C'est quitter peu de choses qu'une vie malheureuse, mais on ne part pas à 35 ans. À peine s'éveille-t-on à son ignorance des choses du monde et à leur perversion. Son assassinat fut le dénouement

172. *Le Monde,* 30 septembre 1979.
173. *Ibid.*
174. Wladimir Rabi, *op. cit.*
175. Pierre Goldman, *op. cit.*

d'un de ces drames de Shakespeare où les cadavres s'entassent les uns sur les autres, avec, au-dessus, un petit enfant à naître qui ne dirait jamais « papa » et dans le berceau duquel on aurait peut-être pu cacher de la propagande et des armes.

Or les fautes et les erreurs sont personnelles. « Au plus fort de la tempête médiatique provoquée par l'affaire Goldman, avec les Taï Phong et les autres, nous n'avions jamais fait le rapprochement entre Jean-Jacques et Pierre, témoigne Jean Mareska. Un jour, nous étions en studio lorsqu'il nous a prévenus : "Mercredi, je ne serai pas là – Ah bon, des problèmes ? – Ben, le procès..." Même à moi, il n'en avait jamais parlé. Pourtant, nous étions proches, nos rapports étaient excellents[176]. » *Je n'ai jamais caché qu'il était mon frère dans le sens où je pensais qu'il était hors sujet... Il y avait évidemment un grand écart d'âge, on était demi-frères. Mais il n'était pas atypique dans la famille. D'une certaine manière, une fois de plus, la personne la plus atypique de la famille c'était moi parce que je n'étais pas militant. Moi, je faisais de la musique, de mouvance un peu sociale-démocrate, qui les faisait un peu ricaner. Ce n'était pas par opposition vis-à-vis d'eux mais bien par conviction, et comme c'était des gens tolérants, ils le toléraient. J'étais considéré comme le canard boiteux de la famille, un peu trop pragmatique, un peu trop réaliste*[177]. De son côté, Stéphan Caussarieu se souvient avoir croisé Pierre Goldman, un soir, après sa libération, à La Chapelle des Lombards où Stéphan était allé taper un bœuf avec des copains. « Il jouait des percussions. On me l'a indiqué comme étant le fameux Pierre Goldman, demi-frère de mon camarade de Taï Phong. On s'est serré la main. Je n'ai jamais raconté cette anecdote à Jean-Jacques[178]. »

176. Entretien téléphonique avec l'auteur, octobre 2010.
177. *Le Soir,* 16 février 1994.
178. Entretien téléphonique avec l'auteur.

En marge des insultes et des pavés lancés contre les policiers encadrant la manifestation, des images d'archives nous montrent le futur interprète de « Ton autre chemin » accompagnant dignement la dépouille de « l'insoumis », entouré des siens. De l'Institut médico-légal au Père-Lachaise, quinze mille personnes avaient répondu présent à l'appel de diverses organisations. « Le peuple de gauche », commentera un chroniqueur, pour bien signifier que les convictions politiques ce jour-là étaient une condition à la douleur d'une famille.

CHAPITRE 2

PERSONA NON GRATA

II

« Nous sommes un peu comme des éponges qui aspirons la vie sans le savoir et qui la rendons ensuite, transformée, sans connaître le travail d'alchimie qui s'est produit en nous. »
Georges Simenon

Pas lui !

On me reproche souvent de manquer d'ambition.
Je pense au contraire faire preuve d'une grande ambition, même si je n'ai jamais rêvé de devenir une très grande vedette et d'être reçu par le président de la République ou la reine d'Angleterre[179] !

Du monde, Jean-Jacques lui aussi va en rassembler dans un avenir qui se profile et se rapproche. Énormément de monde. Un peuple éclectique. Des êtres de tous horizons et de toutes conditions, animés par une seule et même foi. Inhibés ou festifs, folâtres ou anxieux, sociables ou solitaires, fugueurs ou permissionnaires de minuit, tous venus se frotter aux mêmes émotions. Grands espaces fédérateurs pour petits morceaux de connivence immédiate, les salles où il se produira deviendront des lieux de partage, bien au-delà de l'orgie païenne que sont généralement les concerts de musique rock'n'rollienne.

---

179. *Les Enfants du Rock,* 24 avril 1986.

Lui.

Son malaise palpable. Presque tragique.

Sa pudeur extrême.

Ses approches de félin.

Son « bonsoir » étranglé qu'il aurait bien troqué contre un « au revoir et peut-être à bientôt. »

Ses notes singulières montant soudain vers les cintres et qui prennent la gorge.

Lui.

Ses mots simples et bien additionnés.

Sa gentillesse non condescendante.

Sa petite gueule fédératrice.

Son art de donner à comprendre avant d'avoir à expliquer.

Son humour « scout toujours » et à jamais inoffensif.

Ses saillies malicieuses.

Lui.

Sa façon de ressembler à tout le monde, qui signe sa spécificité.

Ses vices et faiblesses que l'on n'imagine pas ou que l'on n'a pas envie de connaître.

La lueur tour à tour vive et douloureuse, dans son regard, selon l'histoire et l'héroïne ; celle qui fait des bébés toute seule, ou l'autre, petite Sarah qui n'avait pas huit ans.

Lui donc.

Lui pour leur donner chaque fois le goût et la passion de revenir boire à la même eau.

Et pourtant ! Il s'en faudrait de beaucoup pour affirmer que Jean-Jacques Goldman et son œuvre étaient attendus et furent reçus avec les cérémonies d'usages à la cour des grands.

Au seuil des années 80, on retrouve un créateur qui se cherche. Auteur, compositeur, arrangeur, chanteur recalé, il tâtonne et songe sérieusement à écrire pour les autres. L'avant-scène, il en a déjà fait l'expérience, ce n'est pas pour lui. Sa place est derrière. En cuisine. Un office musical installé dans la cave de son nouveau domicile, un pavillon, à Montrouge. Un piano, une guitare ainsi qu'un quatre pistes sur lequel il travaille, élabore, arrange et enregistre ses propres productions, avant d'avoir à les proposer à des clients potentiels. Tout cela après le travail au magasin de sport, s'entend. « Pour le plaisir », dira-t-il. Plutôt comme un second oxygène nécessaire à son équilibre vital. Et plus si affinités ? *Mon but, au départ, était d'écrire des chansons. J'avais vraiment cette envie très forte, parce que je me sentais capable de le faire, et que j'en avais besoin*[180]. Même si, par ses revenus, son épouse, pédopsychologue, apporte sa propre eau claire au moulin, Jean-Jacques est un père de famille qui tient à assumer son rôle. « Ne lâche pas la proie pour l'ombre », prévient le dicton. Quelle proie ? Quelle ombre ? Le travail n'est pas un gibier et Jean-Jacques se sent bien sous la pluie et le vent d'automne. Sauf à ramer pour placer ses créations. Il n'est personne et pas grand monde ne veut de lui. Juste quelques petits trucs, par-ci par-là. On sait maintenant qu'il a d'emblée tapé très haut. *J'ai essayé de proposer des chansons à tous les interprètes connus et existants de l'époque, en passant de Delpech à Nicoletta, des gens qui n'en ont pas voulu* [...] *Si j'avais trouvé un interprète, de la même façon que Boutonnat a trouvé Mylène Farmer, Michel Berger France Gall, si j'avais trouvé ça, j'aurais jamais chanté*[181].

Interrogée, Nicoletta tombe des nues. « Je n'ai jamais reçu de propositions de chansons de Jean-Jacques Goldman. Jamais ! Il faut dire que, chez Barclay, tout ce qui arrivait passait par la direction artistique, par Léo Missir. Je savais très bien qui était Jean-Jacques Goldman, puisque je l'avais rencontré du temps de Taï Phong. Il ne s'en souvient peut-être pas, peut-être lui non plus n'a-t-il pas été au courant, mais mon preneur de son était parent ou très ami avec l'un des musiciens de Taï Phong. Plus d'une fois,

180. RTL, *Génération laser,* 15-19 novembre 1991.
181. *Ibid.*

à sa demande j'ai écourté mes séances d'enregistrement pour laisser ma place aux petits et leur faire économiser ainsi du temps et de l'argent. Ils étaient tous si mignons. Jean-Jacques, beau comme un cœur. Je le revois encore, au fond du couloir avec son petit pull jaune.» Nicoletta aime bien Jean-Jacques Goldman. Elle reconnaît en lui un architecte musical, un auteur très inspiré et un bosseur émérite. «Il a fait des choses extraordinaires. Les voix de tête sont plus brillantes, plus claires, elles tombent dans la tonalité des ados. Ça flatte l'oreille.» Cependant, Nicole insiste, si rancune il y a de la part de «l'Homme en or», elle ne se sent pas concernée. «Quand je l'ai revu à RTL, je lui ai demandé de m'écrire une chanson, c'est lui qui m'a répondu qu'il n'avait pas le temps[182].»

D'autres noms d'artistes qui auraient, eux, réellement fermé leur porte à Jean-Jacques avant Goldman? Curieux, en 1986 Michel Drucker chercha à lui tirer les vers du nez. Jean-Jacques se limita à quelques indices: *Des gens qui étaient des interprètes. Il y en a de moins en moins, maintenant. Renaud, Cabrel, Souchon et tous ces artistes écrivent leurs chansons. Mais c'est facile pour vous de voir tous les interprètes qu'il y avait et qui n'étaient que chanteurs et qui maintenant disparaissent peu à peu. J'ai été très choqué par le fait que j'essayais de leur présenter des chansons par l'intermédiaire d'éditeurs et autres: ils n'écoutaient jamais ces chansons parce que je n'étais pas connu. Alors qu'il s'agissait de chansons que je chante maintenant, donc elles avaient une chance. En revanche, maintenant, ils me demandent des chansons à tout prix. Alors, cette attitude prouve un réel manque de talent à mon avis, c'est-à-dire qu'ils accordent leur confiance à des équipes qui sont composées simplement de leurs copains ou alors qui, ayant eu des succès avant, chantent n'importe quoi, comme ils l'ont fait ces derniers temps. Ils ne font pas confiance à la chanson elle-même, mais à la notoriété de celui qui l'a faite. J'estime cette attitude un peu nulle. Et ceci dit, ils le payent cher à mon sens*[183].

182. Entretien avec l'auteur, 22 février 2011.
183. Europe I, *Studio 1*, 1er mars 1986.

Lorsqu'on débute, il n'est pas de petits interprètes. Rien ne se perd et aucune piste n'est à négliger. Ensuite, tout est question de relations, de bruits de couloirs et de « tu ne connaîtrais pas quelqu'un qui ? – Si, justement... » *Un preneur de son de chez Barclay était devenu mon voisin. Il m'a demandé si je n'avais pas des chansons pour une chanteuse qui devait participer au* Jeu de la Chance, *sur TF1. Elle s'appelait Anne-Marie Batailler. Je lui ai donné une K7. La fille a fait le jeu et elle a gagné. La semaine d'après, on m'a dit : « Il m'en faut une autre. » J'ai remis une nouvelle chanson, et elle a de nouveau gagné. Ceci, trois ou quatre fois. Danièle Gilbert présentait ce jeu et me citait à chaque fois : « Une chanson de Jean-Jacques Goldman*[184]*. »* C'est ainsi qu'au début de 1980 une charmante demoiselle férue de variété française (division paillettes) et lauréate des radios-crochets depuis son plus jeune âge accède au petit univers de Jean-Jacques Goldman qu'elle va contribuer à faire basculer, à sa mesure, vers la bamboula démoniaque que l'on sait.

Dans son livre de souvenirs, *Je reviendrai,* paru chez Carrère en 1984, Danièle Gilbert ne mentionne pas l'épisode relaté par le chanteur, pour la bonne raison que ce n'est pas d'elle qu'il s'agissait mais de Denise Fabre[185]. Goldman se trompe également sur le nom du concours qui n'était pas le célèbre *Jeu de la Chance* qui mit en selle Mireille Mathieu et Thierry Le Luron, dans les années 60, mais *Découvertes de TF1.* Reste qu'avec « Gros Câlin blues », Anne-Marie Batailler fit mouche auprès des téléspectateurs. Jusqu'à ce qu'une autre la détrônât, sans que sa collaboration avec Goldman en pâtisse. « [Par la suite, il m'a écrit] "Fais-moi des sourires", "L'Ethnologue", "Je les ai rencontrés un soir" », confiera-t-elle en juillet 2004 à Ludovic

---

184. *Solo,* n° 2, novembre/décembre 1997.

185. Reconvertie dans l'animation de grandes surfaces et de galas provinciaux, Danièle Gilbert, chez qui Taï Phong fit sa première télé, aura cependant le plaisir de présenter Jean-Jacques Goldman au public tourangeau, en 1983, lors d'un spectacle long de six heures, organisé par RMS, l'une des radios libres alors en plein essor dans toute la France, et auquel participèrent également Nicolas Peyrac, Rosalie Dubois et Jean-Luc Lahaye.
Estimation de la professionnelle avertie : « Cette soirée marathon me prouve une fois de plus qu'entre le public et certains artistes, un courant magique se met parfois à circuler. C'est le cas de Jean-Jacques Goldman. »

Lorenzi, pour le site Parler d' sa vie, consacré à JJG. « Cette chanson, il l'a reprise plus tard sous le titre "Bienvenue sur mon boulevard" ». Également « "Comme un tout p'tit bébé", qu'il a redonnée à Philippe Lavil, "Si tu veux m'essayer" [186], et "Il y a", qu'il a reprise sur un de ses albums. "Suis le soleil" est restée inédite. » Fruit de cette collaboration, un 45 tours voit le jour, édité par AZ. Les titres retenus : "Gros Câlin blues" et "Fais-moi des sourires". L'ancienne chanteuse, à Ludovic Lorenzi : « Ce n'est pas moi qui ai choisi "Gros Câlin blues", c'est une chanson que je n'aimais pas trop. Je l'avais chantée quasiment pendant deux ans. Et Jean-Jacques a dû la changer trois ou quatre fois. Au début, c'était très rapide, je la préférais à ce moment-là. Puis, il l'a ralentie. J'aimais beaucoup "Fais-moi des sourires" et "Je les ai rencontrés un soir". Malheureusement, pour ce dernier titre, un producteur véreux m'a coincée sur le contrat, j'ai été bloquée pendant un certain temps et la chanson ne m'appartenait plus. Quand je l'ai récupérée, il était trop tard, les deux autres titres étaient en prévision. "Gros Câlin blues" a été mise sur la face A, alors que la face B a plus marché. » *Fais-moi des sourires / Dis-moi que je suis belle / Fais-moi souvent rire / Parle-moi tout bas à l'oreille…*

Le simple refrain de cette chanson, d'une singulière mièvrerie [Jean-Jacques n'en a jamais disconvenu] constitue un prélude de ce qui fera une partie du succès de Goldman : faire toujours à peu près la même chose, en utilisant les mêmes thèmes, mais de façon chaque fois différente. Tout un art. Exemple : la phrase « Parle-moi tout bas à l'oreille » *:* une reprise de ce qu'il a déjà écrit dans « Tu m'as dit », paru en 1976 dans l'indifférence générale que l'on sait. Autre exemple : « Dis-moi

186. En 1994, Florent Pagny obtiendra un succès avec cette chanson. Avant lui et après Anne-Marie Batailler, Goldman l'avait proposée à Émilie Bonnet, qu'il avait rencontrée à RTL en 1982, séduit par la voix rauque de la chanteuse. *Elle est intéressée mais un peu frileuse sur cette phrase et souhaitait la changer,* raconta Goldman dans *Solo* (n° 2, novembre-décembre 1997). *Je trouvais ça dommage.* La pudeur de la jeune femme l'emporte et la chanson perd de son audace, avec un titre banalisé : « J'essaierai d'oublier ». Magnifiquement interprétée par Émilie Bonnet, elle ne passe malheureusement pas la rampe. *Je suis toujours resté un peu amer quant à ce titre.*

que je suis belle », très proche de « Il me dit que je suis belle », une chanson écrite en 1993 pour Patricia Kaas, et signée Sam Brewski (l'un des pseudonymes adoptés par Goldman). De même que dans « Gros Câlin blues » il réemploie la notion de « films américains qui se finissent bien ». Les exemples sont pléthore. Jean-Jacques n'a d'ailleurs jamais nié avoir l'impression de se répéter, d'avoir tout exprimé. Tout épuisé. *J'ai toujours pensé que l'on avait tout dit en quatre albums, à part Gainsbourg. L'essentiel est dit en cinquante chansons*[187]. Ce qui ne l'a jamais empêché de continuer. Il a eu raison. Rivarol : « Un homme habitué à écrire écrit aussi sans idées, comme un vieux médecin, nommé Bouvard, qui tâtait le pouls de son fauteuil en mourant. » Le sentiment de satiété, tous les auteurs l'éprouvent à un moment ou à un autre. Il est heureux et salutaire car il pousse à l'effort et au recul de ses propres limites. Le doute : le plus puissant des aphrodisiaques.

Nous en étions à nous faire de « Gros Câlin blues »... Il y en a au moins un qui ne s'est pas laissé refroidir. Il s'appelle Marc Lumbroso, « un petit éditeur affamé » devant son poste de télévision le jour où Anne-Marie Batailler y écoule son sucre, entre deux fous rires de Denise Fabre. Séduit par ce qu'il vient d'entendre, il profite du générique pour noter le nom de l'auteur-compositeur de la chanson : Jean-Jacques Goldman. Il doit forcément être inscrit à la Société des auteurs compositeurs et éditeurs de musique. Un coup de fil plus tard, Lumbroso obtient de la SACEM les coordonnées de l'inconnu. Nous sommes toujours au début des années 80, et la décennie qui s'ouvre sera celle de « L'Homme en or ». La rencontre entre les deux hommes a lieu à Montrouge. Dans sa cave, Goldman donne à entendre ses productions à son visiteur. À chaque refrain, celui-ci opine du bonnet. « Les premières chansons qu'il m'a fait écouter m'ont beaucoup plu[188]. » Lumbroso a foi en ce garçon. Il va retrousser ses manches.

---

187. *Le Journal* (magazine du fan-club de Patrick Bruel), mars 1993.
188. *Plus vite que la musique*, juin 2003.

La postérité attribuera la part du lion à Marc Lumbroso, or Marc ne fut pas l'unique à avoir aidé Jean-Jacques à sortir de l'ornière. Jean Mareska a également beaucoup œuvré dans ce sens. Son témoignage quant aux difficultés rencontrées par Goldman à ses débuts et l'attitude de rejet unanime qu'il suscita de la part des décideurs en place à l'époque est éloquent. « Grâce à Lumbroso, il a placé quelques chansons, peu, car il avait une écriture tellement personnelle que ça n'était pas facile à faire chanter [...] Un jour, vers 1980, avant que je ne quitte Warner, Jean-Jacques est venu me voir avec une maquette de dix ou douze titres, quasiment tous ceux qu'on va trouver sur le premier album chez Epic. Il avait enregistré ces titres sur son 4 pistes, dans sa cave. Il me dit : "Les singles, j'ai réfléchi, c'est pas mon truc, je veux faire un album[189]." » La bande-son sous le bras, Mareska se rend à la Production française dirigée alors par Jean-Pierre Bourtayre. Fils du compositeur Henri Bourtayre qui participa à la gloire des Tino Rossi, Maurice Chevalier et Luis Mariano, lui-même coupable d'une orgie de standards pour les plus grands interprètes contemporains, de Sardou à Dutronc (« Le gentleman cambrioleur », c'est lui) en passant par Françoise Hardy et Hugues Aufray, également lauréat du concours de l'Eurovison, en 1970, sous les couleurs monégasques, et encore ex-directeur artistique de Claude François pour lequel il a composé nombre de succès restés dans les annales populaires (« Le téléphone pleure », « Le chanteur malheureux », « Magnolia for Ever », etc.), dans la profession l'homme fait figure de mammouth.

Non ! Quoi, non ? Non, il ne produira pas l'album de ce Jean-Jacques quelque chose. Mareska voit en Bourtayre « un immense compositeur » mais avant tout « un homme qui a toujours recherché à faire des "coups", sans raisonner en terme de carrière[190]. » Il se permet cependant d'insister. « Va pour un single », finit par lâcher Bourtayre.

---

189. *Platine*, août 1994.
190. Entretien téléphonique avec l'auteur, 22 octobre 2010.

« Je suis allé porter la réponse à Jean-Jacques qui était dans son magasin de sports. Je peux vous dire que j'en ai fait, des allers et retours entre les Champs-Élysées et l'avenue de la République à Montrouge, au volant de ma voiture[191] ! » La réponse à la réponse ne se fait pas attendre, tout aussi catégorique. Dites à ce monsieur qu'il nous fait trop d'honneur, mais de simple, point ! C'est dire si notre Jean-Jacques, qui n'est pas un besogneux, fait montre de détermination. « Il avait compris que la mode était aux albums. Pour m'en convaincre, il me citait toujours l'exemple des Michel Berger, Maxime Le Forestier, Alain Souchon…[192] »

Dans le rôle de la balle de ping-pong, Mareska n'a pas la partie aisée, coincé entre deux hommes auxquels il voue respectivement amitié et estime : le premier, candidat à la chance et donc au pied du mur ; l'autre, tout en haut, potentiellement apte à décider d'une carrière en un battement de cils. Ou à passer à côté d'une formidable opportunité, à cause d'une erreur de jugement. C'est en l'occurrence ce qui se passe. Bourtayre donne son dernier mot. Il tient en trois lettres : non. Trois lettres qui lui coûteront cher. Naturellement, jamais il ne s'en vantera. Il faut considérer qu'à l'époque, aux yeux des professionnels, Jean-Jacques Goldman ne représente guère plus que la portion congrue d'un cinquième de vedette d'un été révolu. Ces préjugés défavorables s'expliquent dans la mesure où il traîne derrière lui le poids de ses échecs précédents.

Entretemps, ô joie ! La compagnie Warner fait savoir au Montrougien que s'il souhaite reprendre son contrat il peut toujours le demander par lettre. Ce dont Goldman s'acquitte sur-le-champ. « Un mot très court et assez fouetté », nous précise Mareska. Du style, vu les bons résultats qu'on a obtenu ensemble, quant à ma carrière en français, merci de me rendre mon contrat. C'est ainsi que Warner laisse filer Goldman, au même titre qu'il rendra toute liberté à Rose Laurens, Hervé Cristiani, Jean

191. Entretien téléphonique avec l'auteur, 22 octobre 2010.
192. *Ibid.*

Schultheis et Philippe Lavil d'aller faire ailleurs leurs « Africa », « Il est libre Max », « Confidences pour confidences » et « Il tape sur des bambous ». « Il tape sur des bambous et c'est numéro un ». Un refrain qui a dû hanter quelque temps les nuits des dirigeants Warner ! L'estimation du talent n'est déjà pas en soi une science exacte, mais lorsqu'elle doit impérativement cadrer avec des objectifs commerciaux plus drastiques que rigoureux, elle devient un véritable poison pour les décideurs dotés d'une âme et d'une conscience.

Au début de 1981, à nouveau libre de tout engagement, fidèle et tenace, le valeureux Mareska sollicite de Goldman l'autorisation de repartir à la pêche miraculeuse. Somme toute, il existe bien d'autres maisons de disques susceptibles de. Feu vert. « Là encore, j'en ai fait de la route ! Je suis allé partout où je connaissais du monde, Philips, RCA, AZ, Polydor, Pathé Marconi et autres, présentant Jean-Jacques comme l'ex-chanteur de Taï Phong. Partout, ce fut la même fin de non-recevoir. "C'est pas mal" ; "C'est gentil" ; "Non merci, on a déjà suffisamment d'artistes" ». Des arguments standard. « Indépendamment de cela, qu'est-ce que j'ai pu entendre également comme bêtises ! On m'a même opposé que Goldman était un clone de Capdevielle, un handicap pour lui dans la mesure où il y avait déjà ce qu'il fallait sur le marché. Cependant, personne ne m'a jamais ri au nez. Jamais. L'un des rares à m'avoir répondu quelque chose de cohérent est Claude Righi, le patron de chez Barclay. Il m'avait dit : "Je sais que Goldman est un excellent chanteur, qu'il écrit de bonnes chansons, mais j'ai déjà Daniel Balavoine dans mes tiroirs, un type dont la voix est beaucoup trop proche de celle de Jean-Jacques. Je ne peux pas présenter deux artistes aussi semblables en même temps". Ce que je conçois aujourd'hui parfaitement[193]. »

Un soir, cependant, Mareska revient vers Goldman avec de bonnes nouvelles. Chez Pathé Marconi, Christian Dejacques lui a prêté une oreille plus qu'attentive. « Je me souviens qu'il

193. Entretien téléphonique avec l'auteur, 22 octobre 2010.

m'avait même demandé des photos. Ce qui augurait déjà d'une ouverture possible[194]. » M. Christian Dejacques, premier directeur artistique à avoir vu son nom sur une pochette de disque. Également poète et écrivain, il était entré dans le monde du vinyle par le bas de l'échelle. Chez Philips, d'abord. C'est lui qui convainquit Barbara de quitter CBS pour l'amener à bon port. Ensemble, ils réalisèrent cinq albums. D'elle, il a dit : « Dame à la rose égratignée par ses propres épines, elle était. » De lui, elle a écrit : « Il avait la tendresse, l'humour, l'écoute, la bonne distance ; et les idées. C'était un dénicheur de talents, il savait être le mur contre lequel l'artiste projette comme des balles son foisonnement d'idées et d'angoisses. » Mareska reprend espoir. Reste l'épreuve du comité d'écoute… À l'instar des maisons d'édition avec leurs comités de lecture, celles du disque disposent d'un panel de directeurs artistiques qui se réunissent régulièrement pour proposer des artistes et des chansons auxquels ils croient, à charge de se convaincre les uns les autres et de réussir à sensibiliser la direction où se prennent les décisions finales. À moins de connivences avec le sommet, pour l'artiste le comité d'écoute représente donc une première étape décisive. Souvent un barrage insurmontable. Chez Polydor, comme ailleurs, Goldman resta à flot, Dejacques n'ayant certainement pas été suffisamment convaincu lui-même.

Mareska songe alors à Noton, l'Écossais Thomas Noton, « le seul directeur artistique de Paris qui avait un piano dans son bureau, un excellent critère de qualité. Pianiste de formation classique, Noton avait été le guitariste des Fantômes[195], dans les années 60. Son oreille était sûre, et son jugement aussi. Je ne me souviens plus exactement de ce qui s'est passé, mais lui non

---

194. Entretien téléphonique avec l'auteur, 22 octobre 2010.

195. À l'instar de bien des groupes de cette époque, les Fantômes, surnommés « les Shadows français » ne furent qu'un feu de paille, mais Thomas Norton – ou Dean Norton – fit une belle carrière. Refusant de jouer pour Johnny Hallyday, il accompagna longtemps Eddy Mitchell, avant d'ouvrir une agence immobilière, tout en s'occupant des disques de Serge Reggiani et en collaborant à des musiques de films avec Georges Delerue et Michel Legrand. Chez Polydor, il fut pendant quinze ans l'heureux directeur artistique de son ami Renaud.

plus n'a pas réussi à imposer Jean-Jacques. Ce que je peux dire c'est que c'est le seul qui reconnaîtra explicitement avoir refusé Goldman. Tous les autres, aujourd'hui, font mine de ne plus s'en souvenir[196]. »

Que fait Lumbroso, dans l'intervalle ? La même chose que Mareska. Sans plus de résultats. Epic, Sony, « Francis Dreyfus aussi, je crois... » Lui aussi se fait « jeter de partout ». Comment Jean-Jacques reçoit-il cette rafale de rejets successifs ? Autant de portes fermées. Autant d'humiliations. Mareska : « Il n'a pas sombré dans un désespoir profond, mais il ne comprenait pas. Lorsqu'il faisait écouter ses maquettes à des gens qui n'étaient pas du métier, il recueillait une adhésion unanime. Il ressentait ce décalage comme une injustice. » Bientôt trentenaire, le Montrougien prend conscience que s'il y a une carte à jouer c'est maintenant qu'il faut l'abattre et que cette initiative lui revient. Quelle stratégie plus légitime pour un père que la défense de son enfant ?

196. Entretien téléphonique avec l'auteur, 22 octobre 2010.

Où Goldman pousse à la roue

Je ne supporte ni la prétention, ni la méchanceté.
Quant aux gens trop sûrs d'eux, ils ont tendance à m'énerver.

La manière dont Goldman s'est retrouvé du jour au lendemain détenteur d'un contrat de cinq ans chez CBS vaut son pesant en royalties, et mérite bien un aparté. Une histoire sur laquelle Jean Mareska revient pour nous : « Il se trouve que Jean-Jacques connaissait quelqu'un chez CBS, au service marketing. Un autre Jean-Jacques : Gozlan. En désespoir de cause, il est allé le voir pour lui exposer son cas [197]. » Emballé, Gozlan craque et prend sur lui de plaider l'affaire auprès d'Alain Lévy, président de CBS France, autre acteur déterminant dans l'exceptionnelle réussite du fils de l'ex-émigré polonais. Entré à CBS en 1975, Lévy a révolutionné l'entreprise. Sous son règne, la maison connaîtra des années fastes. Le tout sous la houlette d'un patron profondément humain. Un homme de cœur et d'initiative, Alain Lévy, dont beaucoup, aujourd'hui encore, conservent le souvenir ému. Jean-Jacques Goldman… Ce nom lui dit quelque chose. N'est-ce pas ce garçon à qui on a déjà répondu non une première fois ? Pour s'en assurer, Lévy se renseigne auprès

197. Entretien téléphonique avec l'auteur, octobre 2010.

de son directeur de promotion, Jean-Michel Fava. « Pendant ce temps, Gozlan lui mettait la pression, explique Jean Mareska : “Écoute-moi, donne-lui sa chance, je m’engage à en faire un carton sur le plan marketing !” Or Fava reste ferme. Il ne trouve rien d’original à ce que fait Goldman. Et pour cause, l’identification à Capdevielle, c’était lui ! Désormais acquis à la cause de Goldman, Lévy va cependant arriver à ses fins. Comment ? De la façon dont Jean-Jacques l’a personnellement racontée à Jean Mareska et qui met en scène un nouveau et dernier protagoniste : Philippe Duwat, patron de l’un des labels distribués par CBS. Que dirait-il de signer un jeune gars bourré de talent… un certain Jean-Jacques Goldman ? Quoi ! Encore ! Duwat est du nombre des récalcitrants, tous ceux qui, après coup deviendront amnésiques. Sauf que, sur l’insistance impérieuse de Lévy, Duwat se retrouve pieds et poings liés avec Goldman pour une durée de cinq longues années et Goldman avec un homme qui ne croit pas en lui. Courage, jeunes gens, le plus beau reste à venir !

« J’ai été l’un des premiers à apprendre la signature de Jean-Jacques chez CBS, confie Jean Mareska. C’est lui-même qui m’a fait venir à Montrouge pour me dire : “J’ai deux nouvelles à t’annoncer, une bonne et une mauvaise, je commence par la bonne : je suis pris chez CBS – Formidable ! Malheureusement, et c’est ça la mauvaise nouvelle, on ne va pas pouvoir travailler ensemble parce qu’ils m’ont imposé un directeur artistique anglais”. À ce moment-là, je n’imaginais pas, lui non plus d’ailleurs, que Jean-Jacques allait faire une telle carrière. Dès le départ, pourtant, nous avions défini d’un commun accord quel serait notre rôle au cas où. Quand je dis nous, j’entends Jean-Jacques, Marc Lumbroso et moi. Nous nous étions réunis dans un studio du côté de Pigalle : Le Chien jaune. Le patron du studio était également partie prenante dans l’affaire, il nous prêterait le studio, une sorte de contrat de licence. Pour le reste, Lumbroso aurait été éditeur et moi directeur artistique. C’est ainsi que les choses avaient été initialement envisagées[198]. » La vie et les

198. Entretien téléphonique avec l’auteur, octobre 2010.

circonstances en décidèrent autrement, Lumbroso restant, lui, en revanche, dans la course…

« Marc avait plus de flair et d'oreille qu'une réelle compréhension de ce qui se passe en studio, estime Jean Mareska. Je crois cependant que celui qui a joué un vrai rôle de directeur artistique dans le début de carrière de Goldman, c'est Jean-Pierre Janiaud, son ingénieur du son. » Mareska assure n'en vouloir à personne. « Je suis heureux du parcours de Jean-Jacques. Il a beaucoup trimé à ses débuts, mais en même temps c'est comme cela qu'il a construit son succès. Un succès mûri pendant toute cette période des années 70 au cours de laquelle il a multiplié les expériences avec parfois l'impression de tourner en rond. Cela m'évoque cette magnifique expression employée au théâtre, surtout : "Il a mis dix ans pour se faire connaître du jour au lendemain !" En 1981, quand il est arrivé chez CBS, Jean-Jacques était prêt. Je savais qu'avec Lévy il était entre de bonnes mains. Je pourrais vous raconter deux anecdotes plaisantes qui vous prouvent l'intelligence du grand directeur que fut ce monsieur. Tout d'abord, lorsque le premier album a décollé et que Jean-Jacques a commencé à en vendre beaucoup, Lévy l'a appelé en lui disant : "Je te propose un nouveau contrat à des conditions bien plus avantageuses pour toi." Il savait que, tôt ou tard, la demande émanerait de Jean-Jacques, au vu de ce qui se passait. Pour ne pas le perdre, il a pris les devants. Jean-Jacques aurait pu faire monter les enchères, en menaçant de signer ailleurs, il était en position de le faire. Il a choisi de rester par fidélité envers son redevable. Un geste dont Lévy à son tour lui sut gré. Jean-Jacques était chez lui, à Montrouge, lorsqu'un jour un camion stoppa devant son pavillon. Jean-Jacques sort. "Une livraison pour M. Goldman. Mais vous êtes Jean-Jacques Goldman, je vous reconnais !" s'exclama le livreur. Lévy lui avait offert un piano électronique, avec une carte sur laquelle il avait griffonné : "Pour que tu continues à écrire d'aussi belles chansons[199]". »

199. Entretien téléphonique avec l'auteur, octobre 2010.

Le poids du système

On me parle beaucoup de ce flou que je maintiens autour de ma vie privée. Mon public semble solidaire avec cette attitude [200].

Eu égard au contexte, nul ne s'étonnera d'apprendre que l'entrée forcée de Jean-Jacques Goldman chez Sony ne fédéra pas un enthousiasme de soirée de victoire électorale. « Il y a ceux qui – comme moi – croyaient en lui, et les autres, beaucoup plus nombreux, qui le pensaient sans avenir. » Moi ? Robert Toutan, « la star des attachés de presse », selon la bienveillante formulation du bienveillant Michel Drucker. Attaché à ses stars, Toutan le fut. Cœur et âme. Âme et conscience. Bien au-delà des exigences de sa fonction.

Tenu de promouvoir auprès des médias l'œuvre et l'image d'un artiste, l'attaché de presse est un maillon essentiel, sur les épaules duquel pèsent d'énormes responsabilités, et qui peut faire toute la différence. À la fois puissant et réduit à solliciter, il doit évoluer avec une prudence de Sioux et une parfaite connaissance du terrain, tant les chemins qui conduisent au succès sont minés, et les rouages imbriquant spectacle et médias compliqués.

---

200. *Les Enfants du Rock*, 24 avril 1986.

Ces hommes et ces femmes de l'ombre sont ainsi parfois la clef de voûte de carrières éblouissantes. C'est le cas de Robert Toutan, « autodidacte de métier », entré dès l'âge de 14 ans au service de Line Renaud pour terminer quarante ans plus tard, riche (dans ses souvenirs surtout) d'une impressionnante collection d'artistes qu'il a contribué à ériger au sommet ou à remettre en selle et qui tous lui doivent un petit bout de leur étoile, de Julio Iglesias à Nana Mouskouri, en passant par Joe Dassin, Charles Trenet, Gilbert Bécaud, Johnny Mathis, Cindy Lauper, Harry Belafonte, Guy Béart, Catherine Lara, Desireless et… Jean-Jacques Goldman.

Dans ses mémoires, parus en 2008[201], où, toutes responsabilités assumées, à travers son parcours personnel, il dissèque le monde du spectacle, ardent à distribuer le blâme ou l'éloge, notre « Goldo » national se voit rétrécir de quelques centimètres. Un artiste dégageant pourtant « aux yeux du grand public une image de bonté et de générosité » et que, pour sa part, l'ex-attaché de presse ne voit plus que « sous un angle fort différent, après avoir cru en lui dur comme fer. » Où donc le bât a-t-il blessé ? Nous l'apprendrons plus avant.

Pour l'heure, compatissons au spectacle de l'inconnu « avec de longs cheveux noirs » et « aux grands yeux sombres » qui vient de frapper, hésitant, à la porte du bureau de M. Toutan. Entrez ! En dépit de sa rancœur à fleur de peau et bien qu'avouant aujourd'hui tourner automatiquement le bouton de la radio au son de la voix de Goldman, pour nous, celui qui fut très exactement le directeur de la promotion chez CBS France, secteur télévision, a bien voulu accepter de jouer les machines à remonter le temps. « J'ai d'abord vu un très beau garçon, un peu minet, très mal à l'aise, les épaules rentrées, timide et maladivement introverti. La dernière fois que je l'ai vu, il était toujours aussi mal à l'aise[202]. » *Je suis en permanence dans la déprime et dans cette espèce de mal de vivre. C'est une situation qui me paraît très*

---

201. Robert Toutan, *Le Showbiz ?… si vous saviez !,* Pascal Petiot Éditions, 2008.
202. Entretien téléphonique avec l'auteur, mai 2010.

normale, quoi. Je ne vois pas comment on peut être heureux naturellement. Moi, je vis de façon gaiement désespérée. Ça se gère très bien[203]. De l'art de savoir câliner ses névroses.

« Nous avons passé presque dix ans ensemble et je crois bien que c'est le seul artiste qui ne m'ait jamais tutoyé et auquel je n'ai jamais dit "tu", poursuit Robert Toutan. Goldman reste un personnage incompréhensible. Pour moi, il a toujours été et il reste un point d'interrogation. Introverti. Mal dans sa peau. Est-il gentil ? Ne l'est-il pas ? Est-il sincère ? Ne l'est-il pas ? » On ne juge jamais les autres qu'à l'aune de ce que l'on connaît de soi. Timide ? Jean-Jacques : *Non, je ne suis pas très timide, par contre je suis assez réservé, je n'ai pas besoin de connaître tout le monde, je suis assez bien tout seul, ce qui fait que les gens prennent ça pour de la timidité*[204]. Toutan : « J'étais sûr néanmoins que nous allions pouvoir réaliser de grandes choses ensemble si je parvenais à l'imposer à la télévision. *Il suffira d'un signe* : le moins que l'on puisse affirmer est que le titre de l'album se voulait prémonitoire ! » « Même si, tempère-t-il dans ses mémoires, au premier abord, sa voix hyperaiguë de chat écorché ne plaisait pas à tout le monde. »

A posteriori, Goldman admettra avoir hurlé sur son premier album, poussant par endroit les notes jusque dans leur ultime retranchement. Un album contenant, à peu de choses près, nous le savons, le matériel fourni par Jean-Jacques à Mareska et à Lumbroso, forts de quoi les deux hommes démarchèrent les majors. *Un premier disque n'est jamais gratuit, c'est celui, au contraire, où l'on a toujours trop à dire, celui que l'on met des années à réaliser et où tout est pesé, choisi*[205]. Soit onze titres, quelques perles qui ne luiront pas d'un éclat radiophonique, et un morceau devenu mythique : ce fameux « signe », « morceau vigoureux et racé, teinté d'atmosphère gospel[206] », dont son auteur se dit aujourd'hui particulièrement fier, indépendamment du fait

203. *Cool*, juin 1987.
204. Interview vidéo du 7 avril 1986 (accessible sur www.dailymotion.com)
205. *Rock & Folk*, décembre 1981.
206. *JukeBox magazine*, n° 56, février 1992.

qu'il ait suffit à le propulser. *Démodé* fut le titre initialement retenu par Jean-Jacques pour ce premier opus. Une volonté claire pour l'ex-Taï Phong de marquer sa différence, sa musique ne prenant en marche aucun des trains musicaux du moment, ainsi que le rappelle Pierre Layani : « Sans synthé ni boîte à rythmes, il est presque d'un austère revivalisme avec ses guitares sèches et ses relents de hard rock, avec quelques touches de piano. Le style Goldman y est déjà entièrement dessiné[207]. » Sous la pression de sa « hiérarchie », celui-ci dut se résigner. Exit « Démodé ! » En revanche, il ne céda pas un pouce de terrain lorsqu'on tenta de lui expliquer qu'il serait peut-être souhaitable qu'il adoptât un pseudonyme. Pierre Goldman/Jean-Jacques Goldman... Vous voyez ce que je veux dire... Ce fut un *non* ! venu du fond des temps.

Goldman enregistre son album aux studios Pathé de Boulogne et Vénus de Longueville, tandis qu'à Londres l'Anglais Steve Parker procède au mixage. Une expérience que Jean-Jacques ne renouvellera pas de sitôt, privilégiant les studios français et le travail avec des instrumentistes du cru. D'autant que chez CBS le résultat ne satisfait personne. « Selon moi, Parker avait dû mixer avec les pieds ! plaisante Mareska. Le disque a été remixé aux studios Gang, où Jean-Jacques avait déjà gravé quelques-uns de ses titres solos, ainsi que le dernier album de Taï Phong[208]. »

Fin de l'été 1981. Tout est en place pour la sortie et la diffusion d'*Il suffira d'un signe,* dont on a extrait un single au titre éponyme. Or la « Grande » radio se paye le luxe de snober Goldman. Sans bakchich de surcroît, on rechigne à le programmer. Ça lui va bien de chanter « Tout mais pas l'indifférence ». Les semaines passent au rythme lent. Elles n'annoncent rien de prometteur. Si, quand même, une entrée frileuse au hit-parade de RTL, début octobre. Toujours dans la moyenne raisonnable, l'élève Goldman. Que fait Robert Toutan ? Il se démène et joue du téléphone avec une virtuosité d'autant plus fébrile qu'il s'est

207. *JukeBox magazine,* n° 56, février 1992.
208. Entretien téléphonique avec l'auteur, octobre 2010.

rarement trompé dans ses pronostics. La télé ne répond pas mais, lui fait-on savoir, quelques radios locales viennent d'inviter son protégé à aller honorer de sa présence leurs modestes studios, du côté de Saint-Miro-les-deux-Binocles. Nous y serons, mes bons amis ! Robert Toutan : « Au début, il acceptait tout, ne négligeant rien qui puisse aider à la promotion de son disque. » Jean-Jacques vouera toujours une reconnaissance particulière aux radios locales qui auront su jouer le jeu. Entre-temps, une interview pour *Rock & Folk* est calée. Elle sortira en décembre. D'ici le mois des cadeaux obligés, « Il suffira d'un signe », aux paroles bien sibyllines, sera peut-être revenu dans la capitale par la grande porte, qui sait ?

Lorsque *Rock & Folk* paraît au début décembre, Goldman a gagné quelques places au hit-parade de RTL. Dans cette interview on découvre un jeune auteur-compositeur-interprète bardé d'hypothèses et de certitudes, très au fait de ce qu'il veut et de ce qu'il ne veut pas, dégainant ses réponses et devançant les questions, avec une puissance de raisonnement qui va désarçonner son interlocuteur. Alors qu'il est censé être en lice pour une carrière, ce qu'il a tacitement admis en signant un contrat de cinq ans avec Sony, tenu à tout le moins de présenter en moyenne un album par an, non seulement il affirme à Jean-Marc Bailleux qu'artiste n'est pas un métier, mais il fait clairement part de sa résolution à ne pas dépendre de ses activités de musicien. Partant, le problème du « remplissage pour le remplissage » ne se pose pas. Pas pour lui. Si la musique est une nécessité, le succès n'est point une obligation. L'autre commence à perdre pied. Goldman réexplique : *Si demain j'héritais d'un milliard, je peux te dire que j'arrêterais immédiatement de faire ce qui actuellement me fait vivre ; ce n'est pas une urgence pour moi de vendre des baskets. Par contre, si je continue de le faire, c'est précisément parce que je ne veux pas que mon activité musicale dépende de considérations alimentaires. Je ne le supporterais pas parce que je ne supporterais pas de faire autre chose que ce que j'ai envie de faire ou de devoir quoi que ce soit à mes chansons sous prétexte que je dois faire vivre ma famille.* Stratégie ? Ce serait jouer avec le feu. Chantage ? Il n'y gagnerait guère plus. Goldman expose tout simplement ses conditions, celles qu'il s'est d'abord imposées à lui-même : l'indépendance et la liberté de choix. Bailleux ne s'avoue pas vaincu : « Crois-tu que ta merveilleuse indépendance soit compatible avec les impératifs commerciaux et autres d'une grande maison de disques ? »

Ce que je crois, c'est qu'il n'y a pas de système. Il est aussi vain d'être un bon élève qu'un dilettante. Ça n'a rien à voir avec la finalité de ton produit. Ajoutons à cela que, dans la chanson, on vit une époque qui favorise l'indépendance d'esprit. Il y a de moins en moins de contraintes : les vieux stéréotypes du showbiz sur ce qui marche et ce qui ne marche pas, sur ce qu'il faut faire ou ne pas faire pour que ça marche ont de moins en moins cours. Il n'y a plus de recette, sinon qu'il faut qu'il se dégage quelque chose d'assez fort de ce que tu donnes à entendre. C'est la sincérité qui est en train de prévaloir sur le système, sur la mode[209].

Le fabuleux destin d'un chercheur au CNRS ! Merci, docteur, d'être venu présenter votre dernier ouvrage : *Des solutions pour le show-business*. Cette fois, le journaliste déclare forfait. Ce type est un fol ! Ce type est un fat ! Qu'a-t-il à perdre, le petit commerçant de Montrouge, sinon l'anonymat ?

---

209. Entretien téléphonique avec l'auteur, octobre 2010.

CHAPITRE 3

FRÉQUENTABLE

III

– Si tu n'étais pas Jean-Jacques Goldman,
qui souhaiterais-tu être ?
– Marilyn Monroe !
Rock & Folk (décembre 1981)

Monter vers le grand soir : la caution Anne Sinclair

Tout ce côté notoriété, image, j'ai été surpris de l'importance que ça prenait quand ça m'est arrivé.

Monique Lemarcis. Un nom. Un style. Une époque. Une oreille, celle de la France, pendant plus de trois décennies. Monique Lemarcis, programmatrice musicale à RTL, de 1959, date de sa prise de fonction rue Bayard, jusqu'à 1996 où, célébrée par une centaine d'artistes reconnaissants, elle termina en fanfare chez Ledoyen, lors d'une soirée surprise et spontanée comme le show-business s'en offre peu. La programmation de Goldman sur RTL et son ascension très lente mais progressive au fil des mois, de la quarante-cinquième place à la première, ce pourrait bien être à l'opiniâtreté de la Creusoise que Jean-Jacques les doit.

Monique Lemarcis n'a jamais craint d'affronter sa direction pour défendre un artiste et une voix. Elle s'est battue pour Alain Barrière (« Ma vie ») et pour Michel Delpech (« Chez Laurette »). De même qu'elle fut au début la première et seule supportrice de Mike Brant. Toute la génération post-68 peut se targuer d'avoir été soutenue par elle : Sardou, Souchon, Clerc, Le Forestier, Jonasz, Higelin… Pour faire plier la direction de RTL, Monique est parfois allée jusqu'à la lettre de démission. Ainsi en usa-t-elle pour Daniel Balavoine. « Quinze ans après, devenu vedette, il avait accepté de se produire dans une de nos émissions en province, épancha-t-elle le jour de son départ à la retraite. Une galère ! J'étais venue l'accueillir, quand un artiste se déplace je trouve ça normal. Il m'a dit : "Je suis venu à cause d'une certaine lettre de démission que vous avez écrite un jour"… [210] »

Monique Lemarcis succombe immédiatement au talent de Jean-Jacques Goldman et à son particularisme. Or le problème est le même qu'avec Balavoine : « Sa voix ! Elle dérangeait. Ça ne passait pas. On n'avait pas l'habitude et c'est justement ce qui me plaisait. » Sur la voix de Tino Rossi, Georges Bernanos écrit, en 1938, dans *Les grands cimetières sous la lune,* qu'elle est le « symbole de l'avachissement national ». Goldman n'héritera pas de comparaisons plus glorieuses, mais à l'instar de son aîné, sa voix unique aura eu l'avantage de provoquer des bouleversements d'ordre émotionnel et sexuel. Plus d'une groupie s'en est vantée. « Tino agit sur l'organe des dames ! » arguait à l'époque Marcel Pagnol, sans doute très bien renseigné par la sienne.

Fermée aux contre-arguments de ses patrons, Monique Lemarcis s'obstine et continue de programmer Goldman. « Je me suis battue pour lui. J'y ai cru dès le premier instant. Je dis toujours qu'il n'y a pas de talent perdu, par contre il y a des choses qui démarrent plus ou moins lentement. Ce fut le cas pour Jean-Jacques. Outre la voix, il avait un regard. On ne résiste pas à ce regard-là. À mon sens, Jean-Jacques est le chanteur qui a

---

210. Libération.fr, 3 octobre 1996.

la plus belle intelligence. On dit souvent qu'il est modeste. Je ne le crois pas, il a simplement le recul et encore une fois l'intelligence ; on remet les choses à leur place et dans leur contexte. Il peut avoir de l'humilité, mais c'est très différent[211]. »

À RTL, à l'instar de Lucien Morrisse en son temps sur une station « concurrente et néanmoins amie », Mme Lemarcis fut-elle rompue à la technique du matraquage et Goldman en a-t-il bénéficié ? « Non, on ne peut pas dire que je pratiquais le matraquage. Ni pour Goldman, ni pour les autres. Une des rares fois où nous y avons eu recours, ce fut pour Aznavour et son merveilleux « Plaisirs démodés », que nous avons programmé six fois par jour, ce qui s'est révélé payant immédiatement. »

Sur la première apparition télévisée de Jean-Jacques Goldman, en France, la réalité le dispute à la légende. Toutes les biographies du chanteur retiennent le nom de Michel Drucker. Ce n'est pas le bon. « C'est Dominique Cantien qui a eu le flair de l'engager pour la première fois sur France 2, dans l'émission *C'est encore mieux l'après-midi !* », claque Robert Toutan, incollable sur le sujet et pour cause. La future impératrice des variétés de TF1, levier initial de la gloire de Nicolas Hulot, n'était alors que l'une des assistantes d'un autre débutant : Christophe Dechavanne. « Nous avons mis en boîte "Il suffira d'un signe" juste avant la fin de l'année, mais Christophe ne semblait pas véritablement pressé de programmer cette séquence qui ne présentait, selon lui, aucun caractère d'urgence. » Concentré sur ses fiches, même le futur « Monsieur couvrez-vous » du paysage audiovisuel français n'a pas vu le mât de cocagne arriver…

Heureusement, Robert Toutan est là, jamais bien loin en coulisses, pour manier la barre et maintenir le cap. Ses fiches sont à jour. « Celle qui peut aujourd'hui revendiquer d'avoir vraiment été la première à le faire passer à l'antenne, et en direct, est tout simplement Mme Anne Sinclair. » C'est chronologiquement exact. Licenciée en droit et diplômée de l'Institut

211. Entretien téléphonique avec l'auteur, 27 octobre 2010.

d'études politiques de Paris, fille du richissime homme d'affaires Robert Schwartz[212] et petite-fille d'un grand marchand d'art non moins bien loti, Anne entra d'abord à Europe 1 en 1973 sur recommandation de papa, avant de tenter une carrière à la télévision, dès 1976. Parachutée sur TF1 par le pouvoir socialo-communiste, elle fut appelée à prendre la succession de Danièle Gilbert, d'origine beaucoup plus modeste et alors au sommet de sa popularité. « La chaîne pensait qu'une journaliste comme Anne Sinclair allait conquérir la France profonde à la sacro-sainte heure du déjeuner », persifle Robert Toutan dans ses mémoires. De fait, ce que nombre de téléspectateurs considèreront comme une « usurpation » ne durera que ce que durent le parfum des roses. Le temps pour Goldman de faire ses premières armes audiovisuelles, si longtemps après ses premiers émois, au moment de « Sister Jane ». « Je me revois encore le 1er février 1982, allant porter [à Anne Sinclair] le disque de celui qui allait devenir l'idole de toute sa génération, continue Robert Toutan. Anne n'avait pas beaucoup de temps à me consacrer, elle était très préoccupée par son programme du lendemain, jour de l'Épiphanie. Il était prévu qu'elle reçoive le révérend père Lustiger et, pour ce jour consacré en partie à la dévotion, il lui manquait une chanson appropriée. Le nom de Jean-Jacques Goldman ne l'intéressait nullement, mais elle accepta quand même d'écouter un titre et ce fut un miracle qui se produisit. "Il suffira d'un signe" était la chanson rêvée pour parler des Rois mages… Elle avait trouvé sa chanson et moi mon émission ! »

L'émission en question a pour titre *Les Visiteurs du Jour*. Or Toutan se trompe sur la date : il ne peut être allé voir Anne Sinclair le 1er février, attendu que le programme avec l'archevêque de Paris remonte au 6 janvier 1982, soit quelques jours après l'éviction de Danièle Gilbert (31 décembre 1981) et l'arrivée de sa remplaçante. C'est donc la veille, le 5, qu'il y a négocié le passage de Jean-Jacques pour le lendemain. Un direct. Le jour J,

212. Successivement directeur général des parfums Elizabeth Arden, directeur technique des parfums Caron, directeur de Revlon international et administrateur de très nombreuses sociétés.

en attendant son tour, liquéfié, Goldman se retrouva coincé entre un prélat soliloquant sur l'origine de la fête des Rois, Hérode, le massacre des Innocents, la fuite en Égypte, etc., un membre de l'académie Goncourt, Michel Tournier, n'ayant langue que pour son *Gaspard, Melchior et Balthazar* et le boulanger Lionel Poilâne venu promouvoir son *Guide de l'amateur du pain.* « Pendant la répétition, note Toutan, je suis allé me poster derrière la caméra en charge du gros plan et j'ai demandé au caméraman de serrer au maximum sur son visage, de sorte que l'on ne voyait que la mèche de ses cheveux, ses yeux immenses et sa bouche. Presque toute la chanson a été filmée ainsi et je suis revenu au bureau en proclamant *urbi et orbi* que nous avions une nouvelle star[213]. »

Après Anne Sinclair et bien avant Michel Drucker qui prendra le train en marche pour le faire démarrer vraiment, Monique Lemarcis rend à nouveau service à Jean-Jacques en le poussant sur scène, dès février 1982, à Cannes, dans le cadre de *La Nouvelle Affiche,* une mensuelle produite par la programmatrice. Enregistrée en public et retransmise sur RTL dans les conditions du direct – avec une diffusion ultérieure sur FR3 –, l'émission fut une épreuve pour l'interprète de « Il suffira d'un signe ». « Il est arrivé à Cannes malade comme un chien, se rappelle Monique. En plus d'être grippé, il avait un trac épouvantable. Je me souviens qu'il y avait Souchon, Voulzy et Yves Duteil ce soir-là, tous venus présenter de jeunes talents, conformément au concept de *La Nouvelle Affiche.* La soirée se déroulait sous chapiteau et j'avais fait en sorte que ce soit la jeunesse qui soit placée devant la scène, aux premiers rangs, plutôt que les habituels vieux guindés que l'on a l'habitude de voir dans ce genre de galas. En coulisse, attendant son tour, Jean-Jacques souffrait le martyre. “Je ne sais pas si j'y arriverai, me dit-il, je crois que je ne suis pas fait pour la scène”. À partir du moment où il a démarré sa chanson, son charisme et sa puissance vocale ont pris le dessus et il a emballé tout le monde[214]. »

213. Robert Toutan, *op. cit.*
214. Entretien téléphonique avec l'auteur, 27 octobre 2010.

Goldman n'oubliera jamais cette soirée. « Quel est votre premier souvenir professionnel le plus marquant ? » lui demandera quelques années plus tard un journaliste. *C'était en 1982, au début de « Il suffira d'un signe », une émission,* La Nouvelle Affiche, *sous chapiteau. L'intro commence et les gens ont commencé à taper dans leurs mains. C'était la première fois que j'avais devant moi des gens qui connaissaient déjà la chanson. Et ça, ça m'avait frappé* [215].

« Deux ou trois mois plus tard [6 juin 1982], je ne sais plus exactement, reprend Monique Lemarcis, j'ai réinvité Jean-Jacques à une autre *Nouvelle Affiche* et, cette fois, il a eu les honneurs d'une présentation par Daniel Balavoine. J'entends encore Balavoine et Michel Berger parler en coulisses et déclarer en substance : "Celui-là, il va tous nous dépasser" ! »

Dépassé, Goldman va l'être lui aussi, par son succès croissant. « La sauce a pris petit à petit mais il a tout de même fallu attendre plusieurs mois. » Le rôle de Monique Lemarcis dans l'ascension de Jean-Jacques Goldman s'arrête là. « Je n'ai fait que mon devoir, en toute indépendance d'esprit, sans faire passer mes sentiments personnels avant mes goûts musicaux. Jamais je ne me suis fendue d'avoir aidé tel ou tel artiste à réussir. » L'amitié cependant demeure. « Une amitié très respectueuse. Jean-Jacques est un grand fidèle. Un très, très grand fidèle. Lorsque j'ai quitté RTL en 1996, après trente-sept ans de bons et houleux services, il a fait partie de ceux qui me firent l'honneur de venir jusque dans la Creuse, d'où je suis originaire, pour une émission-souvenir sur mes années de programmatrice musicale. Nous n'avons jamais rompu les liens. Récemment, il m'a envoyé les photos de ses trois filles, toutes plus mignonnes les unes que les autres [216]. »

1982. Après *La Nouvelle Affiche,* Robert Toutan réussit à imposer Jean-Jacques au 22e Festival de télévision de Monte-Carlo, le 14 février, jour de la Saint-Valentin. Deux semaines plus

215. Interview vidéo du 7 avril 1986 (accessible sur www.dailymotion.com).
216. Entretien téléphonique avec l'auteur, 27 octobre 2010.

tard, le 28, Jacques Martin présente à son tour le jeune chanteur, en formulant pour lui les vœux d'usage. Ce n'est qu'en mars que Drucker enfonce définitivement le clou de la gloire en propulsant Goldman au sommet. Entre un passage télévisé sandwich à l'heure du déjeuner, chez une milliardaire quasi inconnue des Français, et une apparition un samedi soir en prime time dans une émission de variétés présentée, en direct toujours, par M. Drucker, avec dans l'intervalle un beau parcours cannois, une chantilly monégasque et un petit coucou au théâtre de l'Empire, l'attention du public a déjà pu commencer à s'exercer, mais il n'y a pas photo. Seulement le crépitement des flashes à l'arrivée de ce garçon filiforme et un peu gauche sur le prestigieux tapis rouge du pavillon Gabriel, foulé de frais par Nana Mouskouri, Christian Morin, Louis Chedid, Francis Huster, Hervé Vilard, Noëlla Pontois et Patrick Dupont, au son du fameux générique de Jean-Claude Petit et… Jean-Pierre Bourtayre. *Champs-Élysées !* Une émission flambant neuve, dont la première avait eu lieu le 16 janvier précédent. Il ne faudra pas longtemps à Robert Toutan pour y faire inscrire son poulain sur la grille des programmes. « Françoise [Coquet, coproductrice de Michel Drucker] avait le don, un peu comme moi, d'évaluer la qualité d'un artiste dès la première écoute[217]. » O.K. pour le 6 mars ! « Jean-Pierre Spiero, le réalisateur, avait cru tenir une bonne idée en demandant à Jean-Jacques de chanter sa chanson en se promenant dans le public et Jean-Jacques, s'il lit ces lignes, se souviendra certainement de ce moment de panique[218]. » Un désarroi également légitimé par un faux départ de la bande-son, juste après l'annonce de Drucker. Ce qui peut arriver de pire à un débutant. « La bande-son ne démarre pas et Jacques reste là, comme pétrifié. Deuxième annonce de Michel Drucker, qui en avait vu d'autres et, pour la seconde fois, la bande refuse de démarrer[219]. » Rompu aux aléas du direct, l'animateur meuble comme il le peut,

217. Robert Toutan, *op. cit.*
218. *Ibid.*
219. Robert Toutan, *op. cit.*

en racontant une histoire. Le troisième essai est le bon. « Mon tout jeune chanteur put enfin commencer à faire semblant de chanter ! Après cet épisode [Jean-Jacques] m'a avoué qu'il avait cru "faire pipi dans son pantalon", tant il avait tremblé de peur[220]. » Deux jours plus tard, Toutan reçoit ce mot de Goldman : « Robert, grâce à vous, je crois qu'il se passe quelque chose sur " Il suffira d'un signe"... [221] »

Ce mot lui fait mal aujourd'hui, mais Robert ne s'est jamais résolu à le brûler, ce serait brûler l'homme tout entier. Contre tout aveu, la rupture avec Goldman est une blessure qui cicatrise mal, chez la « star des attachés de presse ». Comme il aurait pu le chanter, Jean-Jacques était alors son « fils, sa bataille », et peut-être y a-t-il eu phénomène d'appropriation. « Je veillais sur lui et il avait confiance en moi », écrit-il dans son livre. Toutan pouponne, Toutan chaperonne. « Je l'accompagnais partout, en province, pour les *Jeux de 20 heures,* au Luxembourg, pour y tourner nos premiers clips promotionnels à Télé Monte-Carlo. Tout y passait, de la plus petite à la plus grande émission, et même les célèbres *Petits Papiers de Noël*... Il s'était pris au jeu et adorait cela [...] [Il] avait compris que la télé était son meilleur atout, il était jeune, beau et chacun de ses passages lui faisait vendre des milliers de disques. » Au téléphone, Robert m'a également confié qu'au début les émissions de télévision, pour Goldman, étaient de véritables « accouchements dans la douleur », selon son expression. « Après, ça allait mieux. Il était rongé d'inquiétude à l'idée que ça ne marche pas. Au début, il acceptait tout, ensuite il a eu peur de lasser et il s'est fait beaucoup plus rare, pour arriver à pratiquement plus rien, chacune de ses apparitions étant devenue une faveur[222]. »

Or, là ne se situe pas le point de cassure. Il faut attendre 1989 pour qu'une première véritable déception s'instaure.

220. Robert Toutan, *op. cit.*
221. *Ibid.*
222. *Ibid.*

Licencié par le successeur d'Alain Lévy à la tête de CBS France, Robert Toutan demanda à plusieurs de ses artistes s'ils étaient prêts à accepter ses services au cas où il déciderait de monter sa propre boîte. « Sans hésiter, [Jean-Jacques] a répondu oui, trop vite, sans doute. » Une promesse qui n'a pas dépassé le seuil d'une année. « Je n'avais sans doute pas assez fait pour lui, ou peut-être pas assez bien. »

Dix ans plus tard, en 1999, on retrouve Goldman aux côtés de son ancien attaché de presse, à l'occasion de l'anniversaire de Robert Toutan, dans les salons du *Fouquet's*. Les liens se sont distendus mais le respect et une certaine amitié demeurent. Jusqu'à l'année 2003… « Nous habitions alors tous deux à la Muette ; lui, au dernier étage du 5 bis rue Octave-Feuillet ; moi, au 19. Cette année-là, j'ai eu de graves problèmes avec un chanteur très célèbre qui m'a évincé comme un malpropre[223]. » En vue d'un procès qui finalement se réglera à l'amiable, Toutan fait appel à tous ses amis artistes, sollicitant de chacun d'eux une attestation stipulant que son comportement professionnel avec le chanteur en question avait toujours été irréprochable. « Jean-Jacques se contenta de m'envoyer une attestation comme quoi il n'avait jamais eu à se plaindre de mes services et que je lui avais toujours donné satisfaction. Il ne s'est pas mouillé[224]. » Jean-Jacques qui aime tant la pluie… « Je l'ai remercié en lui disant tout de même que pour un auteur il n'était pas allé très loin dans sa lettre. J'ai ajouté, vexé, que je n'avais plus d'illusions sur les artistes à qui j'ai fait gagner des fortunes. Il m'a répondu de ne pas oublier qu'il n'y avait pas si longtemps encore je disais le plus grand bien de l'artiste avec lequel j'étais en conflit. Ajoutant que les riches avaient toujours tort[225]. »

Perdant pour perdant, Toutan n'en reste pas là et réplique à Jean-Jacques qu'il a bien raison. Afin que son ancien protégé

---

223. Entretien téléphonique avec l'auteur, octobre 2010.
224. *Ibid.*
225. *Ibid.*

ne manquât de rien, il s'empresse de lui renvoyer une gourmette en or « fine, presque invisible, avec son nom gravé, qu'il m'avait offerte pour mes 60 ans au *Fouquet's*. » Un geste terrible pour qui connaît la susceptibilité de Jean-Jacques. À la gourmette, Toutan joint un lot de négatifs de photos privées du couple Goldman, prises en Chine lors d'un voyage avec France Gall et Michel Berger, en 1986. « Il s'était fait prié pour s'y rendre. Après que nous nous fûmes fâchés, connaissant sa peur des médias [« une maladie grave », écrit l'ancien attaché de presse dans son ouvrage], et sa volonté farouche de protéger sa famille, je ne tenais pas à ce qu'il pense que je pouvais les utiliser[226]. » En revanche, Robert Toutan n'aurait jamais consenti à restituer Bandito… « Un chien qu'il m'avait offert. C'est la seule chose qu'il ait faite pour moi, lui qui n'a aucune attirance particulière pour les animaux. Tous les ans il me demandait : "Il faut que je vous fasse un cadeau, qu'est-ce que je pourrais vous offrir ?" Je n'avais besoin de rien, mais un jour je lui ai dit : "J'ai trouvé – Quoi ? – Un chien – Un chien ? !" Il m'a fait présent d'un shih tzu en me faisant promettre de n'en surtout pas parler à ses enfants car ils lui demanderaient la même chose. »

Une occasion de souligner l'absence criante de la condition animale dans l'œuvre de Goldman. Pour qui s'est souvent plaint d'avoir tout exprimé le sujet ne manque pourtant pas de variantes. « Le niveau d'humanité d'un peuple se mesure [aussi] aux soins qu'il porte à ses bêtes », estimait Gandhi. Selon Toutan, Jean-Jacques n'aurait pas de connexion particulière avec la gente animale. Question d'éducation, peut-être. L'enfant qui ne comprenait pas la marche des choses aurait gagné à la découverte de ce monde dit « parallèle » et qui n'est que le prolongement de notre propre dimension. « Cela dit, je suis sûr qu'il ne ferait pas de mal à une bête. » Il existe même de très jolies photos montrant le chanteur en compagnie de chiens. *Lorsque Francis Cabrel chante « Corrida », il se met à la place du taureau,*

226. Entretien téléphonique avec l'auteur, octobre 2010.

mais il n'est pas un animal pour autant. Moi, je dis mon émotion face à ces gens qui se battent pour un mieux-être[227].

Aujourd'hui, Bandito n'est plus. Goldman demeure. « C'est quelqu'un de très très fort, termine Toutan. Extrêmement habile. Il sait manier les gens. Il a construit une barrière autour de lui, et sa timidité et son côté mal à l'aise lui servent de paravent. Pour moi, il est devenu un commerçant. Je l'ai toujours appelé « le Gershwin du pauvre ». Franchement, qui se souviendra de « Quand la musique est bonne » ? J'ai l'impression qu'il ne se renouvelle plus depuis longtemps, qu'il fait la même chose depuis des années, au contraire d'un Ferrat ou d'une Barbara dont chaque chanson était une pièce de théâtre différente. Lui me donne le sentiment d'un recommencement perpétuel. Goldman voulait avoir le côté "bonne chanson" variétoche, mais la chanson s'est arrêtée avec Béart, Ferré, Trenet[228]. »

Pour sévère que soit ce jugement, Goldman ne s'est jamais véritablement placé au-dessus. *Je doute que mes chansons passent à la postérité. D'ailleurs, ce n'est ni mon ambition, ni ma préoccupation. Mais par contre, je suis sûr qu'elles existent aujourd'hui dans la vie des gens, ça c'est formidable*[229]. Nul ne peut prédire qui sera encore roi en ce monde après que les cendres de la destruction auront recouvert nos vains sursauts. Tant qu'il restera quelqu'un pour dire « encore lui ! », ce sera gagné.

---

227. *Le Journal de l'île de la Réunion,* 22 mars1998.
228. Entretien téléphonique avec l'auteur, octobre 2010.
229. Vidéo *Jean-Jacques Goldman, carnet de route 1981-1986,* CBS.

Un lauréat sur le gril

J'ai enregistré mon premier album à 29 ans.
Au niveau familial et au point de vue expériences personnelles, j'avais déjà forgé mon caractère. Il est donc logique que je donne l'impression d'une régularité, d'une certaine constance[230].

« Il suffira d'un signe » est devenu l'un des succès martelant du printemps 1982. Un peu partout il s'entend. Un peu partout il s'écoute. Dans les boîtes, il se danse. Fruit d'une saison ou regain de verdure pour la chanson française, chez CBS on ne parle pas encore en termes de raz-de-marée commercial, mais pour eux comme pour Goldman, il s'agit bien plus que d'un encouragement. Quelque chose est en train de se produire. « Quelque chose de bizarre », du titre d'un second simple mis en place au mois de mai et qui ne montre pas les mêmes signes de bonne santé que « Il suffira ». Quelque chose de diffus, un sentiment un peu flou et incontrôlable, entre le rendez-vous d'amour et le plongeon en pleine mer.

---

230. *Les Enfants du Rock*, 24 avril 1986.

« Le vendeur de *Sport 2000* est passé chez Drucker ! » À Montrouge, le fils de Grazianna s'enthousiasme. Il n'est pas le seul. Grazianna se souvient que, au lendemain de cette télévision, son mari a lancé à son fils, sous forme de boutade : « Un jour, tu te souviendras de l'époque où il s'agenouillait pour t'essayer des baskets, et tu diras à tes petits-enfants : "J'ai eu Goldman à mes pieds"[231] ! »

Le ciel montrougien bat son bleu en ce printemps 1982, mais entre son travail au magasin, sa vie de famille et la préparation d'un second album, à peine Jean-Jacques voit-il le jour. À *Sport 2000,* les adolescentes sont de plus en plus nombreuses à se pâmer devant ce beau garçon qui pourrait être leur jeune papa. Gêné, notre Jean-Jacques, mais rien encore d'invivable. Ce n'est qu'en décembre 1982 qu'il renoncera définitivement à son emploi, happé par un succès phénoménal. Les filles pourront toujours continuer à le lécher du regard par écran et magazines interposés, dans la presse jugée *sérieuse,* la seule à ne pas pratiquer de double langage, les *Podium, OK !, Girls, Salut !...* qui ne manquent pas de fleurir en ces dernières années d'insouciance précédant l'arrivée du sida. *D'avance, tu te rends compte que la presse dite sérieuse, ce qui les intéresse, ce n'est pas la musique, c'est tout ce qui est « phénomène », un peu « à part », un peu « histoire privée » et tout ça. Ils ne sont pas mieux informés que la presse jeune non plus. Sauf que la presse jeune, tu sais quand tu la lis qu'il y a un décalage. Un côté pas sérieux, un côté « faut pas croire ce qu'il y a dedans*[232]. »

« L'épouse de Jean-Jacques, elle non plus, n'a jamais arrêté de travailler, nous instruit Jean Mareska. Non par militantisme féministe, mais tout bonnement par souci d'indépendance, pour ne pas vivre aux crochets de son conjoint. » En 1991, avec Évelyne Pagès, Goldman, le mari et le père, développa sa théorie sur la question du travail des femmes, accusées pendant longtemps de voler leurs emplois aux hommes et, par là, de peser

231. Entretien téléphonique avec l'auteur, 18 octobre 2010.
232. RTL, *Génération laser,* 15-19 novembre 1991.

sur la balance du chômage. *Un garçon, s'il veut s'en sortir, il peut toujours s'en sortir. Par contre, il faut absolument pousser les filles dans leurs études, parce qu'elles ont besoin d'un métier. Il y aura un moment, entre 25 et 30 ans, ou 35 ans, où elles seront bloquées, par leur famille, par leurs enfants, et donc elles auront besoin, à ce moment-là, de s'appuyer sur un bagage*[233]. Tellement juste !

« Catherine était une très belle femme, très intelligente, en parfaite harmonie avec Jean-Jacques, à tous points de vue, poursuit Mareska. Pour ne parler que de cela, tous deux observaient le même détachement par rapport à leur apparence vestimentaire. Dans les années 80, je me souviens m'être retrouvé avec ma femme (une Catherine, elle aussi) et le couple Goldman à la soirée de mariage de Philippe Lavil. Ça se passait au *Privilège,* dans les sous-sols du Palace, à Paris. Nous étions en 1983, Jean-Jacques était déjà une star. Eh bien ! mon épouse et moi (en smoking) étions mieux sapés que les Goldman ! Ma Catherine avait sorti sa fourrure, celle de Jean-Jacques portait un truc tout simple. Quant à lui, il était en jean et en blouson. Je les aimais beaucoup tous les deux. Mon épouse également. Nous dînions souvent ensemble avant le succès de Jean-Jacques. » *C'est une chose qui ne m'a jamais intéressé de savoir comment j'allais être habillé ou d'aller chez le coiffeur souvent*[234].

Robert Toutan impute cet état d'esprit à une absence de goût. « En Turquie, où nous étions allés faire une émission de télévision, à Baka, nous avions fait une escale d'une après-midi à Istanbul. Je connaissais bien la ville et je l'ai emmené visiter Sainte-Sophie, la Mosquée bleue, etc. Quand nous sommes arrivés dans les souks, je lui ai suggéré d'acheter un cadeau pour sa femme. "Achetez-le vous-même, moi je n'ai aucun goût", m'a-t-il répondu[235]. »

Paradoxalement à l'état de sa fortune et de son patrimoine immobilier, le plus grand luxe de Goldman a toujours été sa liberté.

233. RTL, *Grand Format,* 29 juillet 1991.
234. *Salut !,* juin 1984.
235. Entretien téléphonique avec l'auteur, octobre 2010.

Celle de pouvoir continuer à boire un verre à la terrasse d'un café, de se donner des sensations à moto avec une bande de copains, et autres petits plaisirs ordinaires qui font la vie des gens heureux et ne coûtent rien à la Sécu. « Il a gardé pendant des années sa vieille bagnole pourrie, une Talbot », s'étonne Mareska. Est-ce grave, docteur ? *Je ne sais même pas par cœur mon numéro d'immatriculation* [236] ! « Sa femme fonctionnait elle aussi un peu comme ça. Leur intérieur, par exemple, était assez sobre. J'ai toujours été surpris du dépouillement du lieu. Peu de livres, peu de disques (au moins visibles), des murs nus sans tableaux. C'était ascétique. Presque austère. Ça me faisait bizarre. »

L'essentiel dans ce qui ne se voit pas ; tel semble toujours avoir été la philosophie de Jean-Jacques. Sa façon de vivre et d'assumer une manière d'être. En 2003, Maurane s'est dite frappée par la modestie de l'appartement marseillais du chanteur lorsqu'elle lui rendit visite. Le journaliste Jean-Luc Cambier, depuis le début bien disposé à l'égard de Goldman, demanda alors à celui-ci s'il n'y avait pas de sa part un désir d'ascétisme dans cette volonté. *Pas du tout, j'ai simplement des luxes différents : vivre au soleil, habiter à côté d'une gendarmerie, dans un immeuble, avec des voisins sympas. Effectivement, je suis sensible au bruit, mais je n'ai pas le luxe des meubles, des dorures, de la surface. Je ne vois pas à quoi servent 100 mètres carré ou même 300. Si c'est beau ou correct, je ne fais pas la différence* [237]. Ça n'empêche pas, avec l'argent de poche, de s'offrir un luxueux hôtel particulier, dans le 6e arrondissement de Paris – dix millions d'euros payés cash [238]. Au cas où les envies de grisaille reviendraient au grand galop ? Si Jean-Jacques, nostalgique des brumes de Lille, s'est mis au diapason de son épouse en la suivant dans le grand Sud, il n'y faut voir que les seules forces occultes de l'amour. En 1985, déjà, il déclarait : *J'habite une maison en banlieue parisienne mais je ne suis pas attaché*

236. *Télé 7 jours*, février 1986.
237. *Télémoustique*, 25 juin 2003.
238. Bernard Violet, *op. cit.*

aux lieux, ni aux choses. Paul Young chante un titre de Marvin Gaye, "Where I Lay My Hat, That's My Home", et je suis comme ça : là où je pose mon chapeau, je suis chez moi. J'habite là où on m'aime[239]. Il y a du sermon de Bossuet là-dessous. La Montagne n'est pas loin.

Pressé par sa maison de disques, le nouveau « chanteur à la mode » va devoir mettre les bouchées doubles pour respecter son engagement d'un nouvel album à paraître en septembre, à la rentrée des classes. Une date butoir que CBS aurait bien voulu avancer, mais Jean-Jacques impose son rythme, en rappelant qu'il est auteur, compositeur et également arrangeur. Cela demande du temps. Pour les chansons, il n'est pas à court, ses tiroirs regorgent de matériau. Une réserve dans laquelle il puisera encore pour son album suivant, le troisième, après quoi il lui faudra réapprovisionner le stock.

La première pochette de disque présentait le chanteur sous quatre expressions de visages différentes. Un concept entre le photomaton et le cliché anthropomorphique colorisé façon *La vache et le prisonnier.* Le résultat n'a fait hurler personne. Même, lui a-t-on trouvé un air de connivence avec les contre-flous d'Andy Warhol ! À présent, CBS veut donner dans le grand chic. Qui mieux que Bettina Rheims, cette jeune femme bien née qui décrochera un jour le ruban rouge, après avoir transformé Charles Hernu en pin-up du mois dans *Playboy* et, plus tard, immortalisé Jacques Chirac, devant l'Élysée, opération Président narines propres ? Goldman et les grimaces, ça ne l'a jamais fait. Mais puisque le chanteur a l'avantage d'avoir une crinière… passez la main gauche dans vos cheveux … allez chercher la Garbo qui est en vous… là… comme ça, pas plus… négligé le blouson de cuir sur l'épaule, négligé… vous êtes homme, à présent… la force tranquille, souvenez-vous, l'année dernière… parfait !... on ne bouge plus... Un portrait noir et blanc idéal pour une pierre tombale dans le carré bobo VIP du cimetière de Passy. Il s'appelait Jean-Jacques, il n'avait que trente ans. En 1983, pour

239. *OK !*, décembre 1985.

l'album suivant, l'auteur de « Comme toi » frôlera la syncope en découvrant le résultat. Une photo reproduite à l'infini qui figure sur le disque et sur l'affiche de sa première tournée. À un journaliste qui s'étonnera de ce que Mlle Rheims ait été gentiment priée d'aller voir ailleurs si le petit oiseau y était, Goldman fera ressort : *Il suffit de regarder cette pochette pour comprendre pourquoi ! À mon avis, c'est l'une des plus odieuses !* [...] *J'avais déjà l'air niais, mais alors là* [240] ! Ciao, ciao Bettina bella !...

La cravate dont on le dispensa sur cette dernière photo, pesa-t-elle dans le raté de l'ensemble ? La fameuse petite cravate de Jean-Jacques Goldman, adoptée par nombre d'adolescents un peu partout en France – dont votre serviteur –, aggravée du jean « serre-fesses », de la chemise blanche « steward stagiaire » et de la veste de costume retroussée aux manches... *Je n'aime pas les uniformes. Contrairement à beaucoup de gens qui disent ne pas les aimer et qui s'en habillent. Même blouson de cuir, tee-shirt noir, anneau à l'oreille... Ça va jusqu'à des détails épouvantables. Eh bien moi, j'aime bien brouiller les cartes et je sais qu'en arrivant avec cette cravate, ce jean et ces cheveux longs ça les a pas mal brouillées* [241]. Un non-look devenu un look, à force de ne pas être revendiqué. *Moi, je suis multiple et l'image jean-tennis-chemise-cravate, c'est surtout une façon d'affirmer mon droit à la liberté et à la diversité* [242]. La preuve par les mots.

Puisque les apparences ne comptent pas, revenons à la musique ; quand elle est bonne, elle a toujours raison. *Minoritaire* devait être le titre de ce second opus. La proposition de Goldman n'a pas été retenue. Ce sera *Quand la musique est bonne,* du nom de la chanson éponyme, *une chanson sur laquelle je n'ai jamais eu aucun doute, avant même qu'elle ne sorte* [243]. De fait, dès sa diffusion, le titre explose et l'album avec. Il s'en vendra 600 000 exemplaires, contre 165 000 pour *Il suffira d'un signe,* avec,

---

240. RTL, *Génération laser,* 15-19 novembre 1991.
241. *Numéro 1 magazine,* juillet 1983.
242. Coupure de presse volante, collection de l'auteur, datant du 7 avril 1984.
243. RTL, *Génération laser,* 15-19 novembre 1991.

inclus, d'autres cartons commerciaux, dont « J'irai au bout de mes rêves », « Comme toi », « Veiller tard » aussi, qui ne sortira pas en single, mais que le public ira chercher. « Le disque, particulièrement riche, est celui de la consécration complète et de la réussite totale, peut-on lire dans *Jukebox magazine,* sous la plume de Pierre Layani. Et sur son modèle, chaque LP sera dorénavant un exceptionnel creuset à tubes, en même temps qu'un recueil de chansons plus intimistes et aussi passionnantes. C'est cette cohabitation poussée entre efficacité et sincérité qui rend Goldman aussi singulier, attachant et désarçonnant, pour ceux qui s'étaient définitivement ancrés à ce cloisonnement entre chanteurs "commerciaux" et "de qualité" [244]. »

Cette fois, les journalistes de tous bords se réveillent, les grandes radios ouvrent leurs antennes et les télévisions s'arrachent le nouvel élu. *Platine 45* ; *Cadence 3* ; *l'Académie des neuf, Champs-Élysées,* à nouveau, le 30 octobre 1982. Cautionné par un succès qui a dépassé le principe, Goldman met un pied dans la cour des grands. L'intéressé n'est pas dupe, les « star is born » d'une demi-saison et qui terminent à La Roue Tourne, on n'aurait pas assez d'un mille-pattes pour les compter. Aussi accorde-t-il la même importance aux télévisions régionales, où la sincérité prime sur la tendance *hype,* où le réel attachement aux artistes, à la fois dieux vivants et animaux sacrés, ne dépend pas de considérations opportunistes. « Oh ! artiste ! », s'écrie fraîchement Jabotte (Brigitte Bardot), jeune provinciale de 17 ans, émerveillée par le destin mirifique que lui laisse entrevoir, entre deux baisers dans le cou, un monsieur (Roger Pierre) arrivé spécialement de Paris [245].

Jabotte n'est-elle pas également l'une des deux affreuses guenons qui servent de demi-sœurs à Cendrillon dans le conte éponyme ? À trente ans révolus, Goldman n'a plus l'âge pour les contes de fées. Tout l'indique dans son comportement et dans ses rapports avec la presse. Il a une femme qu'il n'a pas l'intention

244. *JukeBox magazine,* n° 56, février 1992

245. *Le trou normand,* réalisé en 1952 par Jean Boyer, marque la première apparition de BB au cinéma.

de vendre, même à *Paris Match,* surtout pas à *Paris Match* ! – trois ans plus tôt, le cadavre de son demi-frère y était étalé en double page, les bras en croix –, des enfants qui vont à l'école avec d'autres enfants, une bagnole pourrie qu'il n'échangerait pas contre tous les carrosses, et une maison en banlieue qui n'a rien d'un palais et dont il n'a pas envie que l'on connaisse l'adresse. *Il y a des gens qui s'impliquent complètement dans leur travail à la Régie Renault ou ailleurs et d'autres qui rentrent chez eux le soir et qui font du jardinage. Moi je fais mon travail, je rencontre des gens, j'aime beaucoup ce métier-là, mais ensuite je rentre chez moi pour vivre ma vie privée. Cela me paraît extrêmement naturel. Or, contrairement à la Régie Renault, le showbiz organise vos soirées, peut organiser vos nuits, vos repas, vos boissons, vos extras ; des amphétamines aux « blondes ». Alors qu'à la Régie Renault, il faut s'en aller à 18 heures parce que les femmes de ménage arrivent. On peut donc choisir quand on est chanteur, les tentations étant là, de continuer les journées jusqu'à vingt-quatre heures*[246] ! N'importe, la machine à faire les stars est en marche.

On n'entend plus que lui, partout on le réclame. Société de consommation oblige, le matraquage de ses chansons sur les ondes bat son plein. Ceux qui aiment en redemandent. Les autres sont au supplice. Les journaleux veulent tout savoir, lui arracher la moindre bribe de confidence. On lui demande quels sont ses goûts, ses dégoûts, ses tics, ses tocs, ce qu'il mange en dessert, s'il se passe les dents au bicarbonate pour les avoir si blanches, ce qu'il compte faire de son argent. Goldman s'y plie mais ne rompt pas. Au mieux, il s'en amuse.

« – Catherine Deneuve, France Gall, Sophie Marceau et Karen Cheryl font du stop : laquelle prends-tu à ton bord ? »

– Catherine Deneuve, mais je crois que je ferais demi-tour, j'irais chercher un break et je les prendrais toutes[247].

---

246. *Ciné Revue,* 1983.
247. *Salut !,* juin 1984.

Un métier qui se fait aussi avec la tête. Faites-lui compliment pour sa ponctualité lors des interviews et vous vous entendrez répondre : *À partir de combien de disques vendus a-t-on le droit d'arriver en retard ? [...] Ce n'est pas quelque chose qui me fait jouir de faire attendre les gens 3/4 d'heure* [248]. Le pire, c'est qu'il paraît sincère et que très probablement il l'est. Lorsqu'on l'interroge sur la délicate affaire Grégory, là encore, son intelligence refuse de se laisser prendre en défaut : *Pour moi, c'est une malformation de l'information. En réalité, je n'y comprends rien. Je ne comprends pas comment ce fait divers – d'ailleurs atroce – tient la vedette plutôt qu'un autre tout aussi atroce. C'est un mystère total. Quelque chose qui m'échappe totalement* [249]. Une fine allusion au pouvoir arbitraire et sans limites des médias. Un chanteur de variétoche déclarant des velléités de roseau pensant : il ne manquait plus que ça !

Goldman donne son avis sur tout. Il analyse, décortique, usant souvent de réflexes d'étudiant en commerce. Comme si l'art pouvait être quelque chose de logique, d'apprivoisable. Plus les questions sont directes, moins il prend de détours pour y répondre en s'adaptant à son interlocuteur. Et quand le niveau est trop bas, c'est lui qui tend la bouée. S'il pense pouvoir être assimilé à « Bambi » ? *Ça fait un peu le Michael Jackson du pauvre ! On nous compare sans doute parce qu'on a tous les deux du succès, encore que le mien ne soit pas comparable au sien ! Sinon, je ne me sens pas du tout proche de lui* [250]. Encore admet-il que l'Américain a fait évoluer les choses. *Depuis Michael Jackson, il y a la musique plus les images, c'est une révolution importante qui couvait déjà depuis* La fièvre du samedi soir, *et que lui a entraînée de façon définitive* [251]. Les mêmes propos que vingt-quatre ans plus tard, à la mort de Jackson, au micro de Laurent Boyer. *Il ne faut pas oublier non plus le compositeur*

---

248. RTL, *Génération laser,* 15-19 novembre 1991.
249. *Girls,* novembre 1985.
250. *Chanson,* n° 10, 1984.
251. *Salut !,* juin 1984.

qu'il était. «We Are The World», ça a l'air de rien mais il faut les sortir, ces musiques-là !

Peu à peu, Goldman consolide son personnage de vedette malgré lui. Avec son allure embarrassée, sa petite cravate et ses effets de mèches, un look à flinguer Betty Boop, il a trompé tout le monde. Ou presque. À 20 ans le succès l'aurait rendu fou. Il en a 30, on ne lui fait pas le coup des stars et de la gloire. *Je ne crois pas qu'on puisse être une star sans y croire soi-même. Le premier fan d'une star, c'est lui-même. En ce qui me concerne, je n'ai jamais pu me regarder dans une émission de télévision ou m'écouter à la radio sans un petit sourire. Alors, star, non !* [...] *Et puis une star, c'est autre chose. Moi, quand je rentre dans un café, personne ne se retourne. Si c'est Johnny Hallyday qui entre, silence de mort. Toute la différence est là* [252]. Au pire, il explique qu'un chanteur ne mérite pas de générer un tel ramdam. Mais il a beau le répéter, jurer ses grands dieux qu'il n'a rien d'autre à vendre que sa musique, que tout est dit dans ses textes, que les gens ne doivent pas se faire de lui une image idyllique à travers ses chansons, il ne réussit qu'à exacerber la curiosité dont sa personne fait l'objet. Et l'admiration. Beau, célébrissime, en passe de devenir très riche, doué en diable et modeste avec ça ! Là encore, il prévient : *Je ne suis pas modeste* [253] ! Que faut-il faire pour plaire à ce drôle d'animal ? *J'aime les gens humains, gentils, les gens qui existent, qui ont une personnalité bien à eux. Je n'aime pas trop que l'on réagisse simplement en fonction de moi. Je préfère qu'on le fasse par rapport à un point de vue personnel et sincère* [254]. Mais vous êtes l'homme idéal !... *Mais vous ne me connaissez pas ! Si vous viviez avec moi, vous déchanteriez !*

Quels peuvent bien être ces défauts revendiqués avec une si douce véhémence ? *Je ne pense pas avoir mauvais caractère dans le sens où je n'ai jamais de gros excès d'humeur. Je ne suis pas non plus lunatique.* Alors ? *Mais il me semble que c'est justement*

252. *Podium,* 1984.
253. *Girls,* juin 1985.
254. *Star Club,* décembre 1988.

beaucoup plus difficile de vivre avec quelqu'un comme moi qu'avec un autre qui exploserait. Car les gens qui explosent, une fois leur colère passée, tout rentre dans l'ordre. Jusqu'à la fois suivante. *Tandis que moi, je peux rester des semaines sans ouvrir la bouche et ça doit être vraiment pénible pour mon entourage*[255]. « Seul le silence est grand, tout le reste est faiblesse » (Alfred de Vigny). Cette capacité à souffrir sans bruit est le garant d'un sang-froid, d'une force intérieure peu commune sous l'apparence du cristal, ainsi que d'une parfaite maîtrise de soi. Des éléments qui apparaissent dans la photographie astrale du chanteur, telle que la dévoile Buzy, à la demande du magazine *Chanson,* en 1984[256]. La chanteuse, qui a six ans de pratique derrière elle, parle d'un « grand rayonnement » inspirant « spontanément de la sympathie », fruit de la combinaison des deux signes d'air et de feu, Goldman étant Balance ascendant Lion, mais également d'un certain « contentement de soi » et d'une ambition très marquée dans son thème : « L'esprit de leader apparaît ici, envie de briller, énergie débordante, résultats rapides. » Elle relève cependant (Lune en Verseau) un « conflit entre les aspirations morales (idéal, marginalité, émancipation, liberté) et la puissance des ambitions. » Conclusion pour cette Lune en Verseau : « Dissimulation et reconstruction d'une personnalité s'affichant avec beaucoup d'ordre, de discipline, de rigueur. Jean-Jacques Goldman est un metteur en scène et l'acteur principal, c'est lui. » Quant à la personnalité affective de ce grand sensuel, elle reste « indéchiffrable » (Vénus en Vierge) : « Il est plus sensible que sentimental, plus froid pour les débordements affectifs. » Conclusion ? « La personnalité de Jean-Jacques Goldman est auréolée de mystère, envoûtante et perverse ; l'ombre et la lumière. Un thème fort, avec beaucoup de conflits, donc beaucoup de richesses[257]. »

255. *Star Club,* décembre 1988.
256. *Chanson,* n° 10, juin 1984.
257. *Ibid.*

Une analyse qui tranche somptueusement avec cette déclaration de l'intéressé dans le même numéro de *Chanson,* à Laurence Lefèvre qui l'interview : *Je te le dis avec toute la bonne foi dont je suis capable, le succès je n'en ai vraiment rien à foutre !* « Dans ce cas, qu'il le rende ! » entend-on sourdre en échos des bas-fonds de la cloche artistique, là où se morfondent les talents malchanceux, candidats à la lumière peinant à régler leur facture EDF. « Quel manque d'élégance également vis-à-vis du public ! » s'est indigné Robert Toutan lorsque je lui ai fait part de cette saillie. Qu'il se rassure, Jean-Jacques est tout aussi capable de déclarer avec la même sincérité : *Le succès est toujours jouissif* [258] !

Si Goldman s'est engagé dans l'aventure, tous risques calculés, c'est qu'à moment ou à un autre il a cru possible de voir ses textes s'envoler plus haut que lui. Doté d'une bonne nature, l'homme entretient une pensée positive (« désespérément optimiste ») qui ne lui a jamais porté tort. En physique, on parle de probabilités ; en psychologie, d'inconscient. Le psychanalyste Philippe Poré a parfaitement expliqué que « l'inconscient dans chaque personne contient les désirs les plus profonds et conditionne l'enchaînement des causes et des effets de telle sorte que n'arrivent que les événements profondément désirés, et cela à l'insu même des acteurs (puisque cette motivation est inconsciente). » Il n'est d'ailleurs que d'entendre l'intéressé… *À partir du moment où l'on enregistre un disque, on a déjà vécu – que ce soit devant sa glace ou dans son imagination – le moment où l'on recevrait des disques d'or. De même que, lorsqu'un étudiant passe son bac ou tout autre examen, il a plus ou moins rêvé du moment où l'on va proclamer les résultats positifs. Le succès n'est donc pas quelque chose qui arrive comme un accident de voiture ou comme la tuberculose* [259] !

De l'ampleur de son succès, Goldman s'étonne en permanence. Pourquoi lui ? Pourquoi maintenant ? À bien observer,

258. *La Libre Belgique,* 10 décembre 2001.
259. *Ciné Revue,* 1983.

sa réaction est le négatif de ce qu'il ressentait juste « avant », du temps où il se demandait pourquoi aucun décideur ne voulait lui offrir sa chance, alors que – souvenons-nous de la visite à Gozlan – les « cobayes » sur lesquels il testait ses chansons réagissaient tous de manière positive. Il connaissait donc son potentiel, sa capacité à émouvoir. Ne manquait que l'intermédiaire pour parvenir à toucher un auditoire, à défaut du grand public. Un Alain Lévy ou autre potentat du disque, suffisamment bien disposé à l'égard d'un « non-ambitieux » en attente. Il avait envie de tenter quelque chose qui soit en accord avec sa passion. Il a réussi. Quoi de plus normal ? De plus régulier ? De moins humainement correct ? Évidemment, cela Goldman ne le dit pas de manière explicite. Il a cette pudeur. Cette délicatesse. Son amour-propre. Et un avenir à défendre. Quand on affirme avoir peur de lasser, c'est que l'on s'inscrit dans la durée, ou alors les mots n'ont plus de sens.

Dans nos sociétés mondialogènes où le rendement et la compétition sont devenus des mots d'ordres guerriers, la notion d'ambition peut être ressentie comme une donnée âprement négative. « Il en est de l'ambition comme du feu, sifflait Talleyrand, bien armé sur la question ; les matières les plus viles et les plus précieuses le nourrissent également. » Dans le cas qui nous intéresse, si l'on parle de devenir star à tout prix, pour le bonheur sidéral d'admirer sa gueule à la une de magazines qui n'en ont plus *(« Look at me ! Look at me ! »)* ; d'éprouver un orgasme incestueux à la vue du nom de ses parents étalé en plus gros et en plus lumineux que celui des parents du chanteur concurrent, sur les façades des salles de spectacle, avec tous les accessoires obligatoires : les journalistes que l'on fait patienter des heures entières parce que monsieur joue à Sarah Bernhardt ; les soirées coca-coco sur la terrasse d'un important industriel, vue sur Tout-Paris ; la Rolls double vitrage sur le port de Saint-Trop, au fond de laquelle on s'enveloppe de faux mystères derrière des lunettes un peu trop noires en tirant la langue aux méchants paparazzis, pour ne pas tricher idiot : alors non ! Ça n'est pas Goldman. Viscéralement. Définitivement. Désespérément. Ce garçon sain et lucide est bien trop en adéquation avec la réalité des choses pour se satisfaire de telles vulgarités au goût de vide et d'éphémère, sur fond de commerce et de foire. S'il s'est donné toutes les chances de percer, en homme intelligent, il n'a jamais envisagé la perspective de devoir marcher sur le corps de sa mère pour parvenir « en haut de l'affiche » et s'y maintenir.

Peut-être le différend entre Goldman et la notion d'ambition a-t-il partie liée avec ce vieux préjugé évoqué par Stefan Zweig : « On admet généralement que le but propre de la vie du Juif est de s'enrichir. Rien n'est plus faux. La richesse n'est pour lui qu'un but intermédiaire, un moyen d'atteindre le but véritable et nullement une fin en soi. La volonté propre du Juif, son idéal immanent est de s'élever spirituellement, d'atteindre un niveau culturel supérieur. » Goldman n'a pas eu besoin d'attendre la notoriété pour y parvenir. Chez lui, nombre d'éléments sont en place bien avant l'allumage des projecteurs. Ce garçon solitaire, dont l'analyse graphologique révèle qu'il est tourné vers les autres, a placé son ambition dans sa musique avec la volonté de la faire apprécier, comprendre, aimer, partager, fructifier. Le moins que l'on puisse dire est qu'il a réussi et à ses conditions, en restant au plus près de son image publique, fidèle à la conception d'un métier qui, pour lui, au départ, n'en était pas vraiment un. Avec à la clef de quoi vivre en sécurité jusqu'à la fin des fins présumées. Et plus encore.

Alors oui, il faut le croire lorsque le jeune chanteur affirme que, si l'aventure s'arrêtait, il poserait son micro et s'en retournerait sagement à la vie civile. Sauf qu'il n'a jamais rien fait pour ça, encouragé par un succès monstrueux et constant. Mieux, le moment venu il s'accordera le privilège d'appuyer sur « pause » en plein raout, pour « raisons familiales », abandonnant à leur sort des milliers d'aficionados vieillissants. Le vainqueur est monolithe. Et libre. La liberté que procure l'argent. L'argent des aficionados.

Des aficionados libres d'aimer qui bon leur semble. Quand on s'est tout donné, personne n'a plus de compte à rendre à personne. « Qui t'a fait comte ? » demande Hugues Capet au comte de Périgord. « Qui t'a fait roi ? » lui renvoie celui-ci. Et qu'importe le chiffre d'affaires de ceux qui nous font danser sur du vent ! On parle trop souvent d'argent et jamais assez d'un paramètre essentiel qui entre à hauteur de 90 % dans toute réussite : la chance. Si « Goldo le millionnaire » a pu capter une si large audience sans cesse renouvelée au fil des ans, outre son talent, sa puissance de travail, son intelligence et sa volonté, c'est aussi parce qu'il a la baraka. *Il se trouve que j'avais toutes les caractéristiques, le moule était fait pour que je sois cette personne-là* [260]. Une chance qu'il a su saisir sans lui faire trop de mal et qui depuis lui colle à la peau. Dès la première chanson, une série de succès se sont abattus sur lui comme la foudre, ininterrompus à ce jour, si l'on tient également compte des chansons « pour les autres », sans jamais le faire renoncer à ce qui lui en a ouvert l'accès et qui pourrait bien être la musique.

---

260. *Le Soir*, 16 février 1994.

La Dame Blanche des blousons noirs

Bizarrement, j'ai appris à découvrir les gens avec qui je discute par l'intermédiaire de leurs propres questions[261].

« Front commun, camarades ! Claude François est de retour, il s'est teint les cheveux, mais c'est le même ! » Peu ou prou l'image collée à JJG par les Cerbères du temple rock, à son arrivée. D'emblée, ils l'associent à un chanteur de bac à sable, un piège à minettes. Les raisons qui le font apprécier du nombre sont les mêmes que celles qui le rendent indigeste aux yeux d'une élite lui reprochant de ne pas être un rocker dans la mesure où il n'a pas les bonnes bottes, le bon blouson de cuir noir, ni même la bonne Gibson, essentiellement décorative dans bien des cas, et que lui prétend avoir traînée des années durant dans les *Tobacco Road*. On lui en veut également de n'avoir pas été un petit con avec ses parents, de ne véhiculer aucun message à caractère violent, de ne pas se laisser photographier ivre et blanc comme la mort, à la sortie des boîtes de nuit listées par les stups et la Mondaine. Lui passerait-on le corps à la loupe qu'on n'y trouverait ni brûlures de clopes, ni traces de seringue, ni même, tatoué quelque part, un slogan libertaire ou le nom d'une strip-teaseuse retrouvée morte dans les toilettes d'un pub de Chelsea. A-t-il seulement des poils sur la poitrine ? Impossible

261. *Les Enfants du Rock*, 24 avril 1986.

de le savoir, le baby-boomer coiffé comme un lecteur d'André Glucksman n'enlève jamais son tricot de corps destiné à rembourrer sa chemise trempée dans le Cajoline et toujours repassée nickel. Etc.

Autant de « détails suspects » que le client lambda ne songe même pas à relever, tant il est d'abord acquis dans toute société que « la musique doit humblement chercher à faire plaisir, l'extrême complication étant le contraire de l'art. » Claude Debussy : c'est quel groupe, déjà ? *Moi je n'ai jamais été fasciné par ce mythe de l'autodestruction liée au rock et à l'adolescence. Mais j'étais honteux de ne pas en être, de tousser en fumant un joint, d'avoir peur des piqûres et de rentrer tôt chez moi pour ne pas inquiéter mes parents*[262]. Cas aggravant, Goldman lève la patte sur la « révolution » de Mai 68, – plus tard il dira : *Quand j'entends « CRS-SS », j'entends « les Juifs à la mer*[263] *! »* – et le proclame avec toute la bonne foi qu'il peut mettre quand il s'agit de lancer des pavés dans la cour de ses ennemis.

Il est toujours difficile d'évaluer le talent d'un artiste à l'orée de sa vie professionnelle, mais ici l'ostracisme est flagrant. Le sérail rock refuse toute reconnaissance à Goldman. Les portes du pénitencier sur lui n'ont pas eu à se refermer, on ne les a même pas entrouvertes, sinon pour se rouler de rire au passage de cet étudiant attardé, avec sa petite canette de coca et son édition du *Monde* sous le bras, « pour les cours de la Bourse ». Jean-Jacques se vengera avec ses armes : une répartie assassine et un succès scellé à vie. Contre la presse rock, il dira notamment ceci, un soir, en direct, sur FR3 : *Depuis quelques années, de plus en plus de groupes marchent en France. Le phénomène date du moment où la presse rock a perdu toute son influence. Ce qui a permis une floraison de nouveaux groupes, comme s'ils s'étaient libérés du carcan prétentieux, dogmatique et stupide qu'impose ce style de magazine*[264]. Une condamnation à mort en trois mots. Mais

---

262. *Télémoustique,* 1994.

263. Alain Etchegoyen et Jean-Jacques Goldman, *Les pères ont des enfants – dialogue entre deux pères sur l'éducation,* Seuil, 1999.

264. *Rock Music magazine,* 1988.

1976
Avec le groupe Taï Phong, créé en 1973, les années d'apprentissage. Quatre albums et un grand tube : « Sister Jane ».

8 décembre 1982
Paris, studio 102 de la Maison de la Radio.
Après le succès d'« Il suffira d'un signe »,
Jean-Jacques Goldman reçoit le trophée des diamants
de la chanson française pour son 2e album, *Minoritaire*.

La même année, chez lui,
dans sa cave à Montrouge
où un 4 pistes a été installé.
Ses plus grands succès naîtront ici.

Jean-Jacques Goldman et son guitariste Michael Jones se sont connus à l'époque de Taï Phong.
Leur duo « Je te donne » est le ciment musical d'une belle amitié qui perdure.

7 janvier 1987
Au Palais des Sports de Bordeaux, la fidèle Monique Lemarcis consacre une *Nouvelle affiche* spéciale au chanteur « utilitaire » à l'ascension duquel elle a largement contribué.

1988
Sur scène, en duo avec Sirima : « Là-bas ». Un souvenir doux-tragique. Victime d'un compagnon jaloux, la jeune Sri-Lankaise mourra assassinée.

21 septembre 1991
Jean-Jacques Goldman au piano, place de la Nation à Paris, pour les 10 ans de NRJ.

Avec ma guitare à la main, je n'ai peur de rien,
l'occasion de rappeler que JJG
est d'abord et avant tout un musicien.

1994
L'aventure Fredericks-Goldman-Jones, un trio gagnant, et l'ombre de Carole, émouvante, inoubliable.
Ici avec les Chœurs de l'Armée rouge pour l'album *Rouge*.

2 juin 2002

… au Zénith de Paris.

Sans publicité, pendant 30 ans, Jean-Jacques Goldman a rempli les plus grandes salles de France.

2003
Avec Muriel Robin. Les Restos du Cœur. La musique au service du social.
Le nom de Jean-Jacques Goldman restera indissociable de l'œuvre de Coluche.

2003
Deux univers, deux talents, deux amis : Jean-Jacques Goldman et Céline Dion.
Le plus beau challenge de « l'Homme en or ».

page suivante :
Retiré de la scène, Jean-Jacques Goldman continue d'écrire pour les autres
en revenant à ses premières ambitions.

encore : *Ce sont de mauvais météorologues, quand on lit les chroniques de disques de la presse institutionnelle (celle qui, paraît-il, fait le bon ou mauvais sort à un disque), elles sont fausses neuf fois sur dix. Les spécialistes ont une approche désuète de la chanson : uniquement littéraire, intellectuelle, jamais sensuelle*[265]. Les purs et durs ne sont pas les seuls à trouver suspectes l'apparence et les intentions de Goldman. Ainsi, dans *Le Matin*, *L'Express* ou dans « Libé », d'autres y vont de leur plume, gentiment, mais sûrement.

Que pèsent les « on n'aime pas et on le dit », face aux éloges byzantins et autres flatteries d'usage à la cour de tout futur roi *in partibus* ? Courtisan, Pascal Sevran le fut, assurément, dans la grande tradition stendhalienne, mais il avait l'intelligence de le savoir et assez de ressources pour le faire oublier. Excellent analyste, après une période d'observation, le fin limier trouve le bon angle pour assurer de son soutien le « dernier-né des chanteurs à la mode », sans trop se compromettre... « Idole des demoiselles presque malgré lui, Goldman chante plus haut que son image de marque. On ne lui pardonne évidemment pas d'enchaîner tube sur tube, mais il saura en temps utile dégager sa vraie nature. Élevé à l'école du son américain, la qualité parfaite de ses enregistrements en témoigne, Goldman a de la présence physique et une voix originale[266]. » Quand il aime vraiment, l'ardent défenseur de la chanson française montre un tout autre enthousiasme. Or il ne déteste pas ; chez lui c'est déjà beaucoup.

À l'hiver 1985/1986, le différend entre Jean-Jacques et ses détracteurs atteindra des cimes. Pour l'heure, n'ayant pas encore confirmé son succès sur scène, « Goldo » a le sourire jaune or mais il reste au chaud dans sa case de chanteur à minettes, et comme en respect devant la clause régissant les métiers de charme : « On ne choisit pas le client, c'est le client qui choisit. » *J'assume complètement cette étiquette* [de chanteur à minettes].

---

265. *Rock Music magazine*, 1988.
266. Pascal Sevran, *Dictionnaire de la chanson française*, Carrère, 1986.

Les minettes sont des filles que j'aime beaucoup, des filles qui vont passer le bac dans un an ou deux, alors je ne vois pas pourquoi elles seraient obligatoirement bêtes [267] [...] *Une fille de 15 ans, c'est une fille qui est en seconde, elle découvre* Le Capital *de Marx, elle votera dans trois ans, c'est quelqu'un de très important* [268]. La jeunesse, terreau de toutes les idéologies qui ensanglantèrent le XXe siècle. *De plus, ce sont des minettes et minets qui ont construit tous les grands phénomènes musicaux de ces dernières années. Je ne me souviens pas que des gens de 30 ou 40 ans aient soutenu les Elvis, Hallyday et autres Beatles à leurs débuts* [269]. Sauf à rappeler que Maurice Chevalier, Raymond Devos et Marguerite Duras furent les premiers à encourager Hallyday.

Goldman chanteur à minettes assumé ? Faites-lui donc écho des remarques de Lavilliers – « Goldman est un chanteur sentimental » – ou d'Alain Chamfort – « Ses textes sont suspects » – et vous obtiendrez très exactement ceci : *Je crois qu'on est perçu toujours de multiples façons par des tas de gens. Ce que je souhaite c'est qu'il y ait des gens qui me haïssent vraiment parce que le pendant de ça c'est qu'en général il y a des gens qui t'aiment beaucoup. Donc, je souhaite avoir des gens qui me haïssent et qui me méprisent, comme ça je sais que les gens qui m'aiment, ils m'aiment vraiment. Je peux très bien vivre avec la haine des gens et leurs envies et n'importe quoi. Ce n'est pas un problème, c'est même souhaitable venant de certaines personnes, parce que je les hais aussi* [270]. Qu'en vilains termes ces choses-là sont dites ! Voyez Flaubert : « Si tu pouvais lire dans mon cœur, tu verrais la place où je t'ai mise. » Ou Christophe de Lichtenberg : « Il plut si violemment que tous les porcs furent propres et tous les hommes crottés. » Immunisé par son succès, Goldman pouvait s'offrir la magnanimité. Quand même ne foule-t-on jamais aux pieds que ce qui n'a pas vocation à respirer à d'autres altitudes, aux confins

267. *Salut !* juin 1984.
268. *Paroles et musique,* décembre 1985.
269. *Salut !* juin 1984.
270. *Cool*, janvier 1987.

du mépris savoir déplaire est un art et l'art de déplaire l'une des clefs de la séduction. Ce à quoi Goldman n'a jamais voulu se rabaisser.

La haine ? Si elle reste encore la grande réponse de Jean-Jacques à l'adversité, c'est que le chanteur n'est pas arrivé suffisamment loin sur le chemin de l'homme. *Je sais qu'il y a beaucoup de gens qui ne m'aiment pas. Je reçois de temps en temps des lettres d'injures. Ça me paraît normal et même souhaitable. J'aurais horreur que tout le monde m'aime. Et puis je n'ai pas besoin qu'on m'aime vraiment. Je suis capable de vivre avec la haine des gens et je ne cherche pas du tout à convaincre. Je suis aussi capable de haïr bien, donc il n'y a pas de problème. Je ne fais que de la chanson, alors on ne passe pas son temps à parler de moi*[271]. [...] *Gainsbourg disait : « À la base de la haine, il y a toujours un type qui aurait voulu être à la place du mec qui chante*[272]. »

Tout le monde ne rêve pas non plus d'être chanteur ! En 1993, à la demande du fan-club de Patrick Bruel, Jean-Jacques ne se fera pas prier pour refaire un petit tour du côté de ses mauvais penchants et on n'aime pas ça de lui...

– « On vous a beaucoup critiqué à vos débuts. Avec méchanceté et férocité. Qu'est-ce qui, à votre avis, a dérangé le plus les gens ?

– *Je pense qu'il y a trois raisons importantes. Tout d'abord, ma voix hyperaiguë est en contradiction avec ce qui fait l'essence de la « bonne » chanson française. On ne peut pas imaginer quelqu'un d'intelligent avec cette voix-là. Ensuite mon succès n'est pas du tout passé par les médias, ce qui les a probablement énervés. Et enfin, cette apparence de jeune minet de 17, 18 ans, qui plaisait aux filles.*

– Avez-vous souffert de toutes ces attaques ?

– *Pour moi, c'est le contraire car je ne sais pas du tout comment réagir face à l'amour des gens. La haine me va très bien.*

271. *Cool,* juin 1987.
272. RTL, *Grand Format,* 15-19 novembre 1991.

C'est un sentiment que je connais, qui ne me fait pas peur, contre lequel je sais lutter. L'amour m'intimide, me désarme. Il y a plus de choses dans une vie faites par haine que par amour[273]. »

Il lui faudra pourtant bien se laisser étiqueter, le jeune coq ! Chanteur à minettes qui ferait du rock, alors ? *J'essaye de revenir à l'étymologie. Il y a le rock d'Eddie Cochran. Là, je ne me sens pas du tout solidaire de cette musique. Moi je suis issu de musiques bâtardes du hard rock et ensuite de tout ce qui a été dégénéré par d'autres chanteurs*[274]. Aux diagnostics des mauvais médecins, Goldman propose sa propre notice : *Je fais de la musique utilitaire d'une certaine manière. C'est-à-dire que ce ne sont pas uniquement des morceaux qui plaisent mais des morceaux sur lesquels on peut danser* [...] *Au départ, je ne m'adressais pas à quelqu'un en particulier, étant donné que je parlais de problèmes qui étaient les miens. Je pensais, en les chantant, intéresser les gens de mon âge, les 25/35 ans. Je suis complètement étonné de constater que ceux qui étaient concernés n'avaient que 14 à 18 ans, je n'y suis pour rien. J'en suis très content, car c'est le public que tout le monde recherche* [275].

Et puisqu'il lui faut admettre qu'il plaît, il a même une explication à l'engouement que suscitent ses chansons : *J'essaye de rendre mes chansons séduisantes* [276] ! [...] *Je crois que je suis un creuset où beaucoup d'influences s'expriment. Moi, ce que je fais, c'est remettre à la sauce Goldman des systèmes qui existent déjà dans la musique anglaise et américaine. Je pense que pour tout le monde c'est un peu le cas. Je ne sais que franciser, finalement. Je ne suis pas un créateur – disons un novateur – à ce niveau-là. Par contre, quand je compose, quand je prépare tous les arrangements, là je suis bon. Je sais quelle chanson va marcher, à qui va plaire chaque chanson. Je me dis « celle-là, c'est pour les minettes, celle-là pour les gens plus exigeants*[277]. »

---

273. *Le Journal,* mars 1993.
274. *Numéro 1 magazine,* juillet 1993.
275. *Ibid.*
276. *Cool,* juin 1987.
277. *Chanson,* juillet 1984.

Un discours d'ex-étudiant en commerce, qui a le mérite de l'honnêteté. Éternel dilemme et autant de réponses possibles : faut-il d'abord écrire pour soi ou en fonction de ? Goldman se donne du plaisir, c'est certain, et sa marge de manœuvre sera de plus en plus large vis-à-vis de sa maison de disques. Il fait ce qu'il aime faire et qu'il fait bien, du point de vue de ses patrons et de sa clientèle. Quant à son éventuelle satisfaction personnelle, elle passe souvent par une sensation vomitive au sortir du studio, quand il vient de passer des heures, des jours et des mois à faire, défaire, refaire, couper, découper, recouper, charcuter, décortiquer. *C'est comme une cuisinière qui, après avoir tué son lapin et épluché ses oignons et tout ça, a plus de difficultés à apprécier le plat* [278]. Ou encore (version trash) : *C'est comme si tu étais avec une femme, qu'on te l'ouvre et que tu vois les viscères, les reins, la rate... Il y a un moment où tu ne peux plus l'aimer* [279] !

Mais dites-nous, « Monsieur le faiseur de tubes » : comment procédez-vous ? Dans le cas de Goldman, c'est réglé comme du... papier à musique. Il commence par prendre des notes *n'importe où, n'importe quand, sur n'importe quoi. J'ai mon carnet* [plus tard, ce sera un dictaphone] *sur lequel je note des idées de textes, de musiques* [280] [...] *Les thèmes des paroles viennent séparément. C'est-à-dire que je note des bribes, des petites phrases sur un thème, d'autres sur un autre. Après, une autre phrase vient. Et d'un autre côté, je compose à la guitare des petits bouts de chansons que je mets de côté. Et une fois qu'une musique est prête et aboutie, je choisis le thème. À partir de là, je travaille le texte définitivement. La finalité ne peut se faire qu'en présence de la musique. Je n'écris le texte définitif qu'à la lumière des notes, il ne peut pas y avoir de textes abstraits sans musique* [281] [...] Des textes regroupés, mis au point et en musique, au bout d'environ cinq ou six mois de gestation. *Après, j'entre en maquettes. Une fois les maquettes devant moi, je peux les écouter et le travail*

---

278. *Cool,* juin 1987.
279. *Ibid.*
280. *Numéro 1 magazine,* juillet 1983.
281. *Tribune juive,* septembre 1997.

le plus important commence. Je change des textes, des découpages. Je fais ma petite cuisine, quoi. Et donc, quand j'arrive en studio, tout est prêt, découpage, minutages, choristes, enfin tout[282] !

Sise entre la course au sublime – « Frappe-toi le cœur, c'est là qu'est le génie ! » – et le supplice oriental, la création n'est pas un chemin tracé. Capricieuse, elle impose ses heures, son carcan et met son homme à genoux. Nul ne la tient, elle fait ce qu'elle veut. À peine la sollicite-t-on qu'elle s'en va, sourde aux appels du mendiant, revenant en pleine nuit quand on ne l'attend plus. Elle s'offre alors comme une chienne à son maître, et à nouveau disparaît en laissant son parfum. Blanche est la nuit pour le chasseur d'idées. Tous doivent s'en satisfaire. La paix n'est jamais garantie. *Ce ne sont pas des périodes où je suis très heureux, parce que je me pose des tas de questions. Je perds du poids, je ne dors plus, c'est très perturbant, mais c'est vraiment ce qui me passionne le plus dans l'existence…* [283] Or pour rendre de vraies émotions, il faut d'abord les vivre en situation. Menacé par son nouveau statut, Goldman craint de ne plus pouvoir y arriver.

---

282. *Numéro 1 magazine,* juillet 1983.
283. *Ciné-Revue,* 1986.

Les règles du jeu

Ce ne sont pas des fans, mais des cinglés !

Il a beau opposer une résistance de principe aux obligations de sa nouvelle vie, redouter les mécanismes artificiels qui coupent l'artiste du réel et obstruent le conduit créatif, il n'en est pas moins confronté à une autre problématique contre laquelle les solutions piétinent, dans la mesure où le phénomène est irréversible : la perte de l'anonymat. C'est la partie occulte du contrat. Le côté « pacte avec le diable ». Cela commence par l'impossibilité de sortir à visage découvert dans la rue sans être agressé par des gens plus ou moins bien intentionnés, dont on doit subir le regard lourd, les questions épaisses ou un discours laudateur et disproportionné ne reposant sur rien, pour se terminer parfois très mal, sur le divan d'un comportementaliste. La notoriété comme un cachot névrotique ? « Les murs ne font pas la prison, ni les barreaux la cage. » Si d'aucuns ne développent aucun symptôme, c'est souvent qu'ils ne se laissent pas vivre dans la peau d'une bête curieuse. Ceux-là n'ont pas l'impression d'être connus ; ils se sentent connaître beaucoup de monde.

On ne va pas refaire l'historique, mais l'émulation créée autour des vedettes n'a pas été inventée pour Jean-Jacques Goldman. À leur époque, des gens comme Carlos Gardel ou Rudolph Valentino, élevés au rang d'idoles, en payèrent parfois sauvagement le prix, en dépit de moyens de médiatisation beaucoup moins sophistiqués. Rien chez Goldman ne laisse présager la possibilité à long terme d'une crise de mysticisme déclarée. Chez lui tout semble clair et défini. Ce sont les autres qui n'y sont pas, ceux qui ne partagent pas sa vue d'ensemble. *Je n'ai pas toujours bien compris l'analogie que les gens faisaient entre les chansons et celui qui les faisait. C'est une chose que je n'ai jamais ressentie moi-même. J'ai adoré les chansons d'Elton John sans jamais adorer le personnage, et à la limite en m'en foutant*[284] ! Achetez mes chansons, mais fichez-moi la paix ? « Jean-Jacques a horreur d'être emmerdé[285] », commente crûment Jean Mareska. A-t-il d'autres alternatives ? « Lorsqu'on l'arrêtait dans la rue, il répondait qu'il n'était pas Jean-Jacques Goldman, mais son cousin. Ensuite, il s'est acheté des lunettes et une fausse barbe[286]. » *Tout ce côté notoriété, image, j'ai été surpris de l'importance que ça prenait quand ça m'est arrivé. C'est tout à fait professionnellement explicable dans le cadre du boulot, mais ce qui m'effraie un peu c'est que c'est peut-être irréversible. Ton image c'est comme si elle ne t'appartenait plus et je me demande si c'est facile de faire un retour à l'anonymat. Le problème ce n'est pas que les gens t'aiment encore ou ne t'aiment plus, le problème c'est que, lorsqu'ils te voient, tu es quand même quelqu'un de différent. Alors, je sais pas comment ça se vit, ça. A priori, c'est peut-être pas si simple. Il doit y avoir des tendances à fuir le regard des autres et même à s'isoler, je sais pas*[287].

Il oublie que le cercle magique c'est lui qui l'a créé, à son corps défendant. Le rêve, le fantasme et l'illusion constituent le triangle d'or du spectacle. Une loi. À peine l'ancien boy-scout

284. *Cool,* juin 1987.
285. Entretien téléphonique avec l'auteur, octobre 2010.
286. *Ibid.*
287. Vidéo *Traces,* CBS, 1989.

a-t-il un pied dans la place que le voilà prêt à vouloir tout réinventer ! Ah ! Chier dans les bois dans la forêt de Senlis, à la lueur d'une torche, là où les autres ne voient et ne veulent que vahinés, sable blanc et une idole en paréo qui n'a jamais d'envie pressante ! N'est-ce pas Gainsbourg qui, sur l'impact des artistes, déclare pourtant à la même époque : « Même dans mes absences, je suis présent. » *Je pense qu'on se passe très bien de beaucoup de gens et qu'on se passera très bien de Gainsbourg aussi. Il faut croire qu'il y a un âge où on commence à croire à son immortalité parce qu'on n'a plus le choix, quoi*[288] ! Le tout, envoyé avec un sourire déroutant – « rire », nous précise-t-on. Mieux Goldman malmène le rêve, plus le masque s'épaissit, et plus il donne l'envie d'aller voir ce qui se cache derrière. Est-ce le but recherché ? Une manière de se faire désirer ? On n'arrive jamais au sommet par hasard et un artiste ne décide pas seul de sa carrière. Or il semble qu'ici le cas soit beaucoup plus complexe. Robert Toutan, lui, est formel : « Je ne connais personne dans ce métier qui n'ait pas envie d'être une vedette. » Employé par le magazine *OK !*, François Gaillard a beaucoup photographié Goldman à ses débuts avant que les verrous ne soient posés. Il se souvient de l'hostilité du chanteur à faire la une trop souvent. « Il ne voulait pas être en couverture tous les quinze jours. Il me l'avait fait promettre. » Estimait-il que le magazine spéculait sur son nom et son image ? Redoutait-il de lasser son public ? François Gaillard : « Un jour, il m'appelle, pas très content, parce que deux couvertures étaient sorties à environ deux semaines d'intervalle. Sur la foi des notes qu'il prenait sur un petit carnet, où il avait relevé la date de sa dernière une, il me reprocha de ne pas avoir tenu mes engagements. Cela avait créé quelques remous avec la direction[289]. »

En 1986, Goldman reconnut que *l'argent, le fric*[290], étaient les apports les plus bénéfiques du succès. *J'ai moins peur du lendemain, du succès ou du pas de succès*[291]. La contrepartie de

288. *Cool,* janvier 1987.
289. Entretien téléphonique avec l'auteur, 20 mai 2011.
290. *Graffiti,* 1986.
291. *Ibid.*

la perte de son anonymat. À sa décharge, on peut concéder à Jean-Jacques de n'avoir peut-être jamais construit sur le schéma de « la réussite à tout prix et ton prix sera le mien. » Ni sur celui du chanteur exacerbant l'hystérie de ses fans en leur jetant ses chemises pailletées à renifler. Il n'a pas non plus été programmé par ses parents comme un Johnny Hallyday, par exemple, a pu l'être par sa famille. Quand j'ai demandé à Mareska quel genre de père Goldman était à l'époque, il m'a raconté cette anecdote significative. *À l'école, les copines de Caroline avaient appris que son papa était le célèbre chanteur, toutes lui demandaient des photos dédicacées.* Jean-Jacques se plia un temps à ces sollicitations, mais très vite il y mit un terme. *J'ai arrêté de donner des autographes aux amies de ma fille,* m'expliqua-t-il, *parce que je ne veux surtout pas qu'elles achètent son amitié !* C'est tout lui ! L'intégrité. Aussi, quitte à paraître abusives, ses revendications ont un goût de légitimité. *Quand je suis au cinéma et que je vais pisser, les gens disent : « Goldman va pisser ». Quand je suis dans un café et que je fais tomber un verre, les gens disent : « Goldman était là, il a fait tomber un verre, il est maladroit. » Quand je tire la langue à quelqu'un en bagnole, les gens disent : « Goldman n'est pas aimable. » Tout ce qu'on fait n'est pas anodin. On est observé, il faut vivre avec !* [...] *Avant je ne recherchais pas désespérément le contact, mais disons que, lorsque l'occasion se présentait, j'aimais bien partager un moment de vérité de quelqu'un. Maintenant, cette vérité est évidemment faussée parce que la personne ne parle pas à n'importe qui. Ça n'a rien de prétentieux ce que je dis là. Ça veut dire que c'est comme si elle se parlait à elle-même. Alors, on n'est plus qu'un miroir. Les gens me connaissent et donc ils jouent immédiatement un rôle. Ça, ça me pèse un peu* [292].

Ça le travaille même beaucoup, s'il faut se fier à Jean Mareska : « Par moment, Jean-Jacques avait des idées sombres. Un jour, il m'a dit : "Il doit y avoir un type, là-haut, qui est en train de me viser avec un fusil à lunettes". Je crois que son

---

292. *Cool,* juin 1987

succès et ses excès l'effrayaient. Il n'en avait jamais demandé autant[293]. » Le chanteur ne conçoit pas qu'on puisse l'attendre dans le froid pendant des heures pour un autographe. Il n'accepte pas non plus que l'on prenne des congés pour le suivre où qu'il aille. *Quand je vois des jeunes adolescentes qui sont proches du suicide et qui m'ont écrit pour les sauver. Quand je vois des malades qui veulent me rencontrer avant de mourir, ou des choses comme ça, je me dis qu'il y a quelque chose de pas normal, là. Je crois que je ne suis pas digne de ça*[294]. Émotionnellement il faut être à la hauteur face à ce genre de situations. Il y a des colles dont on ne se dépêtre jamais. La notoriété amplifiant le phénomène, chaque artiste a son lot. À moins d'interventions discrètes et sporadiques, dont le secret tôt ou tard viendrait à s'éventer, objectivement, on n'a pas le droit d'obliger un chanteur à jouer ce rôle-là. Goldman ne semble avoir d'ailleurs aucun problème avec sa conscience. S'il se sent un citoyen éminemment concerné par ce qui, autour de lui, vit et meurt, il ne revendique pas une vocation de saint-bernard humanitaire. Il prêtera son nom, son talent et aussi son énergie pour certaines causes, mais sans jamais être à l'origine de ces mouvements. Sans les mener. *Cela ne fait pas partie de ma nature. Je n'ai pas l'âme d'un leader, peut-être que je suis un égoïste forcené mais je suis déjà tellement pris par mon métier que si je devais m'enflammer pour une cause, je devrais sacrifier ma vie de famille et, à mes yeux, ce sacrifice me coûterait trop cher*[295]. »

En voilà un qui n'a pas envie d'être pris pour ce qu'il n'est pas. Halte aux confusions ! *Les chansons sont souvent plus belles que ceux qui les chantent.* Ça, on s'en doutait déjà un peu. Le mérite de Goldman est de le proclamer. Ce qui lui permet de se dégager en même temps de certaines contraintes. *C'est vrai qu'on dit beaucoup dans des chansons. Mais on ment aussi, on a la possibilité d'enjoliver la réalité*[296]. Dans ce cas, que reste-t-il

293. Entretien téléphonique avec l'auteur, 22 octobre 2010.
294. *Cool,* juin 1987.
295. *Graffiti,* n° 24.
296. *Cool,* janvier 1987.

aux gens et à quel moment leur dit-on la vérité ? Sardou a assez répété qu'il faisait un métier de menteur. *Très souvent les gens ont une image immaculée de vous. Où l'on est disponible en permanence, rarement indifférent, toujours altruiste ! Mais cette vision est trompeuse parce qu'on met dans les chansons ce qu'on aimerait être, ou à la limite ce qu'on est quelquefois. On fait abstraction du quotidien, du côté banal. Un chanteur peut avoir un sale caractère ou une mauvaise haleine le matin en se levant*[297].

Autre question : jusque dans quelle mesure Goldman aime-t-il son public ? Je peux témoigner de ce que j'ai vu. Lors de notre rencontre à La Rochelle, après que nous eûmes pris congé dans le hall de l'hôtel, j'ai soudain réalisé que, en dehors d'un autographe personnalisé, il ne me resterait rien d'autre pour pérenniser la magie d'un instant ordinaire. Moi qui ne suis pas de nature à réclamer un verre d'eau supplémentaire dans un avion, même avec un billet payé plein pot, il m'en coûta d'aller frapper à la vitre de la Volvo où Jean-Jacques avait déjà pris place, à l'arrière, aux côtés de Michael Jones, visiblement fatigué. Pour lui, ce n'était que la série des corvées qui continuait. Pour moi, c'était cette fois ou jamais. Fétichisme. Lorsqu'il a baissé la vitre, il n'offrait déjà plus la même tête. Un « Quoi encore ! » non prononcé, mais prompt à faire rentrer un audacieux dans son col. Sans mot dire, il a ouvert la porte, déplié sa longue et frêle silhouette et s'est mis en position à côté de moi, face à l'objectif. « Sourire », a-t-il murmuré, ou « *cheese* », ou quelque chose d'approchant. Je l'ai remercié, confus, me suis excusé et la grisaille du printemps rochelais l'a emporté vers l'étape suivante.

On peut aimer le public et détester la foule. « La foule [fût-elle réduite à une personne], disait Hervé Lauwick, c'est ce qui vous gêne, vous ennuie, qui essaie d'entrer chez vous de force. » Avec ceux qui savent l'apprécier à travers le prisme de ses chansons sans chercher à lui prendre ce qu'il n'a pas envie de donner, Goldman peut se montrer accessible, simple, gentil, humain. La presse jeune en est la grande bénéficiaire. Le second degré

---

297. *Hit hit hit Hourrah,* publication belge inconnue, 1986 (site Internet Parler d' sa vie).

est tellement bien vécu de part et d'autre que le « chanteur à minettes » joue facilement le jeu et n'hésite pas à dévoiler des petits secrets d'État, tels que sa couleur préférée ou le dessert pour lequel il n'hésiterait pas à tuer. Ces jeunes journalistes, qui souvent n'en sont pas vraiment, ont ses faveurs. C'est auprès d'eux qu'il aime perdre le plus volontiers son temps, sans perdre de vue que *OK!, Girls* ou *Cool* sont un précieux relais entre sa musique et ceux qu'elle intéresse. En 1982, à l'invitation de *Podium,* le géniteur grave et inquiet de « Dors bébé dors » s'est même retrouvé à faire des niches au musée Grévin. Une virée anachronique et sans alcool prétendument convoitée depuis longtemps, selon la rédaction du journal fondé par Claude François. « Il était fou de joie, enfin, grâce à *Podium,* il allait pouvoir voyager dans le temps et être auprès des personnages historiques qui l'ont fait tant rêver lorsqu'il était gamin. » Dans ce genre de circonstances, Jean-Jacques oublie qu'il ne faut pas *m'inviter à des anniversaires, mariages ou autres, je suis d'une tristesse épouvantable, pas du tout genre joyeux drille* [298]. Ce jour-là, il se révéla même un délicieux compagnon de gags, pianotant doux espiègle sur le piano de Mozart et échangeant subtilement la partition qui y était déposée contre un magazine de *Podium*, pour mieux guetter, planqué dans un coin, la réaction des visiteurs. Dans le salon des stars, il eut à frôler des yeux la silhouette de Raquel Welch. *Pas mal, pas mal du tout !* Plus loin, dans celui des ministres de la Culture à vie, moins excitant, il est allé saluer M. Lang, depuis peu transformé lui aussi en pâté cireux pour ménagère japonaise de plus de cinquante ans. À cette époque, le dispendieux atout *hup much* de François Mitterrand n'a pas encore jeté son dévolu stratégique sur la bébête qui monte, qui monte… Ce n'est qu'une question de temps. *J'étais avec lui, un jour, sur la chaîne musicale* [TV6]. *Il est venu près de moi. Il m'a posé la main sur l'épaule, on était à un bar et il y a un photographe qui est sorti du bar et qui nous a pris en photo. Et quand la photo a été prise, il est passé à un autre* [299]. Suivant !

298. *Numéro 1 magazine,* juillet 1983.
299. TV5, 1994, site Parler d' sa vie.

Or tous les fantasmes ont une fin, même à Grévin, royaume perpétuel du kitsch statique. Conclusion à chaud : *J'aime cet endroit, mais il est malgré tout inquiétant. Je n'y passerais pas la nuit, je ne serais pas rassuré. On ne sait jamais, la nuit ils sont peut-être vivants !* Tout cela décliné avec un charme si naturel et si efficace… Comment ne pas les comprendre quand elles en exigent davantage, toutes ces gamines qui hurlent le nom de ce grand frère sympa à l'œil fourré de pertinence ? Le but est justement de n'y jamais céder, c'est ainsi que l'amant tient sa maîtresse et la maîtresse son amant. Public aimé ! Un blasphème qui ne sortira jamais de la bouche de Goldman. Même poussée au paroxysme de la forfaiture la démago ne tue pas, mais Jean-Jacques en concevrait de la honte et certainement le dégoût de soi. Il se contente de rester disponible pour ceux qu'il juge dignes de foi. Malheur aux autres !... *Je peux être très agressif avec ceux qui, ayant eu connaissance de mon adresse personnelle, y viennent ou y écrivent. Si les gens m'aiment vraiment, ils savent que j'ai besoin de cet endroit préservé et le respectent* [300].

Les « ceux » se seront identifiés d'eux-mêmes, d'autant qu'ils ne sont pas les plus nombreux, un pourcentage évalué à 1 % au sein du petit peuple goldmanien. Toujours les mêmes, on retrouve ces gens partout, dans toutes les poubelles du fanatisme païen. Encore les admirateurs de Goldman sont-ils pourvus d'une certaine maturité. Ils savent que si les chansons leur reviennent de fait, un chanteur a le droit de ne pas appartenir à son public. Aussi Jean-Jacques ne met-il aucun état d'âme à qualifier ceux qui dépassent les limites de *nécrophiles qui n'ont rien d'autre à foutre que de me harceler. Ce ne sont pas des fans, mais des cinglés. Ça ne me dérange pas de les décevoir, ceux-là* [301]. « Goldo » utilise très souvent l'humour, comme une sorte de parade à cette sensibilité qui affleure dans ses écrits et qu'il maîtrise plus qu'il ne la refoule. Or, ici le grand frère ne plaisante pas. Avis aux contrevenant(e)s.

---

300. *Girls,* décembre 1984.
301. *Le Soir,* 5 décembre 2001.

Les gens vus d'en haut

La scène est éphémère, chaque note disparaît une fois jouée [302].

« Dis, quand viendras-tu chanter par chez nous ? » Dans son courrier, il est de plus en plus sollicité. La télé et les magazines ne suffisent plus. On veut le voir de près, se réchauffer à ses textes et à sa musique. Du côté des directeurs de salle, les demandes affluent. On connaît les réticences de l'intéressé. *Il y a beaucoup de chanteurs pour qui la finalité est la scène, le disque un support pour y arriver. C'est là qu'ils vivent l'intensité de leur métier, qu'ils sont en contact direct avec leur public. Moi ce n'est pas mon cas* [303]. Question de tempérament. On l'aura assez dit, Jean-Jacques est un solitaire passant les trois quarts de son temps face à lui-même. Il sait pourtant qu'il ne pourra échapper encore bien longtemps aux pressions. Le cheminement vers la scène est une logique et CBS y veille. Robert Toutan :

302. *Les Enfants du Rock*, 24 avril 1986.
303. *Numéro 1 magazine*, juillet 1983.

« La scène, il en avait très peur, il ne voulait pas, mais il n'avait pas le choix, quand un patron vous dit : "Tu dois faire ça, tu dois aller au charbon", il faut le faire. On n'a pas le droit de refuser. » *Ce qui m'a décidé vraiment, c'était le courrier des gens. Je me rendais vraiment compte que j'avais plus de succès. Je recevais beaucoup de lettres. Je sentais que les gens me demandaient de venir à Nevers, à Charleville, à Lyon, à Marseille, et je sentais que ces gens-là avaient pris les albums et les textes de façon tellement sincère qu'ils auraient considéré comme une trahison de ne pas les défendre de visu, pour de vrai* [304].

En juillet 1983, tandis qu'un projet scénique pour novembre s'ébauche et alors que le chanteur vient d'entrer en studio pour un troisième album particulièrement attendu, les journalistes s'amusent à lui faire peur : « Et si Goldman redescendait au bas de l'échelle ? » *Il n'y a pas de si, c'est une certitude. Je sais qu'un jour je ne serai plus à la mode et il n'y a aucun malaise. Pour l'instant, je fais partie d'un inconscient collectif qui a voulu qu'on m'aime. Demain je serai usé comme d'autres chanteurs sont usés actuellement alors qu'ils étaient au firmament il y a quelques années...* [305] Jean-Jacques reste dans les cordes de la sincérité en parlant ainsi. Sa lucidité et son intelligence l'amènent à tout envisager et puisqu'on lui pose la question il y répond, en « optimiste désespéré » et prudent. À chaque étape de son odyssée, il s'étonnera que le bal continue, alors qu'il tient l'orchestre de main de maître. Ce qui finira par exaspérer Thierry Séchan. Dans l'une de ses salves littéraires, en 1992, le frère de Renaud écrit notamment : « En 1987, il annonçait son imminente disparition : "J'ai 35 ans aujourd'hui, j'en aurai 36 quand sortira le prochain album, je partirai alors dans une longue tournée que j'achèverai à 37 ou 38 ans... La chanson étant un art pour jeunes, du moins il me semble, c'est comme si je tirais mes dernières cartouches." Aujourd'hui, JJG a 40 ans passés, et il est toujours là. Courage, Jean-Jacques. Ça finira bien par finir [306] ! » Il a sûrement

---

304. RTL, *Génération laser,* 15-19 novembre 1991.
305. *Numéro 1 magazine,* juillet 1983.
306. Thierry Séchan, *Nos amis les chanteurs,* Les Belles Lettres, 1992.

tremblé, de trac, d'appréhension. Peur d'être dévoré par la marée médiatique. Peur du trou noir, comme après « Sister Jane ». Peur de passer à nouveau à côté de la grande communion à laquelle aspire tout créateur. C'est fragile, une carrière, c'est capricieux, le destin. Robert Toutan garde effectivement le souvenir d'un homme anxieux à l'idée que tout ne s'arrête. Jean-Jacques n'en a jamais rien dit ou rien montré. Au contraire. Si ça ne marche pas ou plus, souvenons-nous, il retournera essayer des baskets à des petits garçons qui pourront se vanter d'avoir eu un chanteur de quelques étés à leurs pieds. En attendant de faire un beau mort, le plus tardivement possible.

Goldman sur scène. Oh ! Une tournée rikiki, un truc embryonnaire. Quelques dates à peine. Petites villes. Petites salles, entre cinq cents et mille personnes. Une promotion locale. Un rodage, en somme, avant le grand barda programmé de février à mai, dans soixante-cinq métropoles françaises, après que *Positif,* le troisième bébé, sera sorti des usines de pressage. Qui se souvient de la première à Rueil-Malmaison, sinon Goldman, malade de trac et *prenant des médicaments comme un fou pour pouvoir simplement monter sur scène* ? [...] *Ça ne s'appelle pas le trac, à ce niveau-là, ça s'appelle de la peur, ou la frousse*[307] ! Les répétitions se passent mal. Goldman a fait appel à son ami Bernard Schmidt, qu'il connaît depuis l'enfance, leurs parents respectifs se fréquentant de longue date. Schmidt, un garçon épatant, toujours souriant, disponible et d'humeur parfaitement égale. Il faut au moins cela pour parer aux virées intérieures de Jean-Jacques et à ses longues phases de mutisme, déroutantes pour l'entourage. Devenu entretemps réalisateur de films industriels et de spots publicitaires, Schmidt offrira ses services à d'autres artistes, mais il restera l'homme d'image de Jean-Jacques Goldman. L'image a le pouvoir de décupler le succès d'une chanson. L'exemple de Michael Jackson se révélant payant, Goldman a intégré le principe, mais il a dû se laisser conduire. *J'étais* [...]

307. RTL, *Génération laser,* 15-19 novembre 1991.

presque agressif vis-à-vis de l'image, parce que je ne suis pas d'une génération de l'image. Je suis de la génération de la musique, avec un peu le mépris du reste. J'aurais dû apprendre plus cette notion maintenant fondamentale de l'image avec la musique et je me suis presque cabré contre ça, comme si c'était quelque chose de dévalorisant, presque de méprisable[308].

Pour cette première aventure scénique, le rôle de Bernard Schmidt consista à soulager Goldman avec un support vidéo, de sorte à construire un spectacle où le chanteur serait rendu à l'état de pion central. Jean-Jacques doit tout préparer de ce qu'il a à dire ou à faire sur scène, chaque geste, chaque pas, chaque bonsoir. Presque chaque battement de cils. Il s'en tiendra toujours à cela. Une incapacité d'improvisation qui ne manquera pas de surprendre Khanh Ho Tong, son ancien partenaire de Taï Phong, en 1985, au Zénith : « Ce qui m'a marqué, c'est que tous ses déplacements sur scène, ses moindres paroles… étaient prévus à l'avance[309]. » *J'ai du mal à être détendu, à prendre du plaisir. J'ai toujours peur de tout. Ça me coûte beaucoup, physiquement, nerveusement. Je dois travailler chaque intervention, je cherche mes mots. Je n'ai pas beaucoup de talent d'impro, cette magie qui se crée sur scène, un peu… cocaïnesque. Mais ça peut venir à force de travail. Quand je serai grand, peut-être*[310].

Cette avant-tournée, et là ce fut son intérêt, permit à Goldman de s'apercevoir qu'un très bon musicien de studio n'est pas forcément capable de fournir l'équivalent en *live*. « Il était parti avec certains de ceux avec qui il avait enregistré son disque, dont Manu Katché[311] », explique Jean Mareska. Il semble d'ailleurs qu'il n'y ait pas eu que des incompatibilités musicales. La vie en tournée implique une promiscuité qui ne pardonne pas les faux accords, le travail sur scène s'en ressent. « Jean-Jacques a besoin de se sentir en famille quand il travaille et quand il tourne. C'est une des raisons pour laquelle il avait impliqué

---

308. RTL, *Génération laser,* 15-19 novembre 1991.
309. *Platine,* mai 2002.
310. *Chanson,* juin-juillet 1984.
311. Entretien téléphonique avec l'auteur, 22 octobre 2010.

Michael Jones dans l'aventure, indépendamment du fait que Jones est aussi bon sur scène qu'en studio. Deux clans s'étaient formés sur la route : d'un côté Jean-Jacques et Michael, de l'autre Manu Katché, Guy Delacroix *and co*. Ça ne passait pas vraiment. Jean-Jacques m'a demandé de lui trouver d'autres musiciens. “Je ne veux plus tourner avec eux, je veux des copains avec moi”, m'a-t-il dit. Je lui ai donc présenté des anciens du groupe Week-end millionnaire, et là, ça a fonctionné [312]. »

Philippe Herpin, ancien Marquis de Sade a, lui, été gardé, ainsi que, cela va de soi, Michael Jones. « Michael est un très gentil garçon doublé d'un musicien et d'un chanteur hors pair, appuie Mareska. En bon anglo-saxon, il sait envoyer, comme on dit dans le jargon. Jean-Jacques et lui sont très liés. Dès le début, le courant est passé entre eux. Je me souviens d'un enregistrement aux studios Gang, du temps de Taï Phong, où une partie de la chanson devait être interprétée par Michael, l'autre par Jean-Jacques. Pendant que Michael chantait, Jean-Jacques est venu me trouver derrière la console : *Qu'est-ce qu'il chante bien, ce type ! J'aimerais bien faire un truc un jour avec lui, un duo* [313]. » Quelques années plus tard, les deux compères feront sauter la bande FM avec « Je te donne », une autre chanson dont Goldman se dit fier en raison des idées qu'elle véhicule.

Février arrive trop vite au gré du chanteur. Aux quatre coins de l'Hexagone on l'attend, et cette fois il n'y coupera pas. Les trucks bariolés transportant le prêt-à-rêver ont pris la route au ras de la campagne française. Oyez ! Oyez, bonnes gens en état de fièvre : le *Positif tour* va passer par chez vous ! Ses angoisses velléitaires de showman débutant et inexpérimenté, Goldman les fait voyager séparément, dans un car qu'il partage avec ses musiciens. La vie de saltimbanque moderne commence. Autrefois, les charmes nus de la poussière sur les petits chemins caillouteux, en charrette ou à dos d'âne, par temps d'hiver ou à l'ombre des grands chênes ; aujourd'hui, le confort monotone

312. Entretien téléphonique avec l'auteur, 22 octobre 2010.
313. *Ibid.*

des autoroutes sans fin, avec la « clim » pour régulateur d'oxygène et de vie. Au bout du bout, une même finalité : le spectacle. On viendra voir et se montrer pour bientôt ne voir plus que lui et quand les projecteurs se seront éteints on en parlera encore. La magie du spectacle, ce mensonge éphémère si utile à nos vies programmées.

Que de travail, de monstres à abattre et de hautes luttes à mener contre soi-même, avant d'approcher l'illusion du naturel ! Que de sueurs hypothétiques et de grimaces recommencées ! Le public n'a pas à savoir tout cela. Celui de Goldman est essentiellement provincial et Jean-Jacques va prendre ces gens en affection. *Un type de Clermont-Ferrand et qui achète un billet, ce n'est pas la même chose qu'un type de Paris qui a vu cinq concerts dans la semaine, dont deux sur invitation...* [...] *À Clermont-Ferrand, lorsque le type a payé 150 ou 180 francs* [22-28 euros] *pour son billet, il sait pourquoi il est là... Il y a vraiment une motivation des gens en face de toi qui est vraiment très différente*[314]. Une motivation conjointement imputable au manque d'attraction dans les petites villes de province et au fait que les gens connaissent déjà les chansons grâce à la radio et aux disques. Ils les connaissent par cœur et les chantent comme des professions de foi. Ne manque que le grand ordonnateur pour que la messe prenne un sens et soit véritablement vécue. Si familière qu'elle leur fût, la voix de Jean-Jacques Goldman, accessible par le disque, n'est que la combine lointaine et sans âme d'inventions froides et modernes. Itou son visage et sa silhouette prisonniers des glacis des magazines et des tubes cathodiques. Rien de palpable dans tout cela. À 12, 15 ou 18 ans, on ne mange pas la vie en conserve, on la veut fraîche. Le *Positif tour* allait partiellement balayer ces sentiments de frustration, en en créant d'autres d'ordre différent à la fin de chaque office.

Les premiers « concerts » de JJG ont à voir avec une nostalgie dont beaucoup aujourd'hui se disent porteurs. Pour en avoir vécu quelques-uns, en direct, j'en ai moi-même gardé un souffle chaud

---

314. RTL, *Génération laser,* 15-19 novembre 1991.

et une folie, certes dépassée depuis, mais remuante encore, pour peu que le souvenir se laisse courtiser. Tous ces adolescents massés dès les premières heures de l'après-midi devant l'entrée du lieu de culte, chacun marquant sa place et son territoire, dans une bousculade de féria nîmoise, constituent les premières armées de Goldman. Lancée à Auxerre, la tournée démarra sur les chapeaux de roue. Le 6 mars 1984, c'est au tour du Stadium de Marseille d'accueillir « la bande à Goldo ». Une représentation exceptionnellement annoncée à 20 heures, au lieu des 21 heures habituelles. Dans la foule, grossie de minute en minute, une majorité écrasante de filles, toutes à l'apologie de l'Être suprême, le point « G » montant à mesure. Jean-Jacques par-ci, Goldman par-là… On dit que… Il paraît même… Si vous saviez ce que je sais… Ce que l'on peut entendre dans ces moments précommotionnels dépasse de loin les meilleures bulles du pire auteur de BD. Et des cris ! Des cris ! Jusqu'à 20 heures, l'attente fut insupportable. Bénéfice net pour les organisateurs. Le chanteur, lui, est souvent très loin et très seul au milieu de beaucoup de monde, dans ces heures décisives précédant le lâcher de fauves.

Longtemps les grilles du Stadium restèrent de fer avant de s'ouvrir à la cohue fluviale qui déferla dans la salle, avec, à l'arrivée, la traditionnelle bagarre pour les places stratégiques. Découverte du plateau. Pas de rideau rouge comme chez Sabbagh, mais un assemblage de tubes métalliques emboîtés les uns dans les autres et formant l'encadré de la scène. En dépit de leur belle vigueur, les deux palmiers géants disposés de part et d'autre de la structure rattrapent difficilement la froideur et le dépouillement du décor. Seule fantaisie : un étage réservé au batteur (à droite) et au saxophoniste (à gauche), entre les instruments desquels a été descendu un écran vidéo surmonté d'un gris-gris proche de la boule disco, en forme de banane. Donnant accès à l'étage, un escalier, cinq ou six marches toutes simples. Si Jean-Jacques va souvent utiliser ces éléments au cours du spectacle, l'essentiel de la bamboula se tiendra au « rez-de-chaussée », là où son piano a été disposé, ainsi que le violon de « Comme toi », isolé sur son socle. Là où les autres musiciens accompliront leur tâche, l'un aux synthés, les deux autres à la guitare et à la basse. Leur nom ? Peu importe ! Dans un groupe, seul le chanteur focalise l'attention sur lui. Car c'est un ensemble homogène qui entoure Goldman depuis le début de la tournée. C'est dans cet esprit qu'il fonctionnera dorénavant. Sans omettre de présenter chaque fois, au final, ces autres parties de lui-même à qui le public doit d'avoir partagé l'inoubliable croisière.

« Veiller tard… » Le choix de la chanson d'entrée, celui de la mise en scène – Jean-Jacques assis sur les marches, dans un rond de lumière crue, un micro à la main, fidèle à ses Stan Smith probablement issues du magasin familial et à sa cravate sans griffe apparente, peut-être achetée à Monoprix : la soirée sera résolument intimiste. Un partage émotionnel entrecoupé de rifs, entre habitants d'une même inquiétude, noire ou festive, avec, à la fin, après s'être donné le meilleur et à la demande expresse du chanteur, le courage et la force de se quitter sans applaudissements, pour ne pas compliquer les choses. Qu'on se le dise, Goldman ressemble à n'importe qui, mais il n'est pas tout le monde. Une certitude déjà acquise chez la plupart de celles et ceux qui sont là, ce soir, venus redécouvrir toutes ces chansons qui les raccrochent à lui et lui à eux, et plus particulièrement celles qui n'ont pas valeur de tube, et que le jeune public est allé chercher avec un instinct sûr. Il y en a beaucoup, il va toutes les recréer. Ou presque. À commencer par « Une autre histoire », écrite à la première personne. De prime abord, il s'agit de la déveine d'un type condamné à jouer devant des salles vides ou indifférentes, *J'en vois même un qui dort !* Goldman à l'époque du *no way*, méprisé par les uns, ignoré des autres ? « L'oiseau qui chante ne sait pas si on l'entend », aiment à siffler les Polynésiens. Dans *Les clés du showbiz* [315], de Martine Boucheron, évoquant son parcours au sein de ses différents groupes, il dira :

---

315. Paru en 1987 aux Éditions n°1.

Nous vivions une seule passion, et pendant longtemps ce fut notre unique carburant ; le reste était dur, ardu, sans lueur. Rien de tel pour provoquer des : « On est là, maintenant, on t'aime ! »

Autre « message » de même facture : « Pas l'indifférence », un texte et une musique à tuer un adolescent en mal de tout. J'en ai connu au moins un qui aurait bien donné « dix années pour un regard, des châteaux, des palais pour un quai de gare ». Un gamin qui aurait bradé son peu de confort contre « des morceaux d'aventure » [...] « Aller n'importe où mais changer de paysage. » Ravageur pour un cerveau en capilotade, le thème est simple mais usité, si l'on se souvient, entre autres, de la chanson de Bécaud, « L'indifférence, elle te tue à petits coups / L'indifférence, tu es l'agneau, elle est le loup... » Goldman ne taille pas dans le neuf, là comme ailleurs il ne fait que reprendre ce qui a déjà été fait cent fois avant lui, mais il y apporte une touche de sensibilité toute personnelle. Jouant d'une voix qu'il va chercher très haut, il a saisi l'essentiel du flottement humain et il s'en sert, sans trop noircir la note, laissant au contraire des portes ouvertes, au mépris des *gens qui s'occupent de notre morale, les politiciens, les syndicalistes, très terre à terre dans leurs discours. On a toujours l'impression, en les entendant, que notre vie sera meilleure avec 13,50 F de plus et une demi-heure de travail en moins*[316]. Des portes ouvertes par lesquelles ils sont milliers à s'engouffrer, émus par la fragilité apparente de « celui qui chante », ou séduits par la force du jeune chef de famille en règle avec ses devoirs et ses émotions et que l'on imagine facilement tel qu'il se décrit, *un père très classique, pas un père-copain ni un père fouettard. Un papa. J'adore mes enfants mais je sais être ferme. Par exemple, je ne supporte pas les caprices. J'estime que l'enfant étant un être doué de raison et pas un petit animal, il faut le considérer comme tel. Se conduire en responsable et lui parler comme à quelqu'un de responsable*[317]. Un peu comme aux admirateurs...

---

316. *Chanson*, juillet 1983.
317. *Podium*, 1984.

Dans « Le rapt », il incite presque malgré lui ses admiratrices au viol, tant ces gamines brûleraient de se retrouver en lieu et place de la fille méprisante séquestrée par le doux Jean-Jacques pour la satisfaction de voir tomber « l'apparence toute glacée » et jusqu'au bonheur d'une « larme inespérée ». Là encore, une excellente photographie des codes en vigueur chez l'Homo sapiens, « cet animal à chapeau mou qui attend l'autobus 27 à l'angle de la rue de la Glacière [318] ». Comment faire pour aborder en pleine rue une personne qui nous plaît, sans passer pour un déséquilibré, alors qu'une présentation en bonne et due forme par des amis communs, dans un lieu plus approprié, entre tout à fait dans l'ordre des choses ? *Il n'est pas normal que la situation soit plus importante que l'intention* [319].

C'était une petite fille sans histoires et très sage / Mais elle n'est pas née comme toi, ici et maintenant… Comme toi. Une chanson culpabilisatrice. Pourquoi elle et pas moi ? Un moment fort dans le spectacle. La petite Sarah, à qui on n'a même pas laissé le temps de devenir Anne Frank, exista réellement sans avoir réellement existé. C'est un visage que Jean-Jacques a retenu en feuilletant un jour l'album de famille de sa mère. Sous la photo, sans nom, une légende indiquait sommairement que l'enfant était morte dans un camp d'extermination. Jean-Jacques l'a baptisée Sarah et chaque soir il la ressuscite en s'aidant de son violon, dont il tire les larmes devant des milliers de paires d'yeux au diapason, comme pour narguer son ancien professeur, cette chère madame Devoisier… Outre son évidente ressemblance mélodique avec « La fille aux yeux clairs », « Comme toi », écrite en quelques minutes, évoque presque la même situation que celle mise en scène dans la chanson de Sardou. Serge Llado le fait remarquer dans *Les Amis de Georges*, la revue de Jean-Paul Sermonte consacrée à Brassens. « Le narrateur regarde une vieille photo ; dans le premier cas, c'est une petite fille disparue en déportation, dans le second, Sardou détaille une photo de sa mère à vingt ans. »

---

318. Le mot est d'Alexandre Vialatte.
319. *Podium*, 1984.

Parmi tant d'autres, il y a encore « Nous ne nous parlerons pas… » Goldman s'adresse directement à son public. Il accuse réception de lettres lues *page après page / tous ces mots qui vous vont si bien.* Une sorte de réponse collective, sincère et frissonnante, à tous ceux qui s'écrivent à eux-mêmes en se confiant à lui et qu'il essaye de ne pas décevoir, répondant à certains avec un maximum d'authenticité, sans pouvoir tous les contenter. Il ne donne jamais d'espoir gratuit. Par respect. Par honnêteté. *À partir du moment où l'on accepte d'avoir un rapport personnel avec les gens (c'est plutôt rare, huit sur dix sont des collectionneurs d'autographes), les gens entament une correspondance. Et il y a toujours un moment où ils veulent te rencontrer. Et là, je suis un peu dépassé. Je ne sais pas quoi faire. Je ne reçois pas de lettres d'amour. Ce sont plutôt des gens qui me parlent de l'importance de mes chansons dans leur vie. Des gens ordinaires qui me disent « C'est la première fois que j'écris à un chanteur. » Ce ne sont pas des lettres de fans mais des lettres de vrais gens, qui ont un métier, des enfants, qui m'écrivent qu'ils écoutent « Veiller tard », quand ils ne peuvent pas dormir le soir, des gens qui étouffent dans leur ville de province…* [320] Sur les lettres d'amour, qu'il doit certainement recevoir en quantité raisonnable, sa discrétion est tout à son avantage. Une manière intelligente de ne pas encourager ce à quoi il ne tient en aucune façon. L'anneau qu'il porte à son doigt rappelle la limite des espoirs autorisés. Raison de plus pour prêter au fantasme. A-t-il jamais cédé à la tentation ? Terrain privé. Partout des miradors. Ils sont légitimes. Légitime : voilà un titre d'album auquel il n'a jamais songé.

Le spectacle a été conçu comme une rencontre entre gens consentants, avec de nombreux espaces participatifs. Entre deux chansons, lorsqu'il prend sur lui d'adresser au public des mots préparés, Goldman est toujours à peu près sûr d'être compris. Suivi. « Oh ! Oh ! Oh ! Oh ! » Et la foule de faire chorus : « Oh ! Oh ! Oh ! Oh ! »… « Nan, nan, nan, nan » « Nan, nan, nan, nan »… Un autre en abuserait. On peut tout demander à un public en état

320. *Podium,* 1984.

d'hypnose, le meilleur comme le pire. Pas Jean-Jacques. L'abus de pouvoir lui répugne. *Quand on est une vedette, les armes qu'on nous donne sont tellement énormes et dérisoires, notre pouvoir basé tellement sur rien, que ça ne peut qu'être dangereux. C'est pour ça qu'on ne peut qu'être gentil, humble*[321]. Un type comme ça, il faudrait pouvoir le garder jusqu'au bout de la nuit ! Mais comment faire pour se quitter sans drame, quand il aura tout chanté et que sur l'écran s'inscrira *That's All Fine* ? Jean-Jacques a son plan B : la dernière note tombée, il sortira de scène, les lumières se rallumeront et personne n'applaudira. Sans doute l'a-t-il déjà vu faire. Chaque soir, il se trouvera toujours quelques durs d'oreille pour enfreindre la consigne, mais la masse obéissante aura tôt fait de les censurer à coups de « chhhhhhhhhhhht ! » sifflants et mortifiants. Tout dieu vivant a sa police.

---

321. *Chanson,* juin-juillet 1984.

Un « frère » caché

Il transpire d'humanité !

26 mars 1984. Programmé entre Gilles Vigneault et Linda de Suza, le *Positif tour* prend ses quartiers à l'Olympia, jusqu'au 1er avril. Une semaine triomphale, confinant au délire. Beaucoup de provinciaux, boulevard des Capucines, montés prolonger le rêve dans la capitale. Lorsque les notes d'« Envole-moi », succès tubesque du moment, s'élèvent sous les cintres mythiques pour gagner la salle à l'acoustique parfaite, l'ambiance atteint son paroxysme. Le « grand frère », que beaucoup voudraient incestueux, y pleure la misère morale et prône l'élévation de l'esprit. *À coups de livres, je franchirai tous ces murs,* promet-il. Il s'en explique : *Une certaine chanson, ces dix dernières années, a glorifié la zone, la laideur, la crasse, la violence. Mais ces choses-là ne m'intéressent pas. Par exemple je trouve que c'est mal de se droguer* [...] *et d'être pauvre, d'être sale, d'être agressif et de faire pipi à côté des toilettes*[322]. La drogue, cette « fille au cœur d'acier », si bien approchée par Higelin. Avec Goldman, les parents savent leurs enfants au bon endroit et en bonne

322. *Chanson,* juin-juillet 1984.

compagnie. Dans une veine plus énergique encore qu'« Envole-moi », leurs chers petits vont pouvoir taper du pied sur « Plus fort », un violent coup de guitare électrique contre la société de consommation, sans le côté « intello qui assène son rêve impossible sur la tête des pauvres types », Jean-Jacques ne s'envisageant pas dans ce rôle. Il affirme cependant que l'on attend trop des pouvoirs en place. On ne peut pas continuer à exiger tout, tout de suite et « toujours plus », du nom du fameux best-seller de François de Closets, étudié dans les collèges au début des années 80, et dont « L'Homme en or » a fait une retranscription musicale convaincante.

Examen parisien honni mais réussi pour Goldman. Paulette Coquatrix, qui en a vu défiler d'autres, et des plus costauds, dans le théâtre de son mari, n'écrit-elle pas : « Il a tout en lui pour devenir un grand et je crois qu'il le deviendra[323]. » Tout et plus encore puisque la presse n'a joué aucun rôle dans ce mini-sacre. De fait, la critique, tant redoutée par Jean-Jacques, mord et mord à côté. On a le droit et le devoir de ne pas aimer tel artiste ou telle œuvre, mais il est une certaine logique qui veut qu'à Paris, « entre gens d'un certain milieu, d'un certain style[324] » l'on n'apprécie ni le talent, ni la gentillesse. Un peu comme ces gens qui trouvent suspect que vous ne buviez pas, que vous ne vous droguiez pas et qui vous font grief du fait que vous n'en éprouviez aucun complexe, n'est-ce pas, belle Marie-Paule... ?

Les langues fourchent et les journalistes alignent les pâtés ? La saine jeunesse n'en a cure. Les vilains mots sont noyés dans les cris d'allégresse, et c'est en gladiateur que Goldman est inévitablement reçu pour la première fois en invité d'honneur par Michel Drucker à *Champs-Élysées.* « Comment vous voyez-vous dans quatre ans, s'enquiert l'animateur, comment allez-vous négocier ce virage, car vous êtes maintenant une vedette et je sais que vous êtes très prudent à l'égard de tout ce qui vous arrive ? » *Le piège, c'est de vivre la vie de chanteur, qui est quand même*

323. Paulette Coquatrix, *Les coulisses de ma mémoire,* Grasset, 1984.
324. « Le rapt », paroles et musique de Jean-Jacques Goldman.

une des plus bêtes du monde : on vous appelle le taxi, vous êtes invité au restaurant, etc. Et à partir du moment où il ne se passe plus rien et où on ne vit pas des choses réelles et authentiques, je crois qu'on est cuit. Indémontable Goldman. « C'est un artiste qui a résolu ce problème de la schizophrénie qu'ont tous les artistes, analysera Didier Varrod. Et il l'a résolu de manière tellement magistrale qu'effectivement on n'a pas de prise sur lui[325]. » Drucker voue un profond respect à Goldman, et une réelle admiration. De Jean-Jacques ? *J'aime énormément Michel Drucker (je le soupçonne de démagogie) et le beau Guy Lux (plus de doute)*[326] !

Après Paris, flanqué de ses coéquipiers – Philippe Herpin au saxo (Pinpin pour les intimes), Jean-François Gauthier à la batterie, Lance Dixon aux claviers et naturellement Michael Jones à la guitare – Jean-Jacques retrouve presque avec soulagement la province pour une aventure « *sold out* » appelée à durer jusqu'aux dernières lueurs de mai. Là, il rejoindra sa tribu à Montrouge, avant de pouvoir commencer à se demander si, oui ou non, l'expérience de la scène a ouvert en lui de nouveaux horizons sensitifs. Il lui faudra attendre deux ans pour arriver à ce constat ferme : *Avant, j'aimais le studio et je n'aimais pas beaucoup la scène et maintenant je commence à beaucoup aimer la scène. Les deux maintenant me sont indispensables. Mais j'ai une préférence pour le studio*[327]. Le studio est le champ de vie de Jean-Jacques Goldman, l'endroit où il aura laissé la plus grande partie de lui-même.

À quand la sortie du troisième album ? s'impatiente-t-on dans les étages. Laissons la bête reprendre souffle ! Quoique… À peine le *Positif tour* vient-il de se terminer que déjà quelques gentils démons se profilent. Un créateur ne connaît pas la cessation d'activité. Anticiper : comme en cuisine, quand il faut songer à sortir le fromage du frigo avant de mettre le poisson au four et d'enchaîner avec la crème anglaise. De même s'est-il payé

325. *Plus vite que la musique,* M6, 14 juin 2003.
326. *Chanson magazine,* n° 4, 1983.
327. Interview vidéo du 7 avril 1986 (accessible sur www.dailymotion.com).

les services de Nono, le guitariste de Trust, et bientôt la trompette de Chet Baker, sur le quatrième, pour le quart d'heure Goldman s'offre John Helliwell, de Supertramp, et surtout Roland Romanelli. La « prise » n'est pas mince. Jean-Jacques se sent bien dans son siècle, mais *j'aurais peut-être aimé naître dix ans plus tard, à cause des progrès des instruments* [328]. Un peu plus âgé, Roland est, lui, en revanche, plutôt en avance dans ce domaine. À égalité avec Jean-Michel Jarre, on peut le considérer comme le pionnier du synthétiseur en France. Goldman va largement bénéficier de ses lumières et de l'humanité de l'ancien factotum musical et affectif de Barbara. Au point que l'existence de l'un et de l'autre en sera bouleversée. Celle de Roland à tout le moins.

« Jean-Jacques, c'est mon frère et plus que ça encore ! claque Romanelli avec un vent de passion. L'une de ses plus belles histoires. « Peut-être la plus belle et la plus noble. J'avais déjà fait un bon bout de chemin avant de le rencontrer, mais il m'a tellement appris, professionnellement et humainement. Jean-Jacques, c'est l'humain dans toute sa splendeur. Il l'est autant qu'on peut l'être [329]. » Quand on lui rapporte ce que Goldman a dit de lui et qui ressemble à ce qui précède, avec du coulis de framboise par-dessus, Roland rougit, presque gêné par ces emballements de jeunes fiancés. *Pour moi, Romanelli est quelqu'un qui me passionne. Il a tout en lui. Au début, c'est un accordéoniste, et il s'est mis dans les synthés. Il a une maîtrise de la technique – et c'est très difficile de maîtriser toute cette technique – mais on n'en entend pas parler. Il met tout ça au service de son feeling et de son cœur. C'est vraiment un musicien de cœur* [...] *Même en studio, il joue, il n'y a pas un spectateur, vous avez l'impression qu'il est sur scène. Il vit ce qu'il fait. Mais même pour une pub, il vit ce qu'il fait ! C'est incroyable, ce musicien-là. C'est en ce sens qu'il ressemble à Michael Jones. Ce sont des musiciens, pas des techniciens. Et Dieu sait si lui a un bagage technique hallucinant, Romanelli. Mais c'est toujours au service de son feeling, de son*

---

328. *Cool*, n° 31.
329. Entretien avec l'auteur, avril 2010.

cœur, qui est vraiment énorme. Il transpire d'humanité[330]. Lorsque Jean-Jacques se lâche ainsi, il faut prendre ! D'autant que ses propos ne sont pas usurpés.

Une légende à lui tout seul que ce Romanelli-ci, né à Alger en 1946 et sacré champion du monde d'accordéon, quinze ans plus tard, à Pavie, par un jury international. À 20 ans il s'attaque à Paris où Barbara – triomphatrice du grand prix Charles-Cros, l'année précédente, avec son premier 33 tours *Barbara chante Barbara* – a tôt fait de le repérer, pour s'approprier ses services et bientôt son cœur. Une aventure passionnelle qui s'étalera sur vingt années, au cours desquelles Roland, accompagnateur et directeur artistique attitré de la Dame, mais également arrangeur, collaborera avec d'autres artistes tels que Serge Lama, Michel Polnareff, Marie-Paule Belle ou Charles Aznavour. Sollicité de toutes parts et courant trente-six lièvres à la fois, mais libre de ses choix et de ses refus, Roland fait partie de ces êtres qui ont besoin de se sentir en confiance autant qu'en amour avec une personne avant de pouvoir travailler avec elle. « Un jour, dans le hall du théâtre de la Ville où j'étais allé applaudir Marie-Paule, Guy Béart me tendit sa carte. “Je vous veux, appelez-moi.” Or je n'appréciais pas spécialement Béart, l'homme. Je ne sais pas comment j'ai fait, mais c'est sorti tout seul : “Je ne vous aime pas”, lui ai-je dit. Il ne s'est pas démonté : “Venez, je vous apprendrai à m'aimer !” J'y suis allé et notre collaboration a duré des années[331]. »

Avec Goldman les choses se sont passées tout autrement. « Là encore, c'est lui qui est venu me chercher. L'argent n'a jamais été mon truc. À l'époque, j'avais tellement de travail et j'étais si désorganisé que j'avais décidé de monter une petite entreprise musicale à Boulogne, où j'ai pris une secrétaire. À ma grande surprise, Jean-Jacques m'y téléphone un jour : “J'aimerais qu'on se rencontre”. Pour moi, à cette époque, Goldman c'était la nouvelle génération, un jeunot. En tant qu'accordéoniste,

330. RTL, *Génération laser,* 29 juillet 1991.
331. Entretien avec l'auteur, avril 2010.

je ne voyais pas trop en quoi je pourrais lui être utile. J'ai tout de même accepté de le voir et nous avons pris date pour le lendemain, à 14 heures. Quand il s'est présenté, ponctuel, je lui ai ouvert la porte et je l'ai invité à entrer. "Je préfèrerais que l'on aille dans ma voiture si ça ne vous dérange pas." J'ai trouvé ça curieux mais je l'ai suivi. Une fois installés dans sa Talbot, il a enclenché une K7 dans son autoradio en me disant : "Écoutez, s'il vous plaît, après on en parle". » Sans proférer mot et toujours dans l'expectative, Roland continue à s'interroger. Une dizaine de titres plus tard, Goldman coupe le poste et tous deux observent un silence que Roland est le premier à rompre. « Il faut absolument que je vous pose une question : "Qu'attendez-vous de moi exactement ?" –"Je voudrais que vous fassiez la même chose que ce que vous venez d'entendre mais en mieux." Sourire de Roland : "Mais vous ne me connaissez pas !" Jean-Jacques, à rictus égal : "Détrompez-vous, je connais tout de vous ! J'ai écouté tout ce que vous avez fait. Si je suis venu vous chercher, c'est que je suis sûr de moi"[332]. »

Pressé par le temps, le chanteur propose une mise au travail immédiate. « J'ai débarqué deux jours plus tard aux studios Gang avec tous mes synthés, se souvient Roland. C'était nouveau pour moi, d'habitude je créais mes propres arrangements et j'allais au studio ensuite. Sitôt arrivé, avec sa mobylette, une pile de journaux sous le bras, Jean-Jacques donna le top départ : "Premier titre, fais ce que t'as à faire." Entre nous le tutoiement était devenu naturel. Puis il s'est mis dans un coin pour y lire tranquillement. D'ordinaire, je faisais ma base avec mes synthés et après je rajoutais des gimmicks, j'habillais la chanson, comme on dit. Me sentant en manque de repères, il s'est porté à mon secours : "C'est toi qui vas faire toute la base et après j'ajouterai les guitares, la basse et la batterie. Si ça peut t'aider, je vais te faire une voix-témoin, avec une gratte". J'avais toujours été habitué à rentrer dans le son des autres et là, c'est les autres qui rentraient dans

332. Entretien avec l'auteur, avril 2010.

le mien. Ça a fonctionné à merveille. J'ai découvert que ce type avait tout compris. Il connaissait très bien le son[333]. »

Le tandem Goldman/Romanelli est lancé. « Je n'ai pas travaillé sur tous les albums qui ont suivi, mais nos routes ne se sont jamais séparées. Jean-Jacques est quelqu'un d'extrêmement généreux quand il a envie de l'être. Il ne faut pas le prendre pour un con, car il sent tout. Il ne parle pas beaucoup. Nous n'en avons pas besoin pour nous comprendre. Tout passe dans le regard. Je le ressens profondément et je pense qu'il en est de même pour lui. Professionnellement, il m'a toujours défendu, il a toujours parlé en bien de moi dans le métier. J'évoquais son sens de l'humain, ça va bien plus loin encore ! C'est un garçon unique. Ses enfants étaient merveilleux, je les adorais. Un jour, pour l'anniversaire de son fils, j'avais apporté une grosse peluche, Jean-Jacques en a été très touché. Il m'a fait travailler avec lui sur *Gang,* l'album pour Johnny, sur celui de Céline Dion, *D'eux*. Il m'a proposé d'assurer des titres pour Patricia Kaas, d'arranger la face B d'« Aïcha », pour Khaled, toujours en retard... "Quel est ton rêve ?" me demanda-t-il un jour. Mon rêve c'était de composer une musique de film à grand spectacle, où on me laissât faire ce que je voulais. Quelques années plus tard, il m'appelle : "Si ton rêve tient toujours, je crois qu'on peut le réaliser ensemble !" C'est ainsi que nous avons fait la musique d'*Astérix*[334]. »

Le rêve de Goldman était d'avoir Romanelli sur scène, avec lui. « Je lui ai donné mon accord pour l'accompagner à Paris seulement. Je ne voulais pas partir trop longtemps. Il a refusé. "Si tu fais Paris, tu fais la tournée. La province a droit au même spectacle que Paris. Ou alors je t'invite au Zénith ou ailleurs, mais en *guest star* seulement." Je trouve ça d'une extrême honnêteté intellectuelle. De même lorsqu'un jour il m'appela pour me dire que nous ne travaillerions pas ensemble sur l'un de ses albums en m'expliquant qu'il se sentait tourner en rond et qu'il avait envie d'essayer autre chose avec le groupe Canada. "Ça ne t'embête pas ?"

---

333. Entretien avec l'auteur, avril 2010.
334. *Ibid.*

« Il n'y avait pas de problèmes, entre nous le ciel était clair et je comprenais parfaitement ses motivations. Puis il ajouta : "S'ils ne me donnent pas satisfaction, tu reviendras ?" Je lui ai répondu que les mecs étaient excellents et que ça m'étonnerait qu'ils ne fassent pas l'affaire[335]. »

Du fait de l'exil marseillais de « l'Homme en or », Goldman et Romanelli ne se voient plus, mais la fibre est intacte. En 2011, pour la nouvelle année, Roland a envoyé un SMS à Jean-Jacques. Celui-ci l'a rappelé. Tombant sur la messagerie, il lui a présenté ses vœux à son tour, insistant sur la santé et souhaitant le meilleur à son vieux pote, « des doigts agiles sur le clavier, des cheveux noirs et grisonnants et plein de trucs comme ça », évoquant l'éventualité d'une revoyure au hasard de l'un de ses rares déplacements sur Paris et terminant par un « merci » empreint d'une certaine nostalgie.

335. Entretien avec l'auteur, avril 2010.

Billet pour l'Éthiopie

Dans ma famille, on m'a toujours dit que la justice sociale était à gauche et que la charité était à droite.

Exigeante, la création n'admet pas le répit. Possessive et infidèle, elle ne souffre pas l'abandon. Pour n'y céder jamais qu'à temps plein, entre deux saisons, deux albums, Goldman vit, observe et tire une substantifique moelle des poussières de son quotidien et de ses parenthèses excentriques. Ainsi de son séjour lyophilisé dans un palace de la Côte d'Azur… Août 1984. Le héros fatigué file du bon coton avec sa famille, dans le Sud de la France. Le plein soleil en haute saison n'est pas son cousin, mais les désidératas de sa femme et de ses enfants (Caroline, 9 ans et Mickaël, 4 ans) l'ont emporté sur son goût personnel. Une maison dans l'arrière-pays niçois, entourée d'oliviers. Il y pratique son passe-temps favori : *Ne rien faire*[336] !

336. *Podium,* mai 1991.

Les cheveux beaucoup plus courts, on le dirait revenu à l'époque de « Sister Jane ». Un avantage : à Cannes où il est allé applaudir Stewie Wonder, seuls quelques inconditionnels l'ont reconnu. Joies profondes de l'anonymat en terre d'affluence touristique. Petite folie personnelle, un matin, pour trancher avec le chant des cigalons et cigales, l'incurable citadin décide d'emmener sa tribu en principauté monégasque, désignée dès le début des années 60 comme le « Manhattan-sur-Méd » par le journaliste anglais Alan Whicker. Deux journées au *Palm Beach,* l'un des prestigieux palaces de Monte-Carlo, commandé à Roger Sassal par la Société des Bains de Mer et inauguré en 1929, dans cet entre-deux-guerres où l'on s'amusait si bien de Deauville au Rocher. Première chargée des relations extérieures de la maison : la célèbre journaliste Elsa Maxwell, « l'œil de l'Amérique à Paris », rabatteuse de choix auprès des « Deux cents familles » de mèche avec le gotha international. *Je voulais leur montrer ce que peut être la vie d'un milliardaire. J'avoue que je m'y suis ennuyé et que je préfère de loin ce petit coin tranquille*[337]. Une fois à Paris, Monaco dans le rétro, cela donnerait : *Parce que les dingos, les vrais marginaux / Sont dans les palaces, pas dans les ghettos*[338], la rime d'une des chansons prévues pour le prochain album du « chanteur utilitaire ».

À quelque chose malheur est bon, et le malheur continue à tomber dru sur le monde, en cette huitième décennie du vingtième de nos siècles. Le malheur des peuples ; un cadeau fait aux hommes. « On devient moral dès qu'on est malheureux », écrit si justement Proust dans sa *Recherche du temps perdu.* Un état de grâce dans lequel se trouvaient peut-être Renaud et Valérie Lagrange lorsqu'ils prirent la décision de mobiliser leurs pairs en faveur d'une cause lancinante et insoluble : la faim dans le monde et plus spécialement en Éthiopie. Pourquoi l'Éthiopie et pas le Sahel ou le Centrafrique et pourquoi à ce moment-là ?

337. *OK !,* septembre 1984.
338. « Je chante pour ça », paroles et musique de Jean-Jacques Goldman.

En Angleterre et aux États-Unis[339], toutes les plus grandes pointures du showbiz venaient de faire cause commune pour aider financièrement les habitants de ce pays en faillite et en proie à une guerre civile active depuis le coup d'État de 1974, lequel vit le renversement de l'empereur Hailé Sélassié, représentant de la plus vieille monarchie du monde, au profit d'une dictature marxiste-léniniste (encore eux !) Enfants de la patrie des droits de l'homme, nos bardes tricolores ne pouvaient rester au ban de la mode du charité business importée d'Amérique. Au début est Valérie Lagrange « en pleurs » devant son poste de télévision. Renaud ne répond pas immédiatement à l'appel de la jeune chanteuse. Trop occupé. Puis un jour, ô miracle ! Franck Langolff apporte une musique et, second miracle, Renaud écrit la chanson en deux heures : « S.O.S. Éthiopie » première version est née. Langolff est un musicien qui a cheminé avant de décrocher la timbale avec des gens comme Vanessa Paradis pour qui il a composé la musique de « Joe le taxi ». Renaud lui doit celle de « Morgane de toi » et d'autres encore.

Renaud, justement : « Après, avec Thomas Noton, nous avons mis la machine en route et nous avons commencé à contacter des chanteurs[340]. » Noton, l'ex des Fantômes, l'Écossais de Pathé Marconi, le seul directeur artistique à s'être souvenu avoir laissé échapper Goldman. Car Jean-Jacques fait partie des contactés. Renaud toujours : « Nous avons eu quelques refus, mais nous avons également fait une sélection un peu arbitraire des gens qu'on aimait bien et qu'on considérait faire partie de la même "famille." » Ostracisme avoué est à moitié pardonné. « Malheureusement, il y a des chanteurs qu'on voulait et qui étaient absents, comme Balavoine, Bashung, [Jeanne] Mas[341]. » Ils doivent se contenter de Diane Dufresne, Alain Souchon, Louis Chedid, Véronique Sanson, Gérard Depardieu, Laurent Voulzy, Julien Clerc, Hugues Aufray, Jeane Manson, Catherine Lara, etc.

---

339. La chanson « Do They Know It's Christmas », interprétée par les stars de la pop anglaise, entra dans les hit-parades, et celle des Américains, « We Are the World », à l'initiative de Michael Jackson, Lionel Ritchie et Quincy Jones, fit le tabac international que l'on sait.

340. *Salut !*, juin 1985.

341. *Ibid.*

Promotion oblige, c'est sur Jean-Jacques que Renaud compte essentiellement. « Goldman est d'accord pour tout faire et c'est bien comme ça[342]. » Tout, c'est vite parlé, l'intéressé estimant qu'un tel disque convenablement distribué en radio et soutenu par un clip efficace n'en a pas vraiment besoin.

Au départ, empêtré dans ses vieux falbalas idéologiques, il s'était même déjà montré réticent quant à sa simple participation à l'entreprise, Jean-Jacques. *Dans ma famille, on m'a toujours dit que la justice sociale était à gauche et que la charité était à droite* [343]. Ce raccourci, papa ! On ignore généralement que, bien avant que le Front populaire n'envoie les Français polluer les plages en famille poussées dans le dos par Moscou, tandis qu'outre-Rhin on réarmait à la vitesse grand V, plusieurs fois ministre et par trois fois appelé à la présidence du Conseil, André Tardieu fit instituer par son gouvernement le régime d'assurance vieillesse, obligatoire pour tous les salariés titulaires d'un contrat de travail (30 avril 1930), ainsi que la retraite du combattant (28 juin 1930). Sous l'égide de cet homme de droite, lors de son second et bref gouvernement, le 11 mars 1932, son ministre du Travail, Pierre Laval (issu des rangs de la gauche il est vrai), fit voter les assurances sociales, à l'origine de la Sécurité sociale. En mars 1986, lors d'un forum *Paris Match,* Serge Lama ne s'est d'ailleurs pas privé de rappeler qu'il était beaucoup plus facile de s'engager à gauche qu'à droite. « Quand on se dit de gauche, on donne l'impression d'avoir du cœur et une moralité au-dessus de tout soupçon. Or, il y a autant de salauds et d'enfoirés à gauche qu'à droite. Je peux d'ailleurs vous dire que les chanteurs de gauche payent beaucoup moins bien leurs musiciens que les chanteurs de droite ! »

Deux manières de faire la charité : le catimini, agir discrètement mais sûrement avec ses pépètes et ses moyens, ou le grand barouf : tous derrière moi et vous devant ! L'argent des autres, quoi. Ou le fil du rasoir pour les personnalités qui décident de

---

342. *Salut !,* juin 1985.
343. *Ibid.*

s'engager. Dans le milieu, on sait qui est sincère et qui ne l'est pas. Aveuglé, abusé, dupé, cocufié, racketté, le public ne se rend jamais compte de rien. Là encore, la situation prévaut-elle sur l'intention ? *La seule chose qu'on peut reprocher* [au charité business], *c'est l'échec. Je refuse de participer à des disques qui, pour moi, vont échouer*[344]. Une position nette. Également tranchée, nous le savons, son attitude vis-à-vis des S.O.S. du tout-humanitaire : *J'ai un polycopié, je ne peux malheureusement pas répondre à toutes les sollicitations dont je fais l'objet. « Recevez mes encouragements pour votre action ». C'est atroce, mais c'est comme ça, au moins ils méritent une réponse et puis il y en a un sur cent qui dit: « Ce mec-là est formidable » et il y en a quatre-vingt-dix-neuf sur cent qui disent « ce type-là est un salaud. » Qu'est-ce que vous voulez que j'y fasse*[345] ? Celui qui, dans « Plus fort », expliquait aux gens qu'on ne peut pas tout attendre des pouvoirs publics, qu'il faut apprendre à se relever les manches, affirme à présent qu'*il y a beaucoup de problèmes qui doivent être résolus par le pouvoir et les collectivités et pas par des gens qui passent à la télé*[346]. L'homme n'a rien d'autre à cacher que d'éventuelles actions secrètes et sporadiques qu'il aurait alors la pudeur de taire, mais lorsqu'il s'engage vraiment, qu'il soit juste ou qu'il se fourvoie, ça se voit et ça rapporte ! Ainsi de l'Éthiopie, passant outre les clichés familiaux. *On se rend compte qu'on a beau tenir ce raisonnement, les images arrivent de là-bas et finalement on n'a pas le droit de rester spectateur*[347]. Alors il y va, conscient que dans des pays où la corruption d'État ne vaut pas péché capital, la destination finale des secours reste toujours des plus hypothétiques.

Revenons à nos vertueuses contrées, où nos artistes au cœur sans frontières s'apprêtent à entrer en action. Dilemme d'opinion à la tête de la généreuse élite : Goldman n'est pas d'accord sur certains passages de « S.O.S. Éthiopie » et ne se prive pas d'en

---

344. RTL, *Génération laser,* 15-19 novembre 1991.
345. O'FM, 29 décembre 1993.
346. RTL, *Génération laser,* novembre 1991.
347. O'FM, 29 décembre 1993.

référer à Renaud. Impossible de chanter quelque chose qui soit en inadéquation avec sa pensée. Il n'impose pas, il suggère. *Le texte disait* « victimes de nos bombes, de notre argent ». *Je lui ai appris, informé par mon père, que l'Éthiopie n'avait jamais été colonisée. Il n'était donc pas possible de se contenter de nous accuser sans parler, par exemple, des pays voisins qui ont des milliards grâce au pétrole. On n'est pas les seuls coupables.* « Est-ce un colonial ou un conquistador ? Est-ce un des nôtres qui fera pire encore ? » *Sans défendre le colonialisme, il suffit de voir les exemples de l'Algérie et de Madagascar*[348] [...] *En Algérie, aujourd'hui, il faut choisir entre être égorgeur, complice ou égorgé*[349].

L'Éthiopie abrite l'une des plus anciennes civilisations. Depuis la découverte de Lucy, on considère cette région du monde comme le berceau de l'humanité. Premier État africain à avoir adhéré, dès 1923, à la carnavalesque Société des Nations, ancêtre du « machin », selon le mot du général de Gaulle, le royaume du négus est également l'une des rares nations à avoir conservé sa souveraineté lors du démembrement de l'Afrique au XIXe siècle. Sur ce point, sauf à occulter la retentissante occupation partielle du pays par les troupes de Mussolini, entre 1935 et 1941, suite à une provocation éthiopienne, Jean-Jacques a raison et son père avec lui. L'Éthiopie était alors toujours sous le joug de l'esclavage, Sélassié – un empereur peu goûté de son peuple et aujourd'hui récupéré par les rastas – ne l'ayant officiellement aboli que deux années plus tôt.

Une occasion pour rappeler que les premiers acteurs de l'effroyable traite des Noirs furent malheureusement les rois nègres et que c'est la condition des esclaves chrétiens d'Algérie qui servit « officiellement » de prétexte à la conquête de ce pays, en sus de la volonté des Européens d'anéantir le nid de pirates qui sévissait sur les mers contre leurs navires marchands. Or, de l'exploitation de l'homme par l'homme on peut tout ouïr, excepté

---

348. *Télémoustique*, 12 décembre 2001.
349. *Télémoustique*, 1994.

les arguments qui vous mènent droit au pilori. Sur la repentance systématique, aliénante et instrumentalisée, qui donne du grain à moudre aux fondamentalistes de tous bords, la probité de Goldman une fois encore l'emporte sur celle de nombre de ses pairs, fondus dans le moule d'une bienséance qui ne rattrape pas l'autre. Ce, n'en déplaise à Thierry Séchan, lorsqu'il écrit : « JJG n'aime pas les arguments tiers-mondistes. JJG n'aime pas les tiers-mondistes. Dont acte. Il est vrai qu'il est moralement plus confortable, plus arrangeant, de mettre la famine en Afrique sur le dos du bon Dieu ou du méchant soleil. Cela s'appelle la bonne conscience [...] Les interventions idéologiques de Jean-Jacques Goldman sont d'autant plus navrantes que ce jeune homme au regard franc est un être profondément moral. Désespérément moral. Du reste, tout son discours nous rappelle les "leçons de morale" que nous subîmes dans les années 50, ce lavage de cerveau visant à fabriquer des citoyens dociles et respectueux des lois de la République. "Qui vole un œuf vole un bœuf", n'est-ce pas ? [350] » Il y a aussi : « Ce que le cambrioleur a bien voulu te laisser deviendra la proie des tribunaux ou des cartomanciennes, si tu t'adresses à eux pour retrouver ton bien. » Mais ça, c'est un proverbe oriental.

Séchan a-t-il raison d'affirmer que Goldman a tort, ou bien Goldman a-t-il raison de croire qu'il est dans le vrai ? C'est toujours à l'aune des excès des uns et des autres que ressort la nature modérée d'une personne. Les raisonnements de Jean-Jacques peuvent parfois paraître curieux, mais ils ne sont que très rarement choquants. S'il n'est pas vraiment de droite, l'homme refuse de se laisser enfermer dans un Tupperware. Quant au citoyen, il n'est porteur d'aucune des caractéristiques du gauchiste, sectaire et agressif. C'est en cela qu'il gagne en crédibilité, même auprès de ceux qui pensent différemment de lui. Il a commis des erreurs, grossières pour certaines, mais il a su s'amender. *Au niveau idéologique, j'ai été de toutes les combines et je me suis beaucoup*

350. Thierry Séchan, *op. cit.*

trompé. Comment ne pas se sentir responsable de ce qui s'est passé au Cambodge quand on a tellement réclamé le départ des Américains ? De l'avènement de Khomeiny quand on a défilé en réclamant la mort du chah [351] ? Outre que dans ce pays-ci on ne hurle pas comme des chiens à la lune pour demander la tête d'un « mamamouchi », dont on ne connaît que ce que *Point de Vue* en dit et « Libé » en médit, un gamin de 13 ans était en mesure de deviner ce qui adviendrait après la chute de Muhammad Rizà Chàh, « souverain mégalo », « jouet des Américains », « stakhanoviste du bonheur de son peuple » et tout ce que l'on voudra, mais surtout précieux garant de la stabilité dans le golfe Persique, jalousé par tous ses voisins russes, israéliens et arabes, mais en paix avec eux. Treize ans : mon âge à l'époque [352].

En 1995, au hasard d'une interview radio, Goldman s'avança à révéler qu'« Il suffira d'un signe » lui avait été directement inspirée par les événements d'Iran. *C'est en 79-80 que j'ai dû l'écrire, et c'était l'époque où le chah d'Iran était encore au pouvoir* [l'empereur quitta Téhéran le 16 févier 1979, sans toutefois abdiquer] *et il y avait un ayatollah dont on ne savait pas encore qui c'était. Khomeiny était en France et ce qui se passait en Iran était déjà tragique. C'était une vraie terreur et tout le monde attendait cet homme-là comme un messie, alors j'imaginais ces gens-là. Bon, ensuite, l'histoire, une fois de plus, n'a pas été dans le sens qu'ils espéraient, mais à ce moment-là, l'espoir que*

---

351. *Paroles et musique,* décembre 1985.

352. À la fois orgueilleux et timide mais surtout très mauvais communicant, le chah n'avait pas le profil d'un homme cruel. Son père, Rizà Chàh, fondateur de la dynastie Pahlavi, fut, lui, un dictateur dans toute l'acception du terme. L'Iran ex-moderne doit énormément à ce soldat illettré résolu à vaincre l'obscurantisme et qui rendit son indépendance à un pays moyenâgeux, militairement et économiquement occupé par les Russes et par les Anglais. Écrasé par la personnalité de cet homme d'envergure, Muhammad Rizà tâcha de suivre le chemin tracé en s'adaptant aux circonstances, construisant et alphabétisant à coup de pétrodollars, l'œil rivé sur sa Rolex, sans toutefois prendre l'entière mesure du fossé existant entre ses aspirations occidentalistes et celle d'un pays resté sous le joug austère de mollahs ignares accrochés à leurs privilèges et fanatiquement hostiles à tout progrès. Un Iran également infiltré par un marxisme barbu fort bien organisé et soutenu de l'extérieur. Manifestement, beaucoup avaient intérêt à ce que le chah n'atteignît pas son objectif de « grande civilisation » préislamique. Un an avant de le renier, Jimmy Carter, alors président des États-Unis, avait salué en lui un « ami » et un « grand chef d'État. » Pour sa part, dans *Le Pouvoir et la vie,* Giscard estime que l'abandon de cet homme gravement malade restera le plus grand remords de son septennat.

ce type viendra et puis il foulera notre pays et puis tout changera. C'était assez émouvant[353]. À l'instar de ces maîtres penseurs de salons parisiens, qui fustigèrent le chah sans discernement dans leurs colonnes, cependant qu'ils allaient se prosterner devant un *Gorbédoche* [354], sous sa tente de Neauphle-le-Château, dûment déchaussés, cependant qu'une des leurs partait chercher le scoop dans les prisons iraniennes, s'adressant à d'anciens ministres devenus des sous-chiens comme on ne s'adresserait pas à un porteur de valises du FLN devenu ministre, Jean-Jacques était peut-être alors enclin à penser que la démocratie à la française est un packaging exportable en tous lieux et dans n'importe quel contexte. Il en est revenu. *J'ai toujours eu peur des masses, des gens qui se regroupent, obéissent au plus fort, vont à gauche, à droite, sur un ordre. Je n'aime pas les slogans que tout le monde reprend sans réfléchir, sans les remettre en question. Ce que j'aime ce sont les individus* [355]. Voilà le fils d'Alter. Voilà les autres. En revanche, lorsque Thierry Séchan reproche à Jean-Jacques d'avoir rivalisé de candeur en se laissant aspirer par S.O.S. Racisme, quels arguments opposer au frère de Renaud, sinon ajouter que si l'ancien scout était né chez les Sept Nains, on l'eût spontanément appelé « Naïf »...

353. Europe 2, *Backstage,* 15-22 mai 1995.

354. L'économiste et enseignant libéral iranien Houchang Nahavandi, devenu un temps ministre de l'Équipement du chah, rapporte que dans sa ville de Qom, Khomeiny, un aventurier vaguement prédicateur dont la grande distraction était d'égorger les félins, était connu sous ce sobriquet (*Iran, deux rêves brisés,* Albin Michel, 1981).

355. *Chanson,* juin-juillet 1984.

« S.O.S. Machin »

J'avais toujours dit que, le jour où un type de droite ne pourrait pas se reconnaître dans une formation antiraciste, ce serait un constat d'échec.

En juin 1985, S.O.S. Racisme annonce sa première grand-messe. Elle se tiendra place de la Concorde, là même où, deux cents ans plus tôt, la Constituante ayant chauffé à blanc le patriotisme des foules pour déclarer la Paix au monde, c'est-à-dire en invitant le monde à penser comme elle, en lui offrant, comme aux Français, la liberté telle qu'elle la comprenait, ou la mort, ceux qui avaient choisi la liberté telle qu'ils la comprenaient terminèrent dans le panier de Sanson, bille en tête, sous la ola de milliers de suspects potentiels. Un lieu chargé de symbolique. Venez nombreux, c'est pour la bonne cause ! Le spectacle sera présenté par Coluche (amené par Jacques Attali) et Guy Bedos (amené par Jack Lang) ! Y aura du rire et des chansons, des ballons rouges et des bons sentiments ! Y aura Bashung ! Y aura Cabrel et des meilleurs ! Le top du kif : y aura même Jean-Jacques

Goldman et sa petite guitare ! 300 000 personnes. La belle fête…

L'avènement de S.O.S. Racisme n'est pas le fruit d'un besoin et d'une lubie, encore moins un hasard de calendrier. À cette époque, avec ses trois millions de chômeurs estimés, la France doit faire face à un flux migratoire qui s'est amplifié depuis 1981, des gens arrivant principalement d'Afrique noire et subsaharienne, tous candidats à un Eldorado vendu sur catalogue par des néo-négriers. « Chaque année, il arrive 40 000 immigrés de plus qu'il n'en part », s'alarme Alain Peyrefitte. Le garde des Sceaux se garde bien de préciser que le patronat français a trouvé la parade pour faire baisser le niveau des salaires en France. Au moins pour ceux de ces malheureux qui auront eu la chance d'être exploités, les autres étant réduits à végéter, la peur de la police au ventre, de foyer en foyer, tombant ainsi sous la coupe de chefs de clan et de caïds. Un sondage BVA/*Paris Match,* paru à trois mois des élections législatives de mars 1986, révèle que 86 % de Français sont favorables à l'expulsion des immigrés lorsqu'ils entrent en France clandestinement. 11% seulement y sont opposés et 3 % ne savent pas. Naturellement, les politiques exploitent le filon. Tandis que la droite chiraquienne martèle qu'une immigration non contrôlée risque d'attiser le racisme, dotée d'importants moyens financiers, la gauche caviar met au point une propagande qui fait de chaque Français un raciste pour peu que l'immigration soit pour lui un problème. La position des communistes rejoint alors celle du Front national. « Il est inadmissible de laisser entrer en France des travailleurs immigrés alors que nous comptons deux millions de chômeurs[356] », tonne Georges Marchais. Le secrétaire général du PC a approuvé sans réserve l'intervention musclée de Paul Mercieca, maire communiste de Vitry. Le 24 décembre 1980, celui-ci se porta à la tête d'un commando de militants communistes qui, à l'aide d'un bulldozer, saccagea un foyer occupé par trois-cents Maliens. D'autres voix se font entendre. Celle de Jean-Pierre Bloch, président de la

356. *Spectacle du Monde,* février 1981.

Ligue contre le racisme et l'antisémitisme: «Il est plus que jamais nécessaire de fermer nos frontières aux faux touristes» (21 mars 1983). Et encore Michel Rocard: «Il faut peut-être imaginer de limiter le droit à vivre et à travailler en France à ceux qui y dépensent l'essentiel de leurs revenus» (Évry, 16 déc. 1984).

Au milieu de cette surenchère, tombent, détonants, ces propos de Gaston Deferre, garde des Sceaux de François Mitterrand et premier flic de France, partant l'homme censé être le mieux informé du pays: «Nous assistons aujourd'hui à l'émergence d'un phénomène [...] qui a changé les données des problèmes que nous connaissions déjà avec les immigrés, c'est le problème de l'intégrisme [...] Aujourd'hui, et cela je l'ai constaté dans mes fonctions actuelles de ministre de l'Intérieur, les consignes venues d'Iran, traduites d'iranien en arabe banal, coutumier, sont des consignes d'agression, de violences [...] Peu à peu les intégristes prennent pied dans les mosquées, en deviennent les responsables ou les dirigeants, font du prosélytisme et de la propagande. C'est dangereux car ils peuvent être des relais quand des attentats sont perpétrés, et ça, c'est vraiment intolérable [...] Les règles de l'islam ne sont pas simplement des règles religieuses. Ce sont des règles de vie qui concernent le droit privé, le Code civil, le mariage, le divorce, la garde des enfants, le comportement des hommes, exactement à l'inverse de ce qu'ont voulu faire les féministes depuis un certain nombre d'années, par exemple, des conquêtes féministes. Ces règles vont à l'inverse de toutes les règles du droit français [...] En France, nous n'avons pas les mêmes habitudes de vie. Vous savez qu'à Beyrouth, les intégristes, dès qu'ils sont arrivés, ont vidé les caves des cafés, des restaurants, ont tout brûlé, ont commencé à brûler des livres, etc. Nous ne pouvons pas accepter un système d'intolérance, de pareils principes de vie. Le comportement des intégristes va alimenter le racisme, va aggraver la situation[357].» Résultat: le Front national obtient ses premiers scores importants, entravant

357. *Les Temps modernes,* numéro spécial «L'immigration maghrébine en France», mai 1984.

ainsi la droite modérée. Le pouvoir socialiste a réussi son coup. Pour la bonne conscience, il sera toujours temps de refiler les tombes profanées de Carpentras dans les pattes du FN. Pour la première fois dans l'histoire de la République française, on verra un président descendre dans la rue, à hauteur de manifestants.

Dans ce contexte, « S.O.S. Racisme-Touche pas à mon pote » voit le jour en octobre 1984, six ans avant Carpentras, sous l'œil bienveillant de François Mitterand qui ira jusqu'à intervenir personnellement pour faire sauter les contraventions de ses nouveaux bons amis. Des raisons de la création de l'organisation et de la motivation de ceux qui l'ont fondée, nous en savons beaucoup, grâce notamment à Serge Malik, ex-responsable-fondateur, et à son livre paru en 1990 [358], dans lequel le passé extrémiste de Harlem Désir est dévoilé – « Ancien des jeunesses révolutionnaires communistes, un mouvement de jeunesse trotskyste dépendant de la Ligue communiste révolutionnaire » – ainsi que les « manœuvres » de Julien Dray. D'après Malik, celui-ci, décrit comme un arriviste, aurait manipulé Harlem Désir à sa guise en organisant et en verrouillant la structure de S.O.S. Racisme selon ses projets et besoins politiques propres. Chez Thierry Ardisson [359], l'un des seuls animateurs-producteurs à avoir eu le courage de recevoir Serge Malik à la sortie de son livre sans céder aux pressions, Malik a précisé que l'Élysée avait utilisé l'antiracisme pour « faire monter la sauce et permettre à Julien Dray de devenir député du PS et de monter un courant qui s'appelle La Nouvelle École socialiste, dont tous les membres sont membres du bureau national de S.O.S. Racisme. »

Écœuré par ce qu'il a pu constater entre février 1985 et avril 1986, date de son départ de S.O.S. Racisme, dans son ouvrage Serge Malik dénonce également « le soutien apporté par les syndicats proches du parti socialiste, la presse, les réseaux maçonniques et la surreprésentation de membres de syndicats

358. *Histoire secrète de S.O.S. Racisme,* Albin Michel, 1990.
359. *Lunettes noires pour nuits blanches,* 23 juin 1990.

juifs (comme l'UEFJ [Union des étudiants juifs de France, revendiqués sionistes]) par rapport aux "beurs" au sein des instances dirigeantes du mouvement[360]. » Chez Ardisson, toujours, poursuivant son mea culpa, Malik raconte par le détail comment, dès qu'une agression était commise, à Nice, par exemple, on lui demandait d'aller faire un semblant d'enquête. « On allait voir les familles, on tirait trois larmes, on organisait des manifs sur place et après on remontait à Paris en disant "oui oui", c'est un crime raciste et voilà. » Ou comment un pauvre bougre juste un peu trop « souche » se retrouve devant la 17e chambre correctionnelle. Heureusement, la justice n'a pas toujours été dupe. Sur la page wikipédia consacrée à S.O.S. Racisme, les auteurs s'appuient sur un article de *L'Express* de juillet 2007 et un autre de « Libé », de décembre 2000, pour raconter qu'en mai 1999 Mounir Oubajja, 18 ans, fut abattu par Joël Élie, un chauffeur routier de 36 ans, alors qu'il était en train de voler la voiture de ce dernier. Trois « jeunes » ayant prétendument assisté à la scène affirmèrent, dans des attestations produites en justice, avoir entendu le tireur proférer des insultes racistes. Le jour du procès de Joël Élie, en décembre 2000, devant la cour d'assises de Nîmes, les témoins, évasifs, finirent par reconnaître que leur version des faits leur avait plus ou moins été dictée par Samuel Thomas, vice-président de S.O.S. Racisme, venu « enquêter » dans la cité quelques jours après le meurtre. Des dommages-intérêts pour procédure abusive seront versés à hauteur de 100 000 francs.

Les faits paraissent suffisamment graves pour avoir mérité l'arrêt immédiat du versement des subventions d'État à S.O.S. Racisme en attendant une refonte totale du mouvement, à défaut de sa dissolution. Il n'en fut rien. Le même Samuel Thomas, visiblement décomplexé, peu de temps après la timide pétition de 2005 contre les ratonnades anti-Blancs : « Nous ne pouvons accepter la notion de racisme anti-Blanc, parce qu'elle est une thèse défendue depuis longtemps par l'extrême droite[361]. »

---

360. Serge Malik, *op. cit.*

361. Frédéric Casadesus, « Quand le racisme en voit de toutes les couleurs – Point de vue de Samuel Thomas », *Réformes*, n° 3031, 1er juin 2005.

Et depuis plus longtemps encore par des gens comme Joséphine Baker. Tant il est vrai que cette « gaulliste notoire[362] » résistante de la première heure, mariée à un Israélite, qui connut la ségrégation comme personne et s'attaqua à la politique raciste du gouvernement américain, ainsi qu'à celle d'une certaine caste de puissants Juifs new-yorkais qu'elle accusait de ramener ses frères de Harlem à leur condition d'esclaves[363], fut de tous temps une « Négresse qui ne dérange pas » (« Libé » *dixit*).

Jean-Jacques Goldman est l'un des grands triomphateurs du concert du 15 juin 1985. 300 000 personnes, cela fait des sous, non ? Confession de Serge Malik chez Ardisson : « À partir du 15 mai, on nous avait donné l'ordre de dire que le concert était déficitaire[364]. » Dans quelle galère Goldman s'était-il laissé embarquer ! En dépit de son aversion pour Mitterrand, une déclaration datée d'août 1985 prouve que le chanteur n'écartait pas l'éventualité d'une possible infiltration politique dans le mouvement, sans que cela paraisse le déranger. Didier Varrod, pour le magazine *Numéro 1* : « Renaud déclare, dans une récente interview qu'il nous a accordée, qu'il émet des réserves à propos de S.O.S. Racisme, opération trop gouvernementale… D'autres parlent d'une volonté de fabriquer la plus grosse organisation de jeunesse de France, les J.C. [Jeunesses communistes] étant en perte de vitesse. Qu'en penses-tu ? » JJG : *Déjà, on pourrait parler plus globalement des capacités de mobilisation de la jeunesse. Pour l'instant, la plus grande manif depuis Mai 68, c'est celle de NRJ. Cela ne me paraît donc pas mauvais qu'aujourd'hui ils puissent se mobiliser pour autre chose que pour faire la fête. Pour revenir aux choses de base, je serais tenté de*

---

362. *Libération,* 5 avril 1975. Un violent papier paru à l'occasion du retour parisien de la chanteuse, décédée sept jours plus tard, intitulé : « Vieille rosette et pipi de chat ».

363. *Les Mémoires de Joséphine Baker,* Corréa, 1949, réédités chez Dilecta en 2006.

364. Nous savons aujourd'hui qu'outre les apports financiers de Pierre Bergé, de nombreuses entreprises ou services dépendant de l'État subventionnèrent discrètement les concerts des « potes » de S.O.S. Racisme. La RATP, par exemple, qui versa 59 300 francs pour celui du 15 juin 1985. Dans son *Dictionnaire de la politique française,* Emmanuel Ratier fournit une photocopie de ces documents.

dire que c'est un peu comme pour l'Éthiopie. Là-bas – et c'est la chose de base – il se trouve qu'il y a la sécheresse et que des gens meurent de faim. Point. Ici, en ce moment, il se trouve qu'incontestablement, et sans vouloir dramatiser, il y a un problème de racisme en France. Que les gens se mobilisent pour cela me paraît donc important puisqu'il existe des gens qui se mobilisent pour aller faire des ratonnades. Cela, c'est une réalité. Maintenant, qu'il y ait des organismes gouvernementaux pseudo-culturels qui s'y greffent, tant mieux. Quatre mois plus tard, cependant, en décembre 1985, dans *Paroles et musique*: *J'ai beaucoup aimé l'opération « Touche pas à mon pote », premier grand rassemblement depuis Mai 68, spontané et généreux, aucune organisation politique ne l'a noyautée. Cela m'a fait plaisir qu'il existe encore des capacités de mobilisation au détriment d'un individualisme forcené sans doute plus répandu qu'on ne le pense.* La caution au mouvement d'intellectuels admirés, comme Bernard-Henri Lévy ou Marguerite Duras, et de politiques placés au-dessus de tout soupçon, telle sainte-Simone Veil, a-t-elle persuadé Goldman qu'il n'y avait pas anguille sous roche ? Les alarmes critiques n'ont pourtant pas manqué de retentir contre S.O.S. Racisme.

Le 2 mars 1992, la Commission nationale consultative des droits de l'homme remit au Premier ministre, Michel Rocard, un rapport de 150 pages –contribution à une enquête internationale des Nations-Unies– dont le chapitre 4 était consacré au caractère contestable des mobilisations racistes jusque-là entreprises. Suite à ces travaux officiels, *Le Nouvel Observateur* orchestra un débat passionnant sur la question du racisme, en donnant la parole à Pierre-André Taguieff, chercheur au CNRS et maître de conférences à l'Institut d'études politiques de Paris, ainsi qu'à Harlem Désir, devenu la coqueluche des médias et de la gauche caviar, fraîchement nommé par François

Mitterrand au Conseil économique et social, à quelques encablures de son épouse, devenue rien moins que la secrétaire du groupe socialiste de l'Assemblée nationale. Taguieff leva un tabou en établissant la responsabilité des antiracistes qui, par leur sectarisme et leur violence, ont causé « un paradoxe fondamental entre la bonne nouvelle de la science et le pessimisme persistant, émanant des milieux organisés qui dénoncent inlassablement la montée du racisme, la multiplication des agressions racistes, banalisant ainsi justement ce terme de raciste. » La campagne des potes, avec cette main jaune collée à la vitre des honnêtes gens, ayant fait frémir plus d'un citoyen sans reproches et sans préjugés, Taguieff attaqua également l'attitude agressive de ces antiracistes qui n'hésitent pas à qualifier de racistes leurs adversaires. « Comme si le fait d'être antiraciste signifiait automatiquement que l'on approuve la discrimination raciale. » Toutes les critiques du chercheur eurent pour cible principale S.O.S. Racisme et son leader, accusé d'être trop proche des socialistes.

À cette époque, 1992, Goldman avait déjà refermé la porte de S.O.S. Racisme, en faisant moins de bruit que Daniel Balavoine. En novembre 1985, le franc-tireur avait manifesté publiquement son malaise : « Ce qui me gêne dans le mouvement S.O.S. Racisme, c'est qu'ils cherchent à faire croire aux gens qu'on pourrait mélanger les races sans qu'il y ait le moindre problème. Or, ce qui fait la beauté des races, c'est leur différence. Il y a un énorme fossé entre les races, mais il faut apprendre à le combler[365]. » Le retrait de Goldman n'est pas né de ce dilemme. *J'avais toujours dit que le jour où un type de droite ne pourrait pas se reconnaître dans une formation antiraciste, ce serait un constat d'échec. Le jour où ils ont appelé à voter pour Mitterrand* [quelle surprise !], *pour moi, c'était la fin de la raison d'être de S.O.S. Racisme qui, pour moi, était un mouvement qui devait réunir tout le monde sur cette idée de base qui était l'antiracisme*

365. Grand Forum *Paris Match* / Radios libres, 22 novembre 1985.

et l'égalité[366]. [...] *Je l'ai dit à Harlem Désir*[367]. Il lui aura donc fallu attendre trois ans pour ouvrir les yeux sur une forfaiture que des gens comme Renaud, dès le départ, avaient humée d'instinct. Ou Pierre Desproges: « J'adhérerai à S.O.S. Racisme quand ils mettront un *S* à Racisme. Il y a des racistes noirs, arabes, juifs, chinois, et même ocre-crème et des anthracites-argentés. Mais à S.O.S. Machin, ils ne fustigent que le Berrichon de base ou le Parisien-baguette. C'est sectaire[368]. »

Tout internationaliste qu'il soit, Jean-Jacques aime la France. Il s'en dit même « amoureux fou ! » L'adéquation est quasi parfaite avec ce pays qui a donné sa chance à son père et qui a fait de lui ce qu'il est. *Il y a des choses que je hais, mais il y a des petits signes comme ça, tous les jours. Quand Euro Disney est en difficulté, j'avoue que ça suscite chez moi un amour immodéré pour la France. Quand Batman se plante dans ce seul pays au monde, quand Woody Allen fait 600 000 entrées sur son dernier film, c'est ici. Mais quand je dis « en France », ça embrasse, que vous le vouliez ou pas, l'espace francophone. C'est pas des choses que beaucoup de Belges revendiquent mais cette espèce de regard prétentieux et en même temps ironique sur le monde est assez particulier. Je ne pourrais pas m'en passer*[369].

Or, au fil du temps, le discours du chanteur sur le racisme s'est adapté aux circonstances. Il a toujours dit, au début surtout, que les Maghrébins en souffraient. À travers l'antisémitisme, il développe des choses plus intéressantes : *Je ne crois pas qu'il y ait un regain d'antisémitisme en France. Ce sont les Français qui le font* [comprendre : qui permettent ce contexte d'apaisement], *mais je crois qu'il s'agit d'une partie spécifique de la population française, très probablement des Français d'origine maghrébine. On ne peut pas parler de la « population française ». Je ne le ressens pas du tout. Et ceux-là, à mon avis, ne sont pas que « antisémites ».*

---

366. RTL, *Génération laser,* novembre 1991.
367. *Le Point,* 27 mai 1991.
368. Pierre Desproges, *Fonds de tiroirs,* Seuil, 1990.
369. *Le Soir,* 16 février 1994.

Je crois qu'ils sont aussi anti-Noirs, anti-femmes, anti-eux, anti-voitures, anti-flics, anti-bourgeois, anti-tout, quoi. Je n'ai pas l'impression que ce soit spécifique aux Juifs[370]. Jean-Jacques établit une nette distinction entre la haine viscérale et culturelle des uns, exprimée très ouvertement dans les lycées lors des cours d'histoire sur la Shoah, et le coup de gueule des autres : *Vous êtes obligés d'essuyer un « sale Juif » de temps en temps,* – il y a aussi « sale goy » – *mais bon, je ne le mets pas sur un autre plan que « les Ritals au feu » ou « les Bretons, têtes de cons ». Vous payez un coup au mec et c'est réglé, après*[371] . Voilà qui ne va pas exactement dans le sens du petit commerce antiraciste tel qu'il se présente actuellement, avec ses équations de plus en plus neurasthéniques, du style « *Tintin au Congo = Mein Kampf* ».

Jean-Jacques se dit sensible à certains problèmes, mais il refuse l'angélisme. En janvier 1986, il se prêtait à un reportage pour *Télé 7 Jours,* dans un café de banlieue, lorsque des « jeunes » l'abordèrent, plutôt impressionnés. « Vous, vous avez tout, le pouvoir, l'argent [...] Nous, personne ne parle pour nous. On ne peut pas s'en sortir. » Le traditionnel discours victimaire : derniers arrivés, derniers servis, eux dont les parents auraient construit un pays debout depuis des millénaires. Jean-Jacques s'insurgea. *Alors, là, ça me met mal à l'aise !* Et de leur faire la leçon, son père arrivé avec ses deux pièces de monnaies cachées dans son col de chemise, etc. *La zone, il faut s'en sortir, mais ne comptez pas sur les autres pour faire le boulot à votre place.* Quand on lui parle d'une certaine jeunesse qui se voit refoulée des boîtes de nuit, là non plus il ne se laisse pas abuser : *Ils n'ont qu'à aller à la bibliothèque, là on n'a jamais refusé l'entrée à quiconque*[372].

De même qu'il n'a jamais élevé le tag sauvage et systématique à hauteur d'œuvre d'art, JJG agit de même avec le rap. *C'est un phénomène commercial parce qu'il existe un marché de*

---

370. *L'Arche,* septembre 2002.
371. *L'Express Belgique,* 29 avril 1994.
372. *L'Événement du Jeudi,* novembre 1999.

l'exclusion, de la violence et de la haine. Ce rap-là obéit à l'objectif le plus cynique : le profit. Nous vivons dans l'un des rares pays où l'éducation est obligatoire et gratuite jusqu'à 16 ans, on ne peut pas dire ça dans un morceau de rap, ce n'est pas conforme au message convenu[373]. Tous les rappeurs n'incitent pas à « niquer la France », il y en a même de très pacifistes et pédagogues, Jean-Jacques le sait, qui n'amalgame pas tout. Or son jugement de musicien est sans appel : *Ils aiment bien la musique* [...], *mais l'apprendre, ça suppose à la fois des efforts et de la solitude. Alors, il se servent de ce que les autres ont fait*[374]. » Le même discours que Pierre Delanoë, à propos des yéyés, dans les années 60. Un brin doux réac, Goldman ? Il l'illustrera mieux dans son livre d'entretien avec le philosophe Etchegoyen, ou en envoyant un fax de soutien à Alain Finkielkraut, régulièrement attaqué pour ses positions conservatrices[375]. Ces petites provocations l'excitent. Il s'en amuse, parce qu'il sait qu'elles ne prêtent pas à conséquence, l'essentiel il le garde pour lui. Mieux vaut ne pas tout dire. Même quand on s'appelle Jean-Jacques Goldman. Surtout quand on s'appelle Jean-Jacques Goldman. *En tant que spectateur ou que téléspectateur, j'ai assisté effectivement à des émissions de destruction d'un artiste, je voyais que le mec était en train de se casser, avec lui inconscient de ça, et des gens autour de lui incapables de lui dire qu'il ne fallait pas dire ces choses-là et se comporter de cette façon* [376].

Perte considérable pour S.O.S. Racisme que le départ de « L'Homme en or ». Harlem Désir, en 1987, un an avant le schisme : « Goldman est un grand fidèle. On pourra toujours compter sur lui. Lorsque, après un concert à la Bastille, nous nous sommes retrouvés dans la dèche, sans un rond, il était là. Pourtant, il considère toujours que le rôle d'un artiste est de faire

---

373. *L'Évenement du Jeudi*, 29 avril 1994.
374. *Ibid.*
375. *Ibid.*
376. RTL, *Génération laser*, novembre 1991.

passer avant tout son message dans son art. Sur ce point, il a raison. À S.O.S. Racisme, nous connaissons les stars qui nous soutiendront toujours, en sachant qu'il faudra toujours batailler pour obtenir leur participation active. Dans ce cas précis, S.O.S. Racisme reconnaît aussi ses amis. Jean-Jacques en fait vraiment partie. Nous savons qu'il est toujours là. En cela, Goldman constitue un encouragement permanent à continuer[377]. » Désir n'aura nul besoin de JJG pour finaliser sa course en sac vers le pouvoir.

377. Christian Page et Didier Varrod, *Goldman, Portrait non conforme*, éditions Favre, 1987.

In memoriam Daniel B.

Ce qui est sûr, c'est que tout ce qu'a fait Daniel restera.
C'est une certitude. Mais ça nous fait une belle jambe.
Parce que ce qui va nous manquer, c'est lui [378].

« Il faut avoir de grosses illusions bien grasses, on a de la peine à les nourrir », conseillait Jules Renard. À défaut, rien de tel qu'une douche froide pour raffermir le corps et réveiller les esprits. C'est à ce prix que l'on reste fidèle à soi-même et à sa conception des choses. Chanteur à messages ou pas, une appellation qui l'agace, Jean-Jacques Goldman, c'est d'abord une musique faite pour danser et des chansons pour donner à réfléchir. Va pour les engagements humanitaires jamais mauvais pour le cœur, l'image et le teint, mais le succès a horreur d'attendre. Peu avant le « concert des Potes » à la Concorde, « Je marche seul », son nouveau single, prélude au LP à venir, était déjà dans toutes les têtes. Peut-être était-ce en cela que Jean-Jacques

378. Gilles Verlant, *Balavoine,* Albin Michel, 2002.

craignait la confusion. Qui dit « public » dit « publicité ». Il est donc inévitable que les genres se mélangent. Du reste, en octobre de la même année 1985, Jean-Jacques est présent au concert donné à La Courneuve, au profit de l'Éthiopie. Un mois après la sortie de son album. Simple coïncidence de programmation, sans doute. Un bide que ce concert des Chanteurs sans frontières, ou *concert sans public* [379] – plus de 10 000 personnes, tout de même, sur les quelque 180 000 attendues – mais qui permit à Goldman et à Balavoine de chanter « Je marche seul », en duo, avec un bonheur et une rage décuplés.

Daniel et Jean-Jacques eurent-ils seulement le temps d'être de grands amis ? De l'époque de Phalanster et jusqu'en 1985, ils ne firent que se croiser. *C'est à Wembley qu'on est devenus vraiment potes. On a vécu trois jours ensemble* [380]. Potes comme on peut l'être en soixante-douze heures. Wembley est le fameux stade londonien où le 13 juillet 1985 se déroula le gigantesque concert rock de *Live Aid,* en simultané avec Philadelphie. Balavoine et Goldman faisaient partie de la délégation française invitée à cette occasion, ainsi que Jean-Louis Aubert et le couple Berger/Gall. En qualité de spectateurs, s'entend. En 2002, pour les besoins de sa bio de Balavoine, la douce France Gall expliqua à Gilles Verlant que deux journalistes de *Libération* étaient également du voyage. Des gens très critiques envers les participants de l'aventure S.O.S. Éthiopie et qui, selon Verlant, « avaient démontré que sur l'argent récolté sur chaque disque, deux centimes seulement iraient aux œuvres caritatives. Un article publié par « Libé » qui avait beaucoup énervé nos amis… » Passé l'émotion du concert mémorable à Wembley, où la présence française sur scène brilla de toute son absence, les *frenchies* se retrouvèrent au restaurant, tous frais payés. France Gall se souvient s'être mise très en colère à l'arrivée des journalistes de « Libé ». « Il y a eu un silence. Contre toute attente, c'est Jean-Jacques Goldman qui leur est rentré dans le chou. » Une « engueulade épouvantable »

379. Gilles Verlant, *Balavoine,* Albin Michel, 2002.
380. *Ibid.*

à laquelle le tempétueux Balavoine apporta sa contribution, prenant violemment le relais de Goldman auprès de Serge Loupien et Lionel Rotcage.

Enfant gâté, impulsif et gueulard, de prime abord Balavoine était le contraire de Goldman, non moins franc et direct, mais plus rassemblé et maîtrisant mieux ses nerfs et ses émotions. Les franches colères du premier s'exprimaient chez le second par un mépris absolu cachant une grande blessure d'amour-propre. *J'ai toujours été méprisant à l'égard des journalistes rock, alors que Daniel essayait de les convaincre, de leur plaire, de les amadouer. Le fait d'être traité injustement le faisait beaucoup souffrir. Que Daniel les considère comme des interlocuteurs valables m'énervait. Il avait besoin d'être aimé, de convaincre, d'être reconnu. C'était une maladie qu'il partageait avec Michel Berger* [381].

Si Balavoine s'est un temps laissé piéger par le charme sibyllin et indéniable de François Mitterrand, Goldman, qui ne fit guère plus malin avec S.O.S. Racisme, ne serait jamais allé jusqu'à céder aussi grossièrement aux sirènes d'un politique. Quand même décevra-t-il une partie de son public en 1988, nous sommes loin d'un Balavoine chantant à l'ouverture des meetings de François Mitterrand. Antipolitique déclaré, mais ultra-politisé quand même, à l'instar de Goldman, Balavoine faisait parfois preuve d'un populisme que son alter ego s'est toujours interdit. « Tous les hommes politiques sont nuls et compromis » [382] [...] « Je ne suis ni Chirac, ni Fabius, Dieu me préserve d'être un voyou de cette sorte [383]. » À cela, Goldman oppose parfois de terribles diatribes contre tel politique, Mitterrand par exemple, qu'il exècre, mais sans jamais généraliser. En 2001, en pleine promotion de *Chansons pour les pieds,* et alors qu'Anthony Martin lui fait remarquer que l'une des chansons de l'album, « C'est pas vrai », est un parfait défouloir, il répond qu'il y a mis

381. Gilles Verlant, *op. cit.*
382. *Le Quotidien,* 1981. Cité par Gilles Verlant.
383. *Paris Match,* 22 novembre 1985.

tous les lieux communs censés l'énerver. *Tout ce qu'on dit, toutes les phrases à la con, quoi. Cela va des choses les plus anecdotiques comme « ah, t'as pas changé », ou alors « tu verras, ça fera pas mal », ou alors « c'est à deux pas, y en a pour cinq minutes », jusqu'à des choses du genre « tous les politiciens sont corrompus », ce qui est faux. Ce n'est pas vrai. Je déteste cette phrase-là* [384]. Goldman qui, à la question, « Qu'est-ce qui vous fait rire, les vrais comiques ou certains hommes politiques ? » en 1987, avait répondu, s'attardant aux seuls politiques : *Ceux-là, ils me font plutôt pleurer. Je n'arrive pas à avoir le sens de l'humour là-dessus parce que c'est quand même la vie des gens qui dépend de ces clowns* [385]. À ceux qui ne croient plus que leur sort puisse dépendre des urnes, éminemment citoyen, Goldman conseille vivement d'aller voter. *Je suis un des rares chanteurs qui ait voté dès qu'il a eu 18 ans. Je ne crois pas que ce soit le cas de beaucoup de chanteurs engagés. On s'engage comme on peut* [386]. Balavoine lui aussi allait aux urnes. Mais il votait par défaut. Ou par désespoir.

Or les valeurs des deux hommes, d'une certaine façon, restent communes. Sur la tolérance et la compréhension entre les êtres et aussi sur la nécessité de préserver une certaine chanson française. Chacun avec ses mots. À la fin de 1981, Pascal Sevran se vit promu d'utilité publique par son ami Jack Lang qui commanda à l'apôtre de Solutré un rapport sur la chanson française. Réaction de Balavoine : « J'estime que la chanson française et les artistes français sont assez grands pour se défendre tout seuls et qu'on n'a pas besoin d'un rapport [...] On dit que la chanson française est attaquée par la chanson anglo-saxonne. Moi je connais un excellent moyen de défendre la chanson française, c'est d'en faire de la bonne. Les artistes français ont intérêt à se méfier parce que la musique anglo-saxonne nous a effectivement envahis, à juste titre parce qu'elle est meilleure que la nôtre

384. RTL, *Ça cartonne,* 20 novembre 2001.
385. Interview vidéo du 7 avril 1986 (accessible sur www.dailymotion.com).
386. *Salut !,* juin 1985.

[…] Les chanteurs français qui demandent des tarifs prohibitifs et qui arrivent les mains dans les poches vont commencer à devoir se ronger les ongles des pieds parce qu'on ne va plus aller les voir. Sans compter qu'on est quelques chanteurs à vouloir s'en mêler aussi[387] ! » Parmi eux, Jean-Jacques Goldman, qui s'est battu, en 1987, contre la suppression de la chaîne musicale TV6. En vain. Quatre ans plus tard, il en tirera les conséquences : *On se rend compte maintenant du taux de chansons anglaises et américaines qui sont programmées, en particulier sur les radios FM. Ce qu'on avait dit au départ, c'est-à-dire que sans une télé pour nous soutenir la chanson française était vraiment en danger, comme cela s'est passé dans bien d'autres pays…* À quoi le journaliste qui l'interrogeait lui opposa un pertinent : « Bien que tu sois l'un de ceux qui soient le moins en danger ! » *Je ne crois pas que l'on se sauve tout seul. Plus il y a de chanteurs français qui marchent et mieux c'est pour tout le monde. Même pour ceux qui marchent bien. On se rend compte que c'est un vrai combat qui n'est pas fini*[388].

Pour Balavoine, le débat est clos. L'accident tragique qui lui coûta la vie au début de l'année 1986 laissa beaucoup d'inconsolés. Le 1er mars, invité par Michel Drucker sur Europe 1, à une heure matinale qui n'est pas la sienne, Goldman accepta de parler de Daniel. Lui et Drucker s'étaient retrouvés à Biarritz l'avant-veille pour accompagner le disparu à sa dernière demeure. « Moi, ce qui m'a beaucoup frappé lors de ces obsèques, Jean-Jacques, c'est la dignité de son public », lança Drucker. *Oui, tout le monde était en deuil, personne n'était au spectacle, pourtant il y avait la grande foule* […] *Moi qui ne le connaissais pas suffisamment mais qui le connaissais un peu, la chose qui m'a le plus frappé chez lui c'est à quel point il était sincère. Il n'y avait absolument jamais rien de calculé. Je l'ai vu dans ce qu'il faisait, dans ses déclarations, je l'ai vu dire : « Je ferme ma gueule, là j'en dis trop, c'est toujours moi qui*

387. Gilles Verlant, *op. cit.*
388. RTL, *Génération laser,* novembre 1991.

l'ouvre », puis, cinq minutes après c'est lui qui l'ouvrait encore ; vraiment, tout ce qu'il faisait c'était avec les tripes. Et cela les gens l'ont vraiment senti [...] *Sa musique évoluait avec son temps, c'était un chanteur qui n'était pas figé. En revanche, dans l'intention, dans le style, dans l'originalité, il y a une grande unité du premier album jusqu'au dernier et cela c'est aussi une preuve de sincérité et de talent* [389]. Jean-Jacques participa à quelques matchs de football pour la Fondation Balavoine, en compagnie de Patrick Bruel et d'autres artistes fidèles à la mémoire d'une grande gueule qui a fini par se taire, ce qui arrangea bien du monde.

389. Europe 1, *Studio 1,* 1er mars 1986.

Les digues de la rancune

Je n'aurais pas apprécié d'être aimé de mecs tels que Patrice Delbourg ou Philippe Manœuvre. C'est comme si demain on m'apprenait que Le Pen ou Marchais craquent sur mes chansons, ça me ferait royalement chier[390].

Balavoine s'est fondu aux sables du désert africain juste assez tard pour assister, à Paris, au grand « western médiatique » qui jeta dans l'arène un Jean-Jacques esseulé mais non sans ressources face à une critique féroce et impitoyable. Fin 1985, le quatrième album paru et le succès à nouveau au rendez-vous – 1 250 000 exemplaires pour *Non Homologué* – l'équipe Goldman reprend la route. Une très longue tournée qui, d'octobre 1985 à octobre 1986, avec des temps d'arrêt, leur fera franchir l'équateur, une première fois pour La Réunion et Maurice où ils s'envoleront au lendemain du spectacle à La Courneuve et une seconde en fin d'année 1986, pour le Pacifique. À La Réunion, les quatre concerts honorés – un cinquième a été annulé, à cause de la pluie – manquent virer à l'émeute, au moment fatidique où Goldman, séducteur et séduit, lance subrepticement : *On m'avait dit que vous étiez chaleureux, mais pas autant que ça !*

---

390. *Graffiti*, n° 24, 1 octobre 1986.

Hors quelques autres dates de rodage en province, le premier grand challenge est parisien, du 3 au 20 décembre, cette fois sur la scène du Zénith, une salle d'une capacité d'accueil beaucoup plus importante que l'Olympia, mais moins facile d'accès, située dans le nord de la capitale. *Dès la fin de la dernière tournée, nous avions commencé à travailler sur celle-ci*[391]. Qu'y aura-t-il de nouveau ? *Pas grand-chose*[392], répond le maître d'œuvre. Ce qui signifie chez lui que le Zénith est une salle de province comme une autre et que donc l'esprit intimiste restera le même, avec, en *guest stars,* pour l'événement, les anciens membres de Taï Phong, ainsi qu'une quinzaine de gospellers amateurs américains rencontrés par Jean-Jacques sur une tournée parisienne. Quinze sur les soixante composant originellement la formation. Porté par le triomphe de son album, JJG n'aura même pas à sacrifier aux traditionnelles campagnes publicitaires, dès le début octobre le Zénith ayant affiché complet avant la pose de la première affiche dans les rues de Paris. Du rarement vu ! À nouveau papa – une fille, Nina – « L'Homme en or » dispose d'un boulevard devant lui.

C'est compter sans une certaine critique qui ne le lâche pas. Au plus fort des clameurs du Zénith, chaque soir plein comme un œuf, deux articles de caractère paraissent, à quelques jours d'intervalles. Le premier est signé Patrice Delbourg, journaliste à *L'Événement du Jeudi,* le second émane de Marie Muller, critique à *Libération,* fief de Serge July. Delbourg est le plus âpre à mordre. Son auteur n'a pas choisi le titre, « Jean-Jacques Goldman est vraiment nul », mais l'intention y est. Et le ton. Selon ce monsieur, « tous les hommes sont nés chanteurs… sauf quelques chanteurs. Jean-Jacques Goldman est de ceux-là. » Parlant d'une « affabilité tous terrains, en lisière avec l'image bêtasse et godiche d'un Duteil », il estime ses refrains « boiteux », son inspiration « indigente », l'écriture de JJG ne relevant à son goût que de « la brève escarmouche ». Le succès est au rendez-vous ?

391. *Salut !,* janvier 1986.
392. *Ibid.*

O.K. ! « Mais qu'est-ce que la vogue en chanson, sinon le résultat de l'adaptation d'un esprit malin au grégarisme du moment ? [...] Goldman est un magnifique exemple de chantre mou, systématisant le couac et réinventant le néant des décibels avec la fausse modestie du doux troubadour qui fleurit chaque soir sur l'estrade pour donner ses toutes petites graines de somnifère [...] Dire que Jean-Jacques Goldman est un produit pharmaceutique au goût saumâtre et aux effets secondaires fâcheux n'est pas un outrage, c'est un diagnostic. Mais les gens aiment bien les purges. Comme les gousses d'ail, elles éloignent les mauvais génies. La preuve du pire, c'est parfois la foule. Elle sera au rendez-vous. »

Delbourg et Muller – auxquels l'incriminé répondra en conséquence par voie de presse – étaient-ils les mieux armés pour poignarder Jean-Jacques Goldman de la sorte ? Aujourd'hui membre de l'académie Alphonse-Allais et du grand prix de l'Humour noir, Patrice Delbourg reconnaît volontiers s'être trompé de siècle. Nourri de littérature et auteur d'une trentaine d'ouvrages, cet aristocrate des mots fait partie d'une génération amère et désenchantée, qui ne se laisse pas sous-cultiver sans réagir. L'homme n'est pas un mauvais bougre, mais sa place n'était pas à la critique de variété. Elle n'était pas non plus à *L'Événement du Jeudi*. Proportionnel au succès de Goldman et à ses chansons passées en boucle sur les ondes jusqu'à l'intoxication, son article provocateur faillit lui coûter sa place et lui attira des inimitiés au sein même de sa rédaction dirigée par Jean-François Kahn. Lancé par souscription publique en novembre 1984, *L'Événement du Jeudi* est l'une des grandes réussites des années 80. Entre enquêtes d'investigation rondement menées et sensationnalisme, ce canard orienté à gauche a su séduire « une large frange du lectorat des newsmagazines, notamment celui du *Nouvel Observateur*. » Quatre semaines avant le réquisitoire de Delbourg, Kahn confessait : « Dans les premiers mois de notre existence, je n'aurais certainement pas laissé passer un article qui nous aurait fait perdre une page de publicité[393]. » Que diantre a-t-il laissé commettre celui-ci ! Le papier de Delbourg valut au journal le désistement d'une petite partie de ses adhérents. D'où la volte-face de JFK. Delbourg : « Serge July et Jean-François Kahn se sont donné la main pour ne pas se couper de leur jeune lectorat. La semaine qui a suivi mon article, JFK m'a désavoué à travers son éditorial en écrivant : "J'adore Goldman[394]." » Un an après les faits, Christian Page et Didier Varrod allèrent recueillir les sentiments du journaliste. Campé sur ses positions, Delbourg leur expliqua qu'il continuait de recevoir un courrier corrosif. « Des lettres d'insultes où l'on me traite de nazi ou d'antisémite, ou des lettres où l'on tente – en vain – de me convaincre que je me suis trompé [...] J'ai écrit des articles pires sur Lenorman [Goldman ira féliciter Gérard dans sa loge, à l'Olympia], Duteil ou Sardou. Finalement, ces papiers montrent l'aspect dérisoire et très limite du critique de variétés qui est obligé de parler d'une réalité émotionnelle. Il y a deux domaines qui provoquent de telles passions viscérales : la politique et la chanson[395]. » Les réactions de la profession ? « J'ai d'abord assisté à une espèce de solidarité entre artistes, y compris celle venant d'artistes plus intéressants que Goldman au niveau de leurs textes (comme Renaud ou Souchon), qui manifestent cette solidarité du milieu, même si elle n'est que de surface[396]. » Delbourg se dit par ailleurs choqué par les différentes lectures faites à propos de son article. « J'ai eu droit à tout, même à l'interprétation psychanalytique[397]. »

Le succès est une machine de guerre. Il faut avancer blindé. Goldman ne fait que subir ce que d'autres ont inauguré avant lui. Si le choix lui avait été donné, Sheila eût sans doute préféré se voir taxée de « Balavoine enrhumé » plutôt que de subir les effets traumatisants et dévastateurs de la rumeur lancée contre elle par

393. *L'Evénement du Jeudi,* 7 novembre 1985.
394. Christian Page et Didier Varrod, *op. cit.*
395. *Ibid.*
396. *Ibid.*
397. *Ibid.*

Gérard de Villiers, selon laquelle la chanteuse serait un homme et n'aurait donc pu accoucher de son fils. Idem de Mireille Mathieu, menée à mal avec un acharnement politique confondant par un Guy Bedos aussi pathétique que sa cible. Quid encore de Vanessa Paradis, sur laquelle on crachait dans la rue, avec un Pascal Sevran pour rajouter lourdement au bouillon chaque semaine à *La Chance aux Chansons ?* À des époques où d'éminents chansonniers avaient déjà mal au talent ou au succès des autres, Tino Rossi, ou Maurice Chevalier, que l'on accusait de plagier Dranem, n'étaient pas logés à meilleure enseigne. Quand le journaliste enfile ses gants de chirurgien, la critique devient vivisection. *That's show-business, sugar!* Crapauds à plumets et maîtres coups de pattes sont inclus dans le contrat, tu fais avec ou tu repars dormir chez maman.

Atteint au plus profond, mais suffisamment armé pour supporter le choc, Jean-Jacques va retourner la situation à son avantage, en commençant par faire insérer l'autodafé delbourien dans le programme de son spectacle. Il attendra ensuite la fin du Zénith pour s'offrir le luxe inédit d'une page de pub dans *Libération*[398], entièrement tapissée de ses critiques les plus désavantageuses – celles du moment et celles des débuts – l'article de Patrice Delbourg ayant quelque peu libéré les plumes et l'ardeur de certains journalistes jusque-là prudents ou trop complaisants. Là-dessus, Goldman ajoutera subtilement de sa main : « Merci d'être venus quand même ». Un hommage aux 80 000 spectateurs du Zénith, en même temps qu'une gifle à Delbourg, Muller & co. Celle-là, on ne leur avait encore jamais faite ! Cette démonstration de force tranquille désarçonne un temps ses détracteurs et interpelle ceux qui n'ont cure des chanteurs à la mode et des gens payés pour les descendre. Or, ce magistral accusé de réception, qui vaut également fin de non-recevoir, fut malheureusement gâché par des déclarations plus tardives, à travers lesquelles Goldman laissa ressortir sa rancune endémique. En 1991, au micro de Christophe Nicolas,

398. En 2010, le groupe Muse fera la même chose dans les « Inrocks ».

sur RTL, il commença par qualifier d'*ordures* ceux qui avaient osé le chahuter. *Ce sont des gens qui, non seulement sont incompétents, mais ils sont en même temps lâches, ils arrêtent de taper dès que tu es arrivé à un certain niveau de reconnaissance. Ils ne tapent sur toi que quand tu es fragile.* Christophe Nicolas s'enquit alors de savoir, dans l'hypothèse où Jean-Jacques rencontrerait ses anciens « tortionnaires », s'il était prêt à en venir aux mains et à jouer les forts des Halles. *Ah non ! Dès que tu fais couler le sang, maintenant, tu ne sais pas trop… Ils sont sûrement séropositifs en plus ! Je ne veux pas prendre de risques.* À une époque où la dramatique affaire du sang contaminé est mise au jour par… *L'Événement du Jeudi* et alors que, depuis près de dix ans, des gens ni « coupables » ni « responsables » meurent par milliers, chaque jour, des conséquences du sida, dans des souffrances épouvantables, on peut juger du goût de cette déclaration certainement malhabile et de l'effet qu'elle aurait produit une fois récupérée par des esprits malins. Par chance, elle passa inaperçue. *Rancunier, je le suis terriblement, maladivement, pathologiquement. Et quand j'éprouve ce sentiment à l'égard de quelqu'un qui m'a fait une crasse, je tire un trait définitif sur cette personne*[399]. La dignité, ça passe peut-être aussi par là.

---

399. *Star club magazine,* décembre 1988.

Deuxième visite, querelle de chiffres

Ce qui compte avant tout, c'est l'esprit d'équipe,
une certaine communion qui existe entre les musiciens.
Et si ce type de pari est humainement réussi dans les autocars,
dans les hôtels, entre les membres de l'équipe,
alors seulement on peut espérer créer le même type
de relation amicale avec le public[400].

« Je te donne », en duo avec Michael Jones, une chanson sur l'amitié et la tolérance ; « Famille », un titre fraternel, dédié à la chanteuse Danielle Messia, fraîchement disparue ; « Compte pas sur moi », un rock FM américain doublé d'un nouveau manifeste de la non-conformité ; « Bienvenue sur mon boulevard », un vieux fond de tiroir dédié aux paumés de ce bas-monde, « Confidentiel », pour la minute intimiste, un titre avec lequel il rendra douloureusement hommage à Daniel Balavoine, à la télévision ; « La vie par procuration » – *Je me lève parce qu'il y a un petit bruit et je vois six pigeons qui sont en train de voler autour de... Je ne vois pas, je vois juste une main derrière qui leur* [jette du pain] *et je me dis que c'est peut-être les seuls vivants que cette personne va avoir de la journée*[401] ; et encore l'émouvant « Pas toi », lancinant murmure contre la brûlure de l'absence : Jean-Jacques frappe fort et efficace avec

400. *Les Enfants du Rock,* 24 avril 1986.
401. *Plus vite que la musique,* M6, 14 juin 2003.

ce nouvel opus. Du bon matériau pour la tournée qui repart de plus belle après une pause d'un mois et demi, sans Taï Phong et sans les gospellers, trop « lourds » à transporter. Aux sujets de ces Américains pleins de vie, Goldman, enthousiaste, avait déclaré : *Les chanteuses sont de vraies bêtes de chant. Elles sont possédées ! Habitées ! C'est l'un des moments où je m'éclate le plus sur scène*[402].

Après Paris, les gospellers retournèrent d'où ils venaient, mais, pour l'avoir constaté de visu, lors du passage de *Seconde visite* au Parc des Expositions de La Rochelle, Goldman ne perdit rien au change en leur substituant une chanteuse unique et laquelle ! Sur le billet, manuscrit : *Je vous confirme notre rendez-vous à La Rochelle, 11 avril 1986. Vous me reconnaîtrez facilement, j'aurai probablement un (très) vieux jean et une guitare (très) électrique... Impatiemment. JJG.* Soin de la forme. *À chaque fois, je voudrais quelque chose d'original et de joli. J'ai été élevé avec les grandes pochettes des disques vinyles Jimi Hendrix et ces images qui bougeaient, la fermeture éclair des Stones... Même chose pour les tickets de concert. Moi aussi, je suis consommateur et je préfère un beau billet qu'un truc comme un ticket de caisse. Mais je ne vais pas voir d'expos. Je ne lis pas de BD et je ne connais rien à la peinture. Donc, à chaque fois, j'attends les propositions de mon équipe.*

Théâtreux mais générateurs de hurlements bien réels, les déhanchés suggestifs et osseux du beau Jean-Jacques contre le bassin mieux équipé de Mlle Carole Fredericks. Petit numéro d'intro pour « Américain », qui n'est pas sans évoquer, de loin, les Shirley and co, dans les années disco, un petit Blanc maigrichon face à une diva de couleur catégorie poids lourd, dont Henri Salvador adapta la chanson en français. « Shame, shame, shame, shame on you... » Plus qu'une connivence scénique, visiblement, à leur naissance, il y avait un contrat amoureux entre Carole et Jean-Jacques. Long allait être leur cheminement commun, avant que Carole ne déclare forfait pour aller chanter la gloire

---

402. *Plus vite que la musique,* M6, 14 juin 2003.

de Dieu dans des champs qui, pour elle, ne pouvent plus être que célestes. Coquette, la demoiselle n'a jamais voulu révéler sa date de naissance. Nous ferons mine de nous souvenir qu'elle est seulement arrivée un 5 juin, du côté de Springfield, Massachussetts, USA. « Les natifs des Gémeaux sont dotés de nombreux talents, ils ont un goût prononcé pour les voyages, à condition qu'ils ne s'éternisent pas trop... » Foutues sorcières !

Carole Fredericks était la septième d'une famille de neuf enfants. Sa mère fut chanteuse et son père parolier. « Ils ont tout abandonné pour élever leurs gosses à Springfield. On est nés là-bas, sauf mon grand frère qui est né à Harlem. Donc, après, elle était institutrice et professeur d'anglais et papa travaillait dans une usine chimique là-bas[403]. » De Springfield à Goldman, il y a un océan et beaucoup d'eau sous les ponts. Après une année de fac perdue, Carole s'orienta vers la musique et partit s'installer en Californie. Là, elle commença à chanter alternativement dans un trio de jazz, des groupes de rock, tout en prêtant occasionnellement sa voix à des chanteurs de variétés. « J'ai aussi rejoint une chorale de gospel, nous étions soixante et onze ! En parallèle, je bossais la journée dans un bureau d'intérim[404]. » Comme Nancy Holloway ou Dee Dee Bridgewater avant elle, un jour de 1978 elle se laissa persuader d'aller tenter sa chance en France. Là, ne connaissant personne et personne ne la connaissant, elle fait son trou et, après l'enregistrement d'un 33 tours disco qu'elle ne revendique pas, l'année suivante elle parvient à se faire engager comme choriste par Laurent Voulzy, pour son album *Rock collection*. Sa réputation assurée, la plupart des pointures de l'époque commencèrent à la solliciter, de Johnny Stark (pour Mireille Mathieu) à Mylène Farmer et de France Gall à Gilbert Bécaud, en passant par Nicoletta, précurseur du gospel en France. « Je l'ai connue par Mort Schuman. Carole était ma sœur[405]. » Quant à Goldman... « De Jean-Jacques, mon premier souvenir

403. O'FM, 29 décembre 1993.
404. *Platine*, décembre 1997.
405. Entretien avec l'auteur, 22 février 2011.

est qu'il était tellement naturel et moi j'étais en France depuis déjà quelques années. Je travaillais avec les autres gens qui étaient bien aussi, mais qui étaient assez distants, des gens qui travaillent pour eux. Là, c'était différent[406]. » Un simple coup de fil a suffi à les mettre en présence, au cours duquel ils ont beaucoup ri. Carole surtout. Elle avait d'abord pensé que le petit plaisantin qui se faisait passer pour Goldman, à l'autre bout du fil, exerçait son art. « L'honnêteté de Jean-Jacques. Il est très honnête, il est très droit et j'adore son nez. Il me trouve bizarre mais j'adore son nez[407]. » Sa modestie l'empêcha de saluer aussi son flair artistique. Carole est une perle, que Jean-Jacques ne va pas laisser filer.

Seconde visite, suite. Les camions, la route, les montages, les démontages, la balance, l'angoisse qu'un truc ne marche pas au moment où on lui demande de fonctionner, le top départ, les cris hystériques, la fuite tout de suite après la dernière chanson, les bouffes à quarante, l'obligation de dormir. À Pau et à Bordeaux, Jean-Jacques a dû déclarer forfait. Sa voix… *Ce fut embêtant mais pas dramatique, en fait, les vrais problèmes que l'on puisse avoir sur une tournée, ce sont ceux qui concernent le physique*[408] […] *Je n'ai pas beaucoup de kilos à perdre et je suis assez nerveux. Je ne peux pas me permettre de ne pas dormir une nuit… Cela demande une organisation rigoureuse quant au sommeil, à l'alimentation*[409]. Une vie de sportif, avec, si possible, un footing quotidien ou quelques balles de tennis. À Marseille aussi, il était grippé, mais il a assuré et la soirée a été formidable. Contrairement à d'autres régions où l'accueil est toujours plus froid, les Marseillais sont de bons clients. Comme quoi il existe des caractéristiques profondément ancrées dans les gènes, l'histoire et la culture d'êtres vivant en communauté. Contrairement à d'autres, Jean-Jacques supporte mal d'avoir à conquérir une salle, il préfère arriver en territoire conquis.

---

406. O'FM, 29 décembre 1993.
407. *Ibid.*
408. *Graffiti,* n° 24, 1er octobre 1986.
409. *Salut !,* janvier 1986.

Il y a des soirs où il n'arrive pas à créer le contact et là il s'interroge. Une seule réponse : quand le spectacle est raté, l'artiste seul est responsable. Ils ont été à vomir, ce soir ? Non ! C'est l'artiste qui est à dégueuler. Une loi. Une règle. Un avertissement. Le public paye, il a donc raison en toutes circonstances.

À Lille, « les gens du Nord » attendent eux aussi impatiemment le messie des bandes FM, avec, au programme, pour Jean-Jacques, qui s'est déjà produit deux fois ici, un petit retour solennel vers son passé, en compagnie des reporters de *OK !*. À la faveur d'une promenade dans les rues, l'ex de l'EDHEC s'avoue dérouté. *C'est étrange, je me sens un peu perdu, je ne reconnais plus très bien cette ville où j'ai pourtant vécu trois ans. À l'époque, je m'y déplaçais comme un poisson dans l'eau* [410]. Expression toute formulée, si l'on songe qu'à la même époque il déclara en substance n'aimer l'eau qu'en bouteille : *Je ne respire pas quand je suis dans l'eau, contrairement aux poissons. Je suis mieux sur terre* [411]. Gare aux *petites phrases à la con*, mon Jean-Jacques, ça finit parfois en *Chansons pour les pieds*… Il ne reconnaît rien, à commencer par son ancienne école, déménagée en zone industrielle. Reste la maison de Jimmy, à présent occupée par un couple et leur fils Alexis, 13 ans. La chambre de Jean-Jacques est devenue la sienne. Grosse émotion chez le garçon à l'apparition du chanteur pour une petite visite surprise. « Surtout quand Jean-Jacques, découvrant qu'il possédait une guitare, lui a demandé de jouer un morceau [412]. » Les poutres à leur place au plafond, le petit lavabo encastré dans le placard : selon Goldman, l'endroit est resté à peu près le même. Ce vieux Jimmy aussi. « T'as pas changé ! »…

Les demandes affluent chez le très jeune et très avisé Thierry Suc, producteur des tournées Goldman, mais l'équipe s'accorde régulièrement quelques pauses pour laisser la sono dormir, les camions souffler, les gars partir en vacances et Jean-Jacques rentrer chez lui regarder la télé en famille ou emmener

410. *OK !*, juillet 1986.
411. Interview réalisée aux Sables-d'Olonne et retranscrite sur le site Parler d' sa vie par Anne Lambert.
412. *OK !*, juillet 1986.

son petit monde sur une île, tout en réfléchissant à de nouveaux concepts. Pourquoi ne pas engager un groupe en première partie pour un ersatz de tournée estivale, en juillet, avec de gros moyens, et que l'on pourrait appeler... tac tac tac...$E = mc^2$... *Veiller tard en juillet !* Les Cock Robin sont-ils disponibles ? Fort du succès européen de « The Promise You Made » et « When Your Heart Is Weak », auxquels viendra bientôt s'ajouter un autre tube, « Just Around the Corner », l'année suivante, le groupe américain cartonne et représente une valeur sûre. Créé au début des années 80, il compte un batteur, un guitariste et deux chanteurs : Peter Kingsberry, également auteur-compositeur, et Anna LaCazio. Ça va, c'est signé pour une première partie de trois quarts d'heure, plus les rappels éventuels. Cock Robin et Jean-Jacques Goldman sur la même affiche, ça devrait affoler son pékin.

Coté backstage, cent quinze personnes vont assurer le bon déroulement des opérations : « Les deux groupes, un médecin, le personnel de sécurité, les *roadies* et les techniciens éclairagistes, des administratifs[413]. » Le *catering* est anglais. Glups !... Après vous, messieurs ! Si l'on ajoute les neuf semi-remorques de 38 tonnes pour le décor et les deux avions privés mis à la disposition de Jean-Jacques et ses musiciens – ils sont arrivés à La Rochelle en moto – tout cela pour dix jours, on atteint au mégalo. La faute aux Cock Robin ! Ce sont eux qui pèsent le plus lourd, avec leurs décors spécialement créés et transportés par une société anglaise. Au reste, en dépit du décalage horaire, ces gens sont à l'heure des vacances ; le Sud et le Sud-Ouest de la France avec Mister Goldman et sans Aliénor d'Aquitaine pour leur chercher des poux, ça ne se refuse pas. *What a so beautiful country !* Roxy Music fait partie des influences de Cock Robin, ce qui ne déplaît pas à Jean-Jacques. Celui-ci leur a réservé un accueil cordial et, chaque soir, il met un point d'honneur à les regarder travailler, depuis la coulisse. En revanche, la boîte à rythmes censée remplacer les musiciens le laisse sceptique. De fait, un soir survient ce qu'il redoutait. *J'ai vu Cock Robin cavaler*

413. *Salut !*, été 1986.

après un séquenceur détraqué. Impossible de l'arrêter, cette foutue machine ! Eux, paniqués, affolés, en train d'essayer de rattraper la sauce… En plein milieu du rappel […] *Ce qui m'importe, c'est l'élément humain dans la musique. On est bien avec le public quand on est bien sur scène* […] *Pas de machine ! Jamais, tu entends ! Jamais je ne jouerai sur scène avec une boîte à rythmes*[414] !

Du calme, mon Jean-Jacques. Entends plutôt monter la voix des houspilleurs qui tentent de couvrir l'ovation des foules ; paraît-il que tu n'aurais pas réalisé le grand chelem lors de cette mini-tournée, un journaliste de *Cool* l'a entendu dire par quelqu'un qui l'a lu et il voudrait bien savoir ce que tu as à répondre à cela. *C'est totalement faux et je pense même te citer des chiffres qui contredisent ces déclarations, un papier a affirmé que Cure avait réalisé les meilleurs scores et en fait, nous, on a obtenu les mêmes résultats qu'eux, on s'est ramassé dans l'Ouest sur deux dates, on a quand même rassemblé 3 500 personnes. Dépêche Mode, de leur côté, n'ont fait que 1 500 spectateurs, donc il n'y a pas de quoi crier à l'échec, bien au contraire.* Le reporter de *Cool* se permettra de le souligner dans son papier : « Jean-Jacques ne plane pas dans sa bulle d'artiste et connaît sur le bout des doigts les résultats de ses collègues[415] ! »

Le Canada fut également au programme de la tournée. Des premières dates en juillet, où Goldman chanta avec Robert Charlebois et obtint un succès tel qu'il retraversa l'Atlantique en octobre pour une dizaine de représentations. En mars 1986, il avait annoncé ainsi son voyage au pays de l'érable : *Là-bas, ça ne marche pas pour moi. Ça marchera peut-être une fois qu'on y sera allé. Franchement, c'est pour faire plaisir aux musiciens. Moi, ça m'est un peu égal, alors on va y aller pour le plaisir, pas dans l'esprit de faire carrière. S'il y a un bide là-bas, tant pis. On ne sera pas content mais on y va surtout pour le voyage. S'ils n'en veulent pas, on la remettra dans notre soutane*[416] !… Goldman *for ever…*

414. *Batteur magazine*, 16 novembre 1988.
415. *Ibid.*
416. *Cool*, mars 1986.

Globalement mémorable, la tournée octobre 1985 / octobre 1986 sera immortalisée par la sortie d'un double album, *En public,* précédé du simple et maxi 45 tours trois titres : « La vie par procuration ». « Ce morceau tiré de *Non homologué* est aussitôt un succès et inaugure en France cette pratique d'extraire d'un disque en public un thème "frais" du LP studio précédent, qui permet de mieux lancer le premier tout en relançant le second[417] », nous instruit Pierre Layani. Une tournée qui s'acheva sous le soleil du Pacifique, à Nouméa et Tahiti, avec, toujours, les vidéos léchées de Bernard Schmidt, concurremment réalisateur des clips de Goldman. Ceux que tout le monde a vus et revus. Ceux que tout le monde connaît. Goldman comédien ? *Le cinéma en tant qu'acteur ne m'intéresse pas pour l'instant, et en plus on ne me propose pas trop de choses. En revanche, composer la musique d'un film : oui, trois fois oui*[418] ! Ainsi naîtront de fructueuses collaborations avec Alexandre Arcady, en 1989 (*L'union sacrée*) ; l'ami Bernard Schmidt, en 1993 (*Pacific Palissades*) et Claude Zidi, six ans plus tard, pour *Astérix et Obélix contre César*. Les rats de salles obscures patienteront. Pour l'heure, un tout autre challenge attend notre *song maker*. Il a rendez-vous avec un super Phénix qui n'oublie jamais son nom, même lorsqu'on le croit mort.

---

417. *Jukebox magazine,* février 1992.
418. *Salut !,* juin 1984.

CHAPITRE 4

SECONDE OU TROISIÈME CARRIÈRE

IV

« Il faut vieillir tôt ou mourir jeune. »
Louis-Ferdinand Céline

Hallyday with a H !

C'est quelqu'un qui chantait avant moi et qui chantera après moi[419].

En dépit de son important succès commercial, malgré le large plébiscite des Français dans les sondages de popularité, nonobstant la reconnaissance de ses pairs qui le sacreront « Chanteur de l'année » aux Victoires de la Musique, le 22 novembre 1986, Jean-Jacques Goldman, heureux, traîne son lot de frustrations rentrées. À l'époque de Taï Phong, on se souvient qu'il avait pris ses distances avec le groupe pour enregistrer des disques en solo. Son ambition était alors de s'imposer en qualité d'auteur-compositeur-interprète. L'entreprise vouée à l'échec, il revint dans le groupe avant de retirer à nouveau ses billes. Dès lors, résolu à « faire des coups », comme nous l'a expliqué Jean Mareska, il écrirait pour les autres, chargeant Marc Lumbroso de proposer ses créations à tous ceux qui avaient *leur place au chaud chez les Carpentier*[420]. Jean-Jacques quoi ? Goldman qui ? On connaît la suite.

419. *Cool,* janvier 1987.
420. *Ciné Revue,* mai 1987.

Or la donne a changé. À présent, les 101 méprisants vont se mettre à ramper, dont beaucoup ont à se faire pardonner. Chouchoute du couple de producteurs, comme elle avait été celle du providentiel Daniel Filipacchi, sa place au chaud dans la boîte à paillettes des Carpentier, Sylvie Vartan l'a occupée plus qu'une autre. À regarder aujourd'hui cette inépuisable septuagénaire bien remariée et x fois grand-mère courir les jeunes auteurs branchés, dans la robe noire de Gréco, comme en quête d'une crédibilité artistique qui légitimerait enfin son statut de vedette, on est en droit de se demander si toutefois, ajoutant à la liste, elle aussi ne compterait pas au nombre des interprètes qui refusèrent Goldman avant Goldman. Question. Le fait est qu'une fois « l'Homme en or » installé, l'opiniâtre qui déclarait naguère avoir « horreur de chanter »[421] mit une belle régularité à siffler ses louanges. Autant de subtils clins d'œil restés lettre morte.

Pour son ex-mari le scénario diffère. Il serait avéré que Johnny s'est fait longtemps désirer et que, même, il aurait refusé « Plus fort », en 1980, une chanson écrite à son intention et taillée à sa mesure. Mais *black* c'est *black* et Hallyday *is* Hallyday. Un charisme. Une force. Une légende. Une clientèle. Un talent. Une voix qui porte, rapporte ou insupporte… « Optic deux mi-i-i-le ! ! ! » *J'ai toujours eu envie d'écrire pour lui, pour une voix pareille. De plus le personnage est émouvant, touchant, sa voix étant à l'opposé de la mienne. Il peut se permettre des choses que moi je ne peux pas chanter*[422]. Goldman est-il au départ un fan de l'Idole ? *Non, pas vraiment*[423]. Goldman s'interdit d'être fan de quiconque, Jimi Hendrix excepté, dont il collectionnait les posters dans sa chambre d'étudiant. Aussi, l'aspect monstre sacré d'Hallyday l'intéresse-t-il en moindre proportion, bien qu'il le subisse à son corps défendant. En dehors de toutes considérations, on échappe difficilement au rayonnement du père Smet. *J'ai toujours nié la notion de star, je n'y ai jamais cru*

421. *L'Express,* 18 juin 1963.
422. *Cool,* 1986.
423. *Ibid.*

jusqu'au jour où j'ai vu Hallyday. Quand il entre quelque part, il se passe un truc. C'est quelqu'un qui dégage quelque chose de spécial que je n'ai jamais retrouvé en face de quelqu'un d'autre. Je ne sais pas comment définir ça, mais tout le monde y est sensible. Ça peut-être un intellectuel, un ouvrier, un artiste, un crémier... Tout le monde sent quelque chose de spécial. Je n'arrive pas à définir ce que c'est, mais ça existe en tout cas [424] ! Le magnétisme, tout simplement. Le fait qu'une personne soit capable d'en mettre une autre en état d'hypnose. Dans la mythologie du spectacle et dans sa réalité ce sont des foules entières qui chavirent. Or les challengers capables de réaliser de pareils tours de force se comptent sur les doigts d'un illusionniste.

Johnny séjournait à Saint-Tropez, chez des amis, lorsque pour la première fois il entendit un titre de Jean-Jacques Goldman à la radio. « J'ai aimé tout de suite ce qu'il faisait et j'ai même acheté ses albums. Par la suite, j'ai appris qu'il m'avait écrit une chanson il y a quelques années et qu'il avait essayé de me la faire parvenir par le biais d'un éditeur. Mais je ne l'ai jamais reçue et lui, devant mon silence, a dû penser qu'elle ne me plaisait pas. Du coup, il l'a enregistrée sur l'un de ses disques. Cette chanson, c'était... "Plus fort"[425]. » Les deux hommes se croisèrent souvent sans s'arrêter vraiment, au hasard d'émissions de télévision ou dans les studios de radio. Il faudra attendre la collaboration de Johnny avec Michel Berger pour les voir se rapprocher. « Et puis grâce à Daniel Balavoine, avec qui j'étais copain[426] », complète Johnny. Prisonnier de sa rythmique et de ses vieux cuirs, en dépit de la volonté de Nathalie Baye d'intellectualiser son compagnon, après un quart de siècle de présence médiatique, au mitan des années 80 le rocker avait besoin d'être réinventé. En 1985, avec *Rock'n'roll attitude* Berger y œuvra brillamment, laissant Goldman prendre la relève l'année suivante. *Je trouvais que cette façon de procéder était la bonne, qu'il fallait*

424. *Cool*, janvier 1987.
425. *OK !*, décembre 1986.
426. *Ibid.*

la continuer. Il lui fallait donc un autre auteur-compositeur avec lequel collaborer puisque, avant, il prenait des chansons d'un peu partout... [427] Un pari difficile pour Jean-Jacques, tenu de se démarquer d'un Berger dont il se sent le jumeau musical.

Quand et comment naquit le principe d'une collaboration ? Johnny a parlé de décembre 1985 et de la dernière de Goldman au Zénith. « J'étais monté sur scène faire un bœuf avec lui [...] On est allé dîner ensemble et c'est là que j'ai eu cette idée[428]. » Si l'on se fie à Jean-Jacques, il semble que le projet soit beaucoup plus ancien. Il aurait émané d'Alain Lévy, le patron de CBS France. *Cela remonte à 2 ou 3 ans,* révélera-t-il en septembre 1986. *On s'était mis d'accord sur le fait que j'écrive une des faces de l'album*[429]. L'autre face du LP devait être signée Elton John. Sensitif, Hallyday n'accroche pas à ce qu'on lui présente. Le soir de la dernière de Goldman au Zénith, il lui demande alors de lui construire l'album dans son intégralité. Les thèmes abordés seront ceux choisis par Johnny. Banco ! Les deux hommes n'allaient guère se voir souvent par la suite, attendu qu'Hallyday tournait un film en Hongrie – *Terminus,* de Pierre-William Glenn et que Goldman sillonnait les routes avec sa tournée. Une association fantôme. *J'écrivais et je lui soumettais des chansons, il prenait ou il jetait* [430]. Pour la musique, Johnny laissa Goldman à ses initiatives. En revanche, ses interventions sur les textes et les arrangements furent manifestes. « Chaque chanteur, comme un comédien, a son vocabulaire. Il y a des mots que je ne peux pas dire, ni chanter, parce que ça sonne faux. Alors, dans ce sens-là, on a changé quelques phrases, très peu[431]. » Beau joueur, Jojo. De l'aveu même de Goldman, ses injonctions furent aussi nombreuses que bénéfiques. *À partir de ce moment, j'ai retravaillé jusqu'à l'enregistrement où, là encore, on a fait des modifications. De temps en temps, on s'arrêtait pour un arrangement,*

---

427. RTL, *Génération laser,* novembre 1991.
428. *Ibid.*
429. *Cool,* septembre 1986.
430. *Ibid.*
431. *OK !,* décembre 1986.

pour une phrase qu'il ne sentait pas, un mot qu'il ne sentait pas, et on changeait sur le tas[432]. Le tout avec tact, sans que jamais l'aîné ne se prévalût de son rang et de son statut. *D'une façon très humble, jamais en s'imposant*[433].

La méthode Goldman déroute pourtant quelque peu Johnny. « Avec Michel, on a enregistré tout l'album avec les musiciens, et puis j'ai chanté. Après, on a fait le mixage. Avec Jean-Jacques, on chante un titre et on recommence avec un autre. J'ai eu un peu plus de temps pour travailler sur les chansons avec Michel. Jean-Jacques, par la force des choses, a beaucoup bossé en solitaire[434]. » En solitaire et parfois à l'aveuglette, tant il est périlleux de se glisser dans une peau qui n'est pas la sienne, et de chercher à additionner des mots que l'on ne dirait pas soi-même. Périlleux et excitant. Excitant et régénérant, de part et d'autre. Hallyday/Goldman : un couple parfois jugé surréaliste, une sorte de rencontre du 3e type. Jean Mareska : « Jean-Jacques est quelqu'un d'extrêmement pragmatique. Il considère qu'une fois qu'il a posé sa voix, son boulot est fini. Il n'est pas du genre à aller boire un verre avec les gens après. Avec des types comme Johnny, ça n'a pas de fin, c'est le verre, puis le resto et on finit en bringue dans une boîte, avec tout un tas de monde autour. Jean-Jacques est le contraire de ça. Il a horreur de l'affluence et des excès[435]. » *Dans la virée, il y a une espèce de don de soi aux autres, la capacité de dire n'importe quoi, savoir qu'on va perdre un peu conscience et se livrer à la mansuétude des autres, à leur compassion. Ce que je n'ai pas. J'ai une méfiance de base qui m'empêche de perdre pied, de perdre conscience devant autrui*[436]. L'alcool non plus n'aime pas Goldman. *J'aimerais bien pouvoir prendre une cuite de temps en temps. Je regrette parfois de ne pas pouvoir, mais cela m'est physiquement impossible. Je suis toujours malade avant d'être saoul*[437].

---

432. *Cool,* janvier 1987.
433. *Ciné Revue,* mai 1987.
434. *OK !,* décembre 1986.
435. Entretien téléphonique avec l'auteur, octobre 2010.
436. *L'Express Belgique,* 29 août 1994.
437. *Girls,* novembre 1985.

Refuser de se mettre la gueule à l'envers dans des boîtes à chagrin n'interdit pas le respect. Face à la caricature convaincante d'Hallyday aux Guignols, Jean-Jacques oppose une autre réalité : *Les gens, quand ils le voient sur scène, ils savent que c'est un grand chanteur et ils en prennent plein la tronche*[438] ! Dès le départ, conscient de son privilège, Goldman savait l'ampleur du décalage avec l'Idole. *Je ne crois pas qu'on puisse imaginer un personnage plus différent de moi. C'est d'abord une voix très différente et puis c'est un personnage très différent*[439]. Avec la liberté et le discernement que permettent la distance et les années, en 1991 il affûtera sa pensée : *Les rapports avec Johnny sont vraiment particuliers. Ça serait long d'en parler. C'est un type qui m'émeut beaucoup, pour lequel je souhaite vraiment beaucoup de bien, pour lequel j'éprouve une grande estime. Je pense qu'il éprouve la même chose pour moi. C'est pas suffisant pour avoir des contacts, et c'est un très mauvais type pour avoir des contacts. Et moi je suis encore pire que lui. On n'a donc jamais pu vraiment communiquer. On ne communique pas bien, ni l'un, ni l'autre, mais je pense qu'au fond, effectivement, il y a un amour des deux côtés. Le mot amour n'est pas bien choisi, mais on se veut du bien, je crois…*[440] Mettons une affection circonstanciée et autant de « différences » qui donnèrent de beaux avrils dans leurs parcours respectifs. *Gang* fut certifié platine quinze jours après sa sortie, peu avant Noël 1986. « Avec cet album, Johnny est véritablement, à nouveau, au zénith de sa carrière, l'impact de *Gang* est encore plus évident que celui de *Rock'n'roll attitude* », professe Daniel Lesueur, spécialiste d'Hallyday.

Après quatre LP et une quarantaine de chansons, en 1986 Goldman se sentait déjà tourner en rond. Le pilotage de la « Ferrari Hallyday », selon la métaphore du Montrougien qui n'est que prudence au volant, lui a ouvert de nouvelles perspectives et un crédit supplémentaire, en même temps qu'il a permis à Johnny de démontrer de nouvelles capacités d'adaptation.

---

438. RTL, *Génération laser,* novembre 1991.
439. *Cool,* janvier 1987.
440. RTL, *Génération laser,* novembre 1991.

Contrairement aux apparences, Johnny est un timide à la pudeur extrême. « Laura » est sans doute la chanson qui lui a le plus coûté. Cette idée n'était pas la sienne et il ne l'a pas accueillie avec enthousiasme, mais lorsque Goldman, obstiné, la lui fit écouter quand même, le résultat devint une évidence. « J'oublierai ton nom », en duo avec Carmel, pourrait laisser penser à la rupture d'avec Sylvie quelques années plus tôt, dont la cicatrice était encore vive, Johnny se répandant toujours en amertume dans les médias contre une femme qui lui doit sa carrière et qui l'a aimé pour ce qu'il était avant de le quitter pour la même raison. À l'époque, en 1980, il avait enregistré « Elle m'oublie ». Goldman le venge. Carmel, c'est Johnny qui l'a voulue, sensible à la personnalité de la chanteuse anglaise et à l'étonnant mélange de soul/R&B et de cha-cha-cha contenu dans « Sally », le grand succès français de Carmel en 1986. Autre titre de caractère : « Ton fils ». Un père de famille s'adresse à un autre en souhaitant une vie meilleure pour son enfant, davantage de respect « et des papiers d'identité, à perpétuité ». Les difficultés liées à l'immigration, d'où Goldman est issu. Un thème chez lui récurrent. « Je te promets », sur l'impuissance des hommes face à la fuite du sentiment amoureux, est un petit joyau d'architecture musicale.

Huit ans plus tard, Hallyday fera à nouveau appel à Goldman, pour son album *Lorada*, lequel signera trois titres : « Quand le masque tombe », « Ne m'oublie pas » et « J' la croise tous les matins ». Incontestablement, « l'Homme en or » est un maillon essentiel dans la carrière du rocker et il ne se fait pas violence pour le reconnaître. *J'ai vraiment eu l'impression d'être une pierre de l'édifice* [441]. Sur le plan émotionnel, il est également patent que l'onde de choc fut pour lui. [Johnny] *est un personnage qui ne laisse pas indemne. On n'efface pas cette impression. On ne peut pas passer à autre chose après* [442]. Aurait-il pu dire la même chose de Coluche ?

---

441. *Cool,* janvier 1987.
442. *Ibid.*

Les « aristos du cœur »

Je ne crois pas du tout que le showbiz soit une grande famille. Ce sont surtout des individualités[443].

« J'étais là lorsque Coluche lui donna rendez-vous à Canal +, chez Michel Denisot, se prévaut Robert Toutan. Une émission à laquelle nous devions participer. Je me souviens qu'ils sont restés un long moment dans la loge, en tête à tête, avant le direct, pour parler des Restos du Cœur. » Nous étions à l'hiver 1985/86. Tout était parti d'une « boutade » de Coluche, lancée dans son émission de radio quotidienne, sur Europe 1, le 26 septembre 1985 : « Si y a des gens qui sont intéressés pour sponsoriser une cantine gratuite... » Créée pour nourrir les nouveaux pauvres du socialisme, avec la distribution d'au moins deux à trois mille repas annuels, du 21 décembre au 21 mars, depuis, l'association la plus médiatisée de France a fait son chemin, sans Coluche mais avec Goldman pour continuer à motiver les troupes.

443. *Numéro 1 magazine,* août 1985.

Les deux Montrougiens s'étaient déjà croisés à la « fête des Potes », le 15 juin 1985, place de la Concorde. Le choix de l'humoriste pour l'animation de cette soirée avait fait tiquer les fondamentalistes, Coluche ayant essuyé quelques revers avec la LICRA au début de sa carrière. « J'avais dit une plaisanterie qui ne concernait pas directement les Juifs, mais qui était interprétée par eux comme une possibilité de racisme », devait-il confier dans *Judéoscope,* en janvier 1986. Le genre d'anathèmes dont le fils de Mojsze a appris à faire la part des choses. Chez Denisot, Coluche lui commande une chanson susceptible de faire résonner son idéal. La semaine suivante Jean-Jacques lui offre clefs en main l'hymne des Restos du Cœur, bientôt enregistré par Catherine Deneuve, Yves Montand, Michel Platini, Nathalie Baye et Michel Drucker, dans la bouche duquel l'auteur place ces mots simples qui ne mangent pas beaucoup de pain : *J'ai pas mauvaise conscience, ça m'empêche pas de dormir. Mais pour tout dire, ça gâche un peu le goût de mes plaisirs.*

Coluche l'avait prévu ; rythmé à souhait et conforme au message souhaité, sur les ondes le titre fait mouche immédiatement. L'argent rentre et le bilan de la première année va au-delà de toutes les (dés)espérances : huit millions de repas distribués au lieu des deux ou trois mille prévus. Industriels, artistes, bénévoles, médias, politiques : la France met la main à la pâte pour aider les Restos du Cœur. Certaines avec un photographe dans leur sac à main. D'autres dont c'est la vocation de « donner pour donner ». Et toujours la chanson de Goldman : *Je te promets pas le grand soir/ Mais juste à manger et à boire.* Tout n'est pas encore bien d'aplomb, mais l'association est sur les rails et s'offre même le luxe d'envoyer les « fonds de tiroirs » à Emmaüs, la fondation de l'abbé Pierre, soit un chèque d'un million et demi de centimes.

La mort accidentelle de Coluche, en juin 1986, allait-elle tout remettre en question ? Solidement épaulée par Michel Charasse, la veuve de « Monsieur Sans-Gêne » décide de relever le gant. Las, de saison en saison, les Restos du Cœur enregistrent des records d'affluence, en dépit de la mise en place du RMI par le gouvernement socialiste. Goldman n'est jamais bien loin. Il est de tous les spectacles, de toutes les tournées, avec Véronique Sanson, Michel Sardou, Eddy Mitchell, Muriel Robin. Au fil des ans, il va s'imposer comme le patron des Enfoirés, décidant de l'admission d'un tel ou du rejet de tel autre. Ainsi, Régine s'est-elle plainte des réserves du « parrain magnifique [444] » à son égard. « Les Restos du cœur, c'était une initiative formidable. J'ai dit que s'ils avaient besoin de moi j'étais prête à participer, mais Jean-Jacques Goldman a objecté : "Non, elle s'occupe de la drogue, ça va faire une confusion". J'ai été surprise, et déçue. Si lui m'avait proposé de se joindre au combat de S.O.S. Drogue International, jamais je n'aurais songé à l'éconduire [445]. » Nous ne pleurerons pas sur les démangeaisons caritatives de Mlle Régine, mais la réaction de Jean-Jacques paraît en effet pour un peu curieuse ; Noah n'est-il pas lui aussi responsable d'une association ? Goldman a sa logique et ses impératifs : *C'est une émission au service des Restos, ce ne sont pas les Restos qui sont au service d'un artiste. Si l'actualité c'est Alizée et Garou, si Solaar est plébiscité, qu'on les aime ou pas, on les prend. Gildas Arzel, mon chanteur préféré mais qui ne marche pas, on ne lui demande pas de venir. Si je faisais un* Numéro 1, *il n'y aurait pas forcément les mêmes artistes qu'aux Restos* [446].

Les autres, ceux qui ont reçu l'adoubement du maestro, les autres sont plutôt satisfaits de leur sort ; quand même n'y vient-on pas faire la promotion de son dernier album, le spectacle des Enfoirés constitue un formidable tremplin médiatique et un centre de rencontres professionnelles inespéré. Jean-Jacques n'est pas dupe, mais la boutique doit continuer à tourner et c'est à lui que les clefs ont été confiées. « C'est un chef d'orchestre étonnant, concède Véronique Colucci. Il n'est jamais complaisant, ni avec lui-même, ni avec l'équipe. Il dégage une autorité tranquille,

---

444. Titre d'un papier élogieux de *L'Événement du Jeudi,* 24 novembre 1999.
445. Régine, *Mes p'tits papiers,* Pauvert, 2002.
446. *Télémoustique,* 12 décembre 2001.

acceptée par tous sans contraintes : on a confiance en lui. Du coup, il peut convaincre des personnalités, terrorisées à l'idée de se produire en public, d'affronter trois mille personnes et des millions de téléspectateurs. Elles le font parce qu'il leur garantit qu'elles ne seront jamais ridicules et elles ne le sont jamais[447]. » Voire. Quant à l'intéressé, jamais en retard d'une analyse sociétale : *Sur le fond, ça va peut-être sembler bizarre, mais je trouve que les Restos c'est important surtout pour les bénévoles. Je veux dire que c'est une association où peuvent s'exprimer de l'enthousiasme, de l'idéalisme, de la convivialité autour d'un projet concret, vivant, gai. Une « générosité moderne », en fait. Ce que le militantisme syndical et politique suscitait auparavant* [...] *On sent bien que dans une société où tout bouge – relations familiales, flux migratoires, délocalisation du travail, etc. – aucun État ne pourra couvrir toutes les circonstances de misères. Il va bien falloir s'habituer à être concerné par son voisin, sans penser que c'est toujours aux « autres » de le faire*[448]. Ce que l'actrice Mia Farrow, militante au Darfour et maman émérite de quinze enfants, dont onze adoptés, a merveilleusement traduit par cette phrase qui gouverne son existence : « Avec la connaissance vient la responsabilité. »

Hostile aux honneurs et à ce que la vanité des hommes en fait, Goldman sait rester à sa juste place. Il n'aime pas que l'on en fasse des tonnes sur sa contribution aux Restos. Il n'est pas à l'abattage, il s'amuse. Le jour où il n'y trouvera plus son compte, il passera le relais. Le spectacle des Enfoirés ne lui demande qu'un mois de créativité par an, au cours duquel il donne et reçoit tout autant, si l'on conçoit que la charité est une forme d'égoïsme. Ou de thérapie. *Y en a qui partent en Orient / En Afrique ou en Asie / Pour y soigner les enfants / Et pour s'y soigner aussi*[449]. [...] *Une fois de plus, c'est plutôt du plaisir qu'une mission. Tout cela s'est fait, non pas tant par conviction*

447. *Les Restaurants du Cœur, 1985-2000,* Michel Lafon, 2000.
448. *Ibid.*
449. « Sans un mot » (paroles et musique de Jean-Jacques Goldman).

que cela, mais plutôt par relation. D'abord avec Coluche, ensuite avec Véronique Colucci. On se met ensemble, on a du plaisir à être ensemble, on a du plaisir à travailler ensemble, et puis le projet marche. C'est plus sur ces notions de plaisir que vraiment de militantisme. Parce qu'on sait très bien, d'une part qu'on ne va pas changer les choses définitivement avec les Restos du Cœur et, d'autre part, que, si les Restos du Cœur n'existaient pas, il n'y aurait pas la faim en France. Il y aurait d'autres organismes qui l'ont toujours fait d'ailleurs, des organismes soit municipaux, soit politiques, soit religieux qui s'occuperaient de cela. Donc, ce sont des grosses questions, cela[450].

Il est patent qu'à l'image du monde extérieur le microcosme des « Enfoirés » abrite des êtres dignes de leur sobriquet, des truqueurs déjà en peine avec leurs partitions et qui se moquent bien de la musique que peut faire un estomac creux et du courage qu'il faut pour aller quémander un bout de pain – parallèlement à cela, la mama africaine ou le « minimum retraité » qui vont remplir leur caddie chez l'oncle Coluche ne cherchent pas non plus à faire la part des sentiments – mais il y a certainement aussi de beaux esprits qui rachètent le tout et donnent une belle couleur à l'œuvre de l'humoriste. Un Coluche exécré tant par les politiques d'alors que par les penseurs – Claude Perdriel : « Une pourriture spontanée et joyeuse » ; Louis Pauwels : « Salopard habillé en salopette » ; Bernard-Henri Lévy : « Poujadisme, vulgarité, violence »[451] – et abondamment récupéré depuis, par une gauche caviar l'ayant vitupéré lors de sa décision de se présenter aux présidentielles de 1981. Osons espérer que sur la tombe de Goldman ne se trouvera pas un Jacques Attali bis pour venir sangloter devant les caméras : « Salut ma poule ! » Une bonne « poule », dont la totalité des frais d'obsèques furent néanmoins réglés par Pierre Botton, ami sincère de Coluche. Quelques années plus tard, en mesure de s'acquitter de ce qu'elle pensait être une dette, Véronique Colucci se présenta au domicile

---

450. *Télémoustique*, 12 décembre 2001.

451. Emmanuel Ratier, *Encyclopédie politique française*, Faits et Documents, 2005.

du célèbre homme d'affaires, rue de Berri, un chèque à la main. Botton déchira le chèque sous ses yeux.

En dehors des « Chanteurs sans frontières », pour l'Éthiopie et des Restos du Cœur, Jean-Jacques Goldman a offert son talent, ses royalties ou sa simple participation à d'autres causes, telle celle, éminemment bouleversante, des boat people. On se souvient de son solo guitare dans « Dernier matin d'Asie », de Sampan, en 1987, un titre resté bloqué dix ans à cause de problèmes de droit entre maisons d'édition ! Il s'est également prêté à des apparitions dans des clips à vocation humanitaire, on l'a vu aux côtés du publicitaire Zinedine Zidane, parrain d'ELA (Association européenne contre les leucodystrophies). On pense également à « Ensemble », à Solidays, à Solidarité Inondations, à son soutien à la fondation Daniel Balavoine et à son aide à Yannick Noah, etc. la condition est toujours la même, *sine qua none* : que ça marche ! *La pire des choses, c'est de faire quelque chose comme ça, et que cela soit un échec. Par contre, lorsque je sens que cela peut marcher, comme cette tournée des Enfoirés qui a eu un grand retentissement, qui a généré beaucoup d'argent et qui a donné la pêche à tous les bénévoles des Restos du Cœur, pour en plus, une action que je trouve très positive et qui est sans tache, pour l'instant, dans ce cas-là, je suis d'accord pour y participer. A priori, il faut que la cause soit juste – évidemment, si – mais surtout que ce qu'on fait ait du succès*[452]. En 2000, soit quinze ans après les débuts de l'association et après dix albums différents vendus au bénéfice des Restos du Cœur, quarante mille bénévoles auront distribué soixante millions de repas.

C'est en compagnie d'un Goldman plus secret que nous terminerons ce chapitre. Nous sommes à Ouveillan, un village de deux mille habitants, entre Narbonne et Béziers, pas très loin des inspirations de Nougaro. Un pays rude où il faut sans cesse donner à la terre pour que la terre vous le rende en bienfaits. À force d'obstination et de solidarité, les gens de cette région essentiellement viticole surmontèrent les handicaps et, à l'orée du XXe siècle,

---

452. RTL, *Génération laser,* novembre 1991.

ils se regroupèrent en coopérative pour donner à leur « petit vin de pays » un beau début de notoriété. Une fierté bientôt remise en cause par la force des éléments qui frappèrent les vignes à la fin de l'été 1992. Le pacte entre le ciel et la terre était rompu et si Ouveillan fut moins touché que Vaison-la-Romaine, vedette médiatique de ce tragique épisode, les dégâts constatés mirent provisoirement les enthousiasmes en berne. La France entière fit cause commune pour tendre la main aux sinistrés de l'Aude. Parmi les artistes mobilisés, si tant est qu'il y en eut pléthore, Jean-Jacques Goldman proposa de donner un concert à Narbonne, l'automne suivant. Ce qu'il fit. « Au village son geste nous a touchés, témoigne Armand, un viticulteur d'Ouveillan. Une fois que tout est à peu près rentré dans l'ordre, on a eu envie de le remercier. » Une vigne ! C'est ce que Jean-Jacques reçut en cadeau. Touché, il fit savoir qu'il avait ce qu'il fallait et suggéra que la vigne revint plutôt à une association. *Les Restos du Cœur, par exemple ?* Vendu ! À l'été 1994, à la faveur d'une visite du chanteur dans la commune, un marché fut conclu avec les ouvriers de la coopérative. *Bon, c'est donnant-donnant, si vous voulez vraiment offrir une cuvée aux Restos du Cœur, moi je viens faire un concert ici cet été au profit des Restos. Ça vous dit ?* « Le courant est passé immédiatement entre lui et les gars, poursuit Armand [...] Je me souviens, ils ont tous éclaté de rire quand il a demandé :

– Et vous produisez combien de centaines de litres par an ?

– Oh, Jean-Jacques ! On ne compte pas en centaines, on compte en hectos ! »

Au tour de Goldman de rire de bon cœur. Fine mouche, il eut sa revanche au moment où il demanda quel lieu serait susceptible d'accueillir son spectacle. « Il y a bien une abbaye en ruine, tout près d'ici, on peut y accueillir jusqu'à cinq cents personnes », lui fut-il fièrement répondu. Et lui, triomphant :

– Eh, les gars… Moi aussi je compte en hectos ! »

Finalement, le parking de la coopérative fut réquisitionné et les deux mille âmes d'Ouveillan se mirent en quatre pour en accueillir presque le triple, sous une pluie battante. Un concert mémorable et une recette à l'avenant pour les Restos. « Alors, on a recommencé, explique Armand. L'année d'après, et celle d'après, et tous les ans depuis 1995 (Jean-Jacques ne nous a pas laissé tomber, c'est devenu un ami. Il est là, tous les ans, fidèle au poste [...] Chaque année, on fait les vendanges du Cœur, toujours pour les Restos... Sur l'étiquette des bouteilles, on a imprimé cette phrase de Jean-Jacques, que j'aime bien : "Les idées, c'est comme les vignes, il faut qu'elles soient saines, généreuses, des hommes attentifs pour qu'elles poussent. Voilà pourquoi cette idée-là grandit si bien ici." [...] Dans une de ses chansons, Jean-Jacques parle de *"Changer la vie"*... Chez nous, depuis 1994, plus rien n'est tout à fait pareil. Je ne saurais pas vous dire exactement quoi, mais effectivement quelque chose a changé. » La magie Goldman. Celui que nous aimons.

La presse en respect

On me reproche de vouloir le beurre et l'argent du beurre et ma réponse est oui !

Le nouvel album de JJG ne sera pas disponible avant la fin 1987. Selon l'usage désormais consacré, un 45 tours est annoncé en avant-première pour le printemps : « Elle a fait un bébé toute seule ». Philippe Lavil doit encore s'en souvenir… Présentés par Jean Mareska en des temps écoulés où la vieille TSF postillonnait toujours et réclamait son Jaboune, Goldman et Lavil s'estimèrent d'emblée. Tous deux font partie des refoulés de WEA. Les incompris ont la fibre solidaire. On se souvient qu'en 1983 Philippe avait convié Jean-Jacques et son épouse à son mariage. Fou ce que le lauréat de « Il suffira d'un signe » recevait comme cartons, depuis l'année précédente ! *La célébrité amène à des choses curieuses. Même des vieux copains m'invitent à des fêtes où ils ne s'occuperont pas de moi. C'est juste pour dire : « Il y aura la potiche chinoise de ma grand-mère et il y aura Goldman. Ils se sentent valorisés par ma présence. Ce n'est plus pour moi qu'ils m'invitent, mais pour ce que je représente*[453]. »

---

453. *Chanson*, n° 10, 1984.

En 1986 c'est à Lavil et pas à un autre que Jean-Jacques songea en accouchant de « Elle a fait un bébé toute seule » [454]. Ce reggae abâtardi siérait parfaitement à la nonchalance du séducteur antillais. Erreur. Le béké au bec fin préfère « l'amour en mer » aux contingences terrestres. Il déclina l'offre. Jean-Jacques garda sa chanson, en modifia le tempo, alignant ainsi un nouveau succès, un country-folk détonant dans la basse-cour musicale du moment. Une fois encore, en allant jouer dans le 110 C de Dolly Parton, il vise dans le 1000. Qu'il se soit inspiré de l'époque ou que l'époque se soit reconnue en lui à travers le phénomène sociétal des mères porteuses et autres bébés conçus orphelins [455], il est là, établi à demeure. Ses doutes et son sentiment de saturation ne changeront rien à son omniprésence.

En novembre 1987, ce n'est pas une couche qu'il remet, mais deux, avec la sortie d'un album double, bicéphale et autocomplémentaire. Une originalité née d'une volonté d'allier les obligations d'un album grand public à une création *sans programmation, ni boîtes à rythmes, jouée par des êtres humains sur des instruments naturels, dans des conditions de quasi-direct* [456]. Le titre de l'ensemble : *Entre gris clair et gris foncé*. Un sous-entendu politique, dans une France ayant délibérément opté pour une cohabitation gouvernementale. Avec des thèmes toujours les mêmes, quand tant de choses restent à dire, sur le fond, Goldman ne se renouvelle pas, mais il poursuit dans l'excellence consensuelle, avec une approche plus mûre des choses et des êtres. « Puisque tu pars », « Là-bas », « Il changeait la vie », « Peur de rien blues », « Filles faciles »... Un album riche en tubes présents et à venir, qui augure d'une nouvelle tournée-fleuve, programmée de mars 1988 à janvier 1989, soit quarante-sept dates. Des tubes qui émanent d'abord de souffrances intimes entre l'auteur et le compositeur, les deux face aux mêmes. Difficile d'extraire

454. Site www.parler-de-sa-vie.net.
455. L'insémination artificielle ne date pas des années 80. Pour exemple, on sait aujourd'hui qu'Elizabeth II et sa sœur Margaret, conçues respectivement en 1926 et 1930, le furent grâce à cette méthode.
456. *Jukebox magazine,* n° 56, février 1992.

une seule chanson dans ce nouveau boisseau, pour ne retenir qu'elle au détriment des autres. Nous en choisirons donc deux, en commençant par « Là-bas », l'un des titres les plus nobles de Goldman. Pas tant pour le thème, réchauffé, radoté, usé, de l'exode, pour nous, veinards d'Européens, mais à cause de celle qui incarne la trame de cette chanson : Sirima. Sirima, une jeune chanteuse sri-lankaise dégotée par un proche de Goldman dans le métro, à laquelle celui-ci proposa, devant un verre, dans un bistrot à Châtelet, et après essais en studios, de ne plus officier dans les courants d'air devant des gens pressés ou indifférents. Une fille de caractère, au visage pur et à la fin tragique, victime d'un compagnon jaloux qui lui donna la mort en la lardant de coups de couteau, sans réussir à éteindre sa voix. *On a tant d'amour à faire / Et de bonheur à venir / Je te veux mari et père / Et toi tu rêves de partir...* Bouleversé, Jean-Jacques le fut, bien sûr. À sa manière. Il venait de perdre un bout d'aile, mais la douleur n'est pas un spectacle. *Si l'on prend les débuts, depuis que je fais de la musique, que ce soit avec Taï Phong ou d'autres groupes, c'étaient des gens qui chantaient ensemble. Ce qui est plutôt un épiphénomène, c'est quand je chante tout seul. Le fait de rechanter par la suite avec d'autres, c'était quelque chose qui m'était naturel* [457].

Dans la même mouvance nostalgique que « Là-bas », nos suffrages vont à « Puisque tu pars », pour la pureté de l'amour filial qui sauve de bien des naufrages mais n'atteindra jamais au goût les sucres d'orge donnés à suçoter par Margaret Mitchell à toutes les pucelles de l'entre-deux-guerres, dans un fracas de remords, de ruptures passionnelles et de sentiments écorchés. Le départ du foyer d'un enfant adoré est un deuil guérissable. L'amour pour un étranger appelle des abnégations beaucoup plus déraisonnables et des retours de flammes dont on se remet plus difficilement. L'hommage le plus ferme et à la fois le plus cynique qui pouvait être rendu aux chansons et à leur impact sur les êtres

---

457. RTL, *Génération laser,* novembre 1991.

tient dans une lettre adressée par Jean-Jacques à Marcel Amont, en 1993, pour les besoins de son livre *Une chanson, qu'y-a-t-il à l'intérieur d'une chanson*[458] ? L'une de ces petites histoires qui doublent la grande et rend leur hégémonie aux petits chanteurs de pacotille. *J'étais en tournée en Afrique, une vingtaine de concerts au Sénégal, Côte-d'Ivoire, Togo, Zaïre, Gabon* [précisément la tournée de 1988]. *Dans l'équipe des organisateurs, une jeune fille, comptable, qui a donc suivi la tournée. À la fin du dernier concert, je la croise en larmes.*

– Que vous arrive-t-il ?

– Pour la première fois, puisqu'il n'y a plus de comptes à faire, j'ai pu assister à la fin du spectacle.

– Et alors ?

– Alors, j'ai entendu la dernière chanson, « Puisque tu pars ».

– Et alors ?

(Elle me tend une lettre).

– Alors, j'étais tombée amoureuse d'un homme à cause de cette lettre que je trouvais si belle…

– Le type avait tranquillement recopié le texte de la chanson et signé de son nom…

Des paysages exotiques, des milliers de visages souriants, des émeutes parfois, à Bali ou à Madagascar : partout un succès monstrueux pour la tournée Goldman 1988. Même aux Francofolies ! À Paris, ils créent l'événement. Rompu à l'art de l'originalité et du marketing, Jean-Jacques décide de se produire dans plusieurs salles, de la plus petite, le Bataclan (trois jours) à la plus grande, le Zénith (trois semaines), via l'Olympia (deux jours) et le Palais des Sports (deux semaines). Au total, 150 000 Parisiens répondront présent à son invitation payante, sous les lumières de Jacques Rouveyrollis. Une prouesse. Goldman, dieu unique ? *« The normal pop idol »*, selon la définition très américaine de l'*International Tribune*[459]. À présent, il pèse lourd. Derechef, on l'interroge sur son humilité face

---

458. Paru au Seuil en 1994.
459. 19 mars 1987.

au triomphe et sur son refus suspect à jouer les chanteurs engagés. *C'est probablement pas moi qui vais changer le monde, je préviens les gens* [...] *Quand on voit, par exemple, tout ce qu'a pu dire Dylan avec beaucoup de talent et que cela n'a pas empêché la guerre du Viêtnam ou l'avènement de Reagan... Je trouve que ça relativise terriblement. Moi, j'ai chanté « Je te donne » il y a deux, trois ans, qui a été un énorme tube et paf ! Le Front national est à 14 %... Je trouve que ça relativise un peu tout ! Vous ne croyez pas*[460] ? Constat d'échec du militant malgré lui ou sentiment d'impuissance du chanteur utilitaire ?

Les médias pour les médias, Goldman s'en passerait volontiers. Allergique à la critique quand elle émane d'incompétents notoires ou encore lorsqu'elle se fourvoie dans des jugements de valeur, il estime ne rien devoir aux journalistes dans ce qui lui arrive. À présent que le voilà en position de force, lui qui n'a jamais été complaisant à leur égard, il leur mène la vie dure et cela ira crescendo. Rapporteur d'un débat privé sur le sujet entre Goldman, Cabrel, Souchon et Yves Simon, Thierry Séchan n'y résiste pas. « Et maintenant, Jean-Jacques Goldman va prouver qu'un bon chanteur, gentil, honnête et généreux, peut énoncer gravement d'énormes bêtises : "*S'il n'y avait rien au niveau des médias, ce serait mieux pour nous, voilà, ça c'est une chose à dire. S'il n'y avait pas de télé, pas de radio, pas de presse, pour personne, rien que le public, ce serait mieux pour nous. Quand on sort du tamis des médias, on est défavorisés, et dévalorisés : la conclusion, c'est qu'il y a un boulot négatif qui a été fait contre la chanson française.*" Hélas, la vérité, c'est l'inverse. Sans médias, pas de public. Sans public, pas de chanteur. Depuis une bonne douzaine d'années, les radios passent les chansons de Goldman à longueur de journée. Ses clips sont régulièrement programmés sur M6 et sur MCM. Si ce n'était pas le cas, comment connaîtrait-on ses chansons ? Qui irait à ses concerts ? Jean-Jacques Goldman peut-il vraiment ignorer

---

460. France 2, *Tous pour la musique,* 2 juin 1988.

que des dizaines, voire des centaines d'excellents chanteurs ne vendent pas un disque, faute de passer en radio et en télé ? Comment se faire connaître du public sans pu-bli-ci-té ? Et qu'est-ce que la médiatisation d'une œuvre et/ou d'un artiste, sinon de la pu-bli-ci-té pour l'œuvre et pour l'artiste ? [461] »

Réaction indirecte de Goldman : *On me reproche de vouloir le beurre et l'argent du beurre et ma réponse est oui !* [...] *Je voudrais faire mon métier en mettant mes chansons plus en avant que moi-même* [462]. Pour arriver à ce résultat, il refuse de paraître en couverture des magazines, people ou autres, et de participer à des émissions-débats. Cette attitude un rien paranoïaque vis-à-vis des médias, parfaitement légitime et compréhensible eu égard aux dérives constatées quotidiennement, Goldman va la pousser au point d'envisager de ne plus envoyer ses disques aux journalistes. *La presse n'a pas à être sollicitée par les maisons de disques, c'est au journaliste d'aller chercher l'information, parce c'est l'essence même de son travail. Ce n'est pas à nous, artistes, de nous vendre, ni de solliciter la bienveillance des médias. Lorsqu'un auteur publie un livre, qu'un chanteur sort un disque ou qu'un réalisateur présente un film, le journaliste devrait avoir envie d'en savoir davantage par lui-même* [463]. Là, on le croit définitivement perdu pour les réalités de ce monde. Fort heureusement, la rationalité de Goldman revient au galop : *Si je préfère que mon disque ne circule pas avant sa sortie publique, c'est tout simplement pour éviter qu'il soit téléchargé et qu'il passe en radio avant d'arriver dans les bacs* [464].

Toute peine mérite salaire. Quand, en janvier 1988, la profession lui décerne une Victoire de la Musique pour la tournée ayant généré le plus de spectateurs, Goldman ne se rue pas dessus mais il prend. Non sans y aller de son militantisme ; une telle cérémonie aurait gagné à être diffusée sur une chaîne

461. *Nos amis les chanteurs, 2, Le retour,* Les Belles Lettres, 1994.
462. *Télé Loisirs,* janvier 2002.
463. *Le Nouvel Observateur,* 20 décembre 2000.
464. *Ibid.*

musicale. Une allusion appuyée à sa co-intervention auprès des pouvoirs publics pour tenter de sauver TV6. *La suppression de la sixième chaîne musicale change beaucoup de choses. Cela a été très net. Le jour où elle a été supprimée, le marché du disque a baissé de 30%! Pour la chanson française, c'est un arrêt de mort*[465] ! Les médias auraient-ils tout soudain quelque utilité ?

---

465. *Ciné Revue,* mai 1987.

Fredericks-Goldman-Jones et... Brassens !

J'ai quand même l'impression de faire les choses un peu différemment des autres[466].

En 1989, la République tape dans les caisses et déploie ses fastes bobos pour commémorer le bicentenaire de la prise de la Bastille. Chez les Goldman, la Révolution est un mythe, mais le patriarche n'est plus là pour souffler les bougies. Le 1er décembre de l'année précédente, il est parti, tandis que Jean-Jacques achevait sa tournée à Bruxelles, au fameux Forest National. Une disparition très discrète, à peine relatée dans *Libération* et que les Belges reprirent à leur compte en soulignant la dignité du chanteur dans l'épreuve. En 1999, Goldman confia à Alain Etchegoyen avoir choqué ses enfants, en leur exposant sa théorie de la famille. *On parlait d'amour et je leur disais que j'avais l'impression que je pouvais aimer d'autres enfants autant qu'eux. Non seulement je pouvais aimer d'autres enfants autant qu'eux, mais j'avais l'impression aussi que je pourrais éventuellement ne pas aimer un de mes enfants ; enfin, j'avais l'impression d'avoir un amour assez conditionnel.*

---

466. *Numéro 1 magazine,* août 1985.

Il me semble tout à fait possible de ne pas aimer des gens de ma famille et d'en aimer d'autres, je le sais, aussi fort que certaines personnes de ma famille[467]. Des ambiguïtés qui n'en sont plus dès lors que l'on apprend à distinguer l'ennemi pour mieux le neutraliser. Or l'amour pudique et le respect inconditionnel et illimité que Jean-Jacques vouait à Mojsze Goldman rendent caduque toute suspicion quant à la solidité des liens qui l'attachaient à cet homme que les aléas lui donnèrent pour géniteur et pour guide un jour de 1951.

Avant que la nouvelle ne soit rendue publique, Jean-Jacques a d'abord tout fait pour cacher la sombre nouvelle à son entourage professionnel, comme l'explique le journaliste belge Jean-Luc Cambier. « Pour que rien ne change autour de lui, que le moins de monde possible ne soit pris entre la peine partagée et les obligations de la scène. Chaque soir, après le spectacle, il rentrait chez lui et revenait pour le concert suivant. Pendant quasiment tous les soirs bruxellois, il aura donc joué avec le deuil en tête. Et il y avait de quoi être ému quand on pense aux textes qu'il chantait, de "Famille" à "Puisque tu pars"[468]. » Cambier qui connaît bien Goldman se laisse emporter par une émotion sincèrement vécue de part et d'autre. « Il n'est guère d'artistes pour aimer autant leur musique et leur public [...] Alors, si j'écris ces quelques lignes trop personnelles pour ne pas être maladroites, c'est qu'il faudrait que le public sache qui il aime. Ce n'est pas rien de l'admirer et de vouloir un peu le mériter. Nous n'avons pas le problème d'être une star à visage humain, mais ce ne serait pas déjà si simple d'être parfois un homme sur ce modèle. » Pour peu qu'ils ne se laissent pas corrompre, les journalistes belges ont généralement cet avantage sur leurs confrères français d'être en prise directe avec la réalité des êtres et des choses. Pour suivre Goldman depuis ses débuts, Cambier est dedans lorsque par ailleurs il écrit : « Il y aurait des conclusions définitives à tirer de cette autocensure que s'imposent volontairement

---

467. Alain Etchegoyen et Jean-Jacques Goldman, *op. cit.*
468. *Télémoustique,* décembre 1988.

les journalistes qui l'ont approché. Il y a des choses qu'on voit et qu'on ne dira pas, qu'on apprend, qu'on sait et qu'on ne répétera pas. Rien d'inavouable de toute façon, mais on ne voudrait pas être moins fair-play que lui en enfreignant les règles du jeu. » Master classe !

1989 est une année plutôt zen pour Goldman, comparée aux précédentes. Une période d'observation. En dehors de la sortie de *Traces,* l'album *live* de la dernière tournée, accompagné d'une vidéo, rien d'important, sinon sa B.A. annuelle aux Restos du Cœur et l'écriture de bandes originales de films, dont nous avons déjà fait état. Après des années de mouvement perpétuel, le « caffra » semble comme en sommeil, mais un créatif ne dort jamais que d'un œil et sur une oreille. Le problème du renouvellement de l'inspiration. Plus que jamais, il s'en inquiète. C'est donc qu'il a des solutions. Le meilleur moyen de changer de peau en restant maître de ses poils : Fredericks-Goldman-Jones ! Il y a déjà un moment qu'il y pensait à ce trio, quelque temps déjà qu'il sentait poindre le concept. Michael Jones, Carole Fredericks et lui. Lui, Carole Fredericks et Michael Jones, le Juif, la Noire et le Gallois, le « chanteur utilitaire », la chanteuse à tripes et la bête de scène, chacun greffant l'autre de ses différences ; tous trois égaux et complémentaires face au public. Rien n'est encore joué, mais les partitions sont prêtes et les textes en gestation. Entrés en studio en mai 1990, les trois complices en ressortent aux derniers jours d'octobre, pour un album livré en fin d'année.

Oh ! Tout n'a pas été si vite ! Le créateur apportant la matière au financier qui n'est que le moyen, la première fois que Jean-Jacques a fait part de son projet à Alain de Bodinat, le successeur d'Alain Lévy à la tête de Sony, celui-ci n'a pas cherché à le contrecarrer. *Ils ont été attentifs, en tout cas, et ils n'ont pas du tout eu d'a priori contre. Ils ont essayé de comprendre. J'ai essayé de leur expliquer et ils m'ont tout de suite aidé*[469].

469. RTL, *Génération laser,* novembre 1991.

L'association entre Jean-Jacques, Carole et Michael est une espèce d'évidence. *Ça n'a pas été une discussion à trois. C'est un fait qui s'est imposé à moi. J'ai commencé à composer des chansons et, arrivé à huit chansons, je me suis aperçu que les huit étaient des duos ou des trios. Je me suis dit : « Qu'est-ce que je fais : je jette tout pour écrire un album solo pour des raisons de carrière ? », ce qui pour moi était impossible. L'autre chose, c'était comment je l'appelle :* Jean-Jacques Goldman et quelques amis ? *C'était presque une escroquerie, dans le sens où il y a une chanson que je chante seul* [...] *Il aurait pu s'appeler* Guitare et voix [...] *mais il me semblait que, déjà,* Fredericks-Goldman-Jones, *c'était un truc assez difficile à avaler* [470] !

Depuis 1983, après qu'ils se sont professionnellement retrouvés, Goldman et Jones ne se sont jamais plus quittés. En 1984, Jean-Jacques a même écrit « Viens », pour Michael, poussant souvent à la roue pour valoriser la carrière solo de son guitariste et ami. Sans beaucoup de résultat. Vocalement, Jones est peut-être supérieur à Goldman, itou le musicien, mais Jean-Jacques bénéficie de tout le reste. Le doigt du destin était pointé sur lui. Quant à Carole – retournée à ses chœurs après la tournée de 1986 – Goldman l'a réembauchée en 1989 pour l'enregistrement de « Brother », extrait de la bande originale de *L'union sacrée.* L'Américaine explique la décision de Goldman de l'impliquer dans ce nouveau projet de trio par la générosité d'un « musicien qui n'a pas peur de partager. Avec Michael, on était toujours sur le devant de la scène. Jean-Jacques a simplement voulu régulariser la situation. C'était logique pour lui de former ce trio. Et ça ne lui a rien enlevé. Je ne connais pas beaucoup d'artistes français qui auraient eu cette attitude, pourtant ça se fait dans tous les autres pays [471]. »

La sortie de l'album Fredericks-Goldman-Jones est accompagnée de moult précautions. Dans un communiqué adressé aux journaux, il est demandé « d'en aucun cas se servir d'un

470. RTL, *Génération laser,* novembre 1991.
471. *Platine,* décembre 1997.

visuel de Jean-Jacques Goldman pour le mettre en couverture » et de ne « pas citer son nom ou dire qu'il y a un papier sur lui dans le journal dans un message publicitaire, qu'il soit radio, télévisé ou presse[472]. » Encore une « bizarrerie » de la maison Goldman, murmure-t-on. Elle ne traduit chez Jean-Jacques qu'une volonté expresse de se fondre dans un groupe. Ce que d'aucuns assimileront à une stratégie commerciale. L'un peut-il aller sans l'autre ? À l'instar des précédents, le précieux opus sera découpé en singles lancés à intervalles réguliers comme autant de satellites gagnants, l'album en lui-même ayant été classé d'entrée au sommet des hit-parades. La machinerie Goldman. Qui l'arrêtera ? Au printemps 1991, l'aventure repart. Fredericks et Jones, d'accord, mais c'est Jean-Jacques que l'on attend un peu partout. Ils vont en avoir ! De l'île de la Réunion où l'accueil a toujours été délirant, au grandiose événement du concert de l'Esplanade de Vincennes – une scène équipée de plateaux mobiles permet aux musiciens de se mouvoir dans l'espace – en passant par Paris (La Cigale, le Zénith) et toutes les villes de province habituelles, d'avril à décembre et plus si affinités, avec une interruption en août, les foules vont se déplacer en masse pour découvrir le nouveau Goldman, en réclamant au passage une resucée d'ancien. Musicalement, l'évolution du chanteur va aller de pair avec celle d'une partie de son public. À 40 ans, l'homme conserve encore les apanages d'une séduction intarissable, mais les petites filles hurlantes du début ne sont plus là pour continuer à confondre Jean-Jacques avec Patriiiiiick ! Elles sont mariées pour certaines et, toutes seules ou pas, elles ont fait des bébés qu'elles emmèneront bientôt voir les spectacles d'Henri Dès. À mesure, elles ont laissé la place à des gens plus mûrs et plus en phase avec le nouveau répertoire de JJG, mais aussi avec ses primes compositions. *Lorsque j'écrivais « Quelque chose de bizarre », qui était tiré d'une nouvelle d'Edgar Poe, ou alors « Il suffira d'un signe », qui est vraiment un texte assez noir, assez dur* […] *C'était pas*

472. *Jukebox magazine*, n° 56, février 1992.

du tout pour moi des chansons qui s'adressaient à un public adolescent ou très jeune[473]. Goldman commence à sortir de son décalage. *Il y a plus d'hommes qui viennent*[474].

Du californien – « avec un son de guitare velouté ("La Nuit", "C'est pas d' l'amour"), cuivré "Je l'aime aussi", "Peurs") – à l'antillais (« À nos actes manqués »), jusqu'au rock, avec un retour à l'époque bercée par Aretha Franklin et Jimi Hendrix, *Fredericks-Goldman-Jones* est un disque d'ambiance. La scène en restitue la texture, sans reléguer les textes au second plan. Des textes sans surprises, conformes aux interrogations habituelles de son auteur avec un vocabulaire volontairement limité à quatre ou cinq cents mots au service de quelques idées fortes. Jean-Jacques plaide coupable. *Ça reste aussi une nécessité de dire que je ne changerai pas dans le fond, parce que je ne vais pas augmenter mon vocabulaire ou mes suites d'accord, ni changer mes tics*[475]. Or, à l'écoute de ces chansons nouvelles, le sensuel recouvre tout. Et l'émotion. La voix de Jean-Jacques, mêlée à celle des deux autres, agit de la même façon sur les organes. Peu importe la sensation d'entendre parfois la même chanson depuis dix ans. Si Goldman est une mécanique, il est aussi et surtout un instinct. « Le style n'est pas une affaire de technique mais de vision », estimait Proust.

Dans cet album à trois voix, un titre se démarque incontestablement : « Né en 17 à Leidenstadt ». Géographiquement, Leidenstadt ne correspond à rien, c'est le nom d'une ville imaginaire, inventée par l'auteur. De même que, Thierry Séchan saura le faire remarquer à Jean-Jacques : « Jamais l'on ne s'est battu sur le sol allemand, lors de la Première Guerre mondiale. » Des détails qui ne doivent pas nous détourner de l'intérêt de la question posée par le chanteur à travers cette chanson datée pour la forme : qu'aurions-nous fait et que ferions-nous de notre belle conscience, placés en telle situation, à telle époque, face au danger, à la peur, au choix lancinant d'être un lâche, un héros,

---

473. RTL, *Génération laser,* novembre 1991.
474. *Ibid.*
475. *Le Soir,* 16 février 1994.

ou rien ? Il ne répond pas à la question, préférant l'esquive à la leçon de morale, l'humilité aux jugements expéditifs. *On ne saura jamais ce qu'on a vraiment dans nos ventres / Caché derrière nos apparences [...] Et qu'on nous épargne à toi et moi si possible très longtemps / D'avoir à choisir un camp.* Sagesse de l'homme fou.

C'est pourtant bien l'auteur de « Né en 17 à Leidenstadt » qui froissera une partie de l'opinion, quelques années plus tard, en jetant l'opprobre sur un pacifiste notoire, également l'une des figures les plus populaires parmi les intouchables de la chanson française. 1er novembre 2001 : hommage à Georges Brassens sur Antenne 2, à l'occasion du vingtième anniversaire de la disparition du poète. Une émission présentée par Michel Drucker et Maxime Le Forestier, avec une myriade d'artistes venus s'incliner devant l'œuvre du maître. Parmi eux, Goldman, qui plombe la soirée en déclarant en toute fin de programme qu'il y a *des choses dans Brassens qu'on détestait.* Et de s'en référer à « Mourir pour des idées », qu'il n'hésite pas à qualifier d'*obscène !* Quelle mouche a piqué notre « Chinois », d'ordinaire plutôt enclin à la modération ?

Plus qu'une histoire, cette chanson a une vocation. Son auteur s'en était ouvert à André Tillieu. « La mort de n'importe qui est toujours triste. Et il y a peut-être une sorte de noblesse à mourir pour une idée, même si cette idée est fausse. N'empêche, c'est encore plus triste de mourir pour rien ou de se tromper de mort[476]. » La ligne de force de la chanson se situe dans le troisième couplet, quand « le Gorille » s'élève contre « les poètes de l'arrière », contre ceux qui ont « placé leur fauteuil dans le sens de l'Histoire » : Les « Saint-Jean Bouche d'or qui prêchent le martyre / Le plus souvent d'ailleurs s'attardent ici-bas. » Comprendre « les planqués qui, peinardement, de chez eux, donnent des ordres pour que d'autres se fassent casser la gueule. » « Tu sais, confia le Sétois à son ami Tillieu, j'ai toujours été beaucoup plus opposé aux états-majors qu'à la piétaille. Pour

---

476. André Tillieu, « Mourir pour des idées », *Les Amis de Georges*, n° 85, mai-juin 2005.

un Che Guevara, que de bavards et de dangereux ! » Tillieu en tirera l'analyse suivante : « La question qui se pose – et que pose Brassens – est de savoir si on a le droit d'utiliser une certaine habileté, voire une certaine incapacité intellectuelle pour envoyer au charbon, à la corrida, des adolescents facilement emballés et que leur jeune âge n'a pas armés pour contrecarrer les enthousiasmes trop hâtifs. »

Dans *Le rêveur blessé*[477], feu Christian de La Mazière[478] affirme que Brassens lui avait dédié « Mourir pour des idées ». Mieux, il prétend que son best-seller, *Le rêveur casqué,* par lequel il révéla, en 1970, son engagement au sein de la fameuse division Charlemagne, un regroupement de jeunes Français partis combattre sur le front de l'Est sous l'uniforme allemand au nom d'un idéal anticommuniste, inspira directement Brassens pour l'écriture de « Mourir pour des idées » : « J'avais envoyé le livre à Georges qui, après l'avoir lu, me téléphona pour me dire que cela lui avait inspiré une chanson. Ce fut une chanson fameuse quoique peu diffusée : "Mourir pour des idées". On devine ce que pouvait penser Brassens d'une telle disposition d'esprit, et le refrain était très clair : "Mourir pour des idées, d'accord, mais de mort lente !" La chanson passa très peu de jours à la radio, après quoi elle fut systématiquement bannie des programmes. » Gracié par Vincent Auriol, après quelques années de détention, De La Mazière, un temps secrétaire de Dalida, occupa des fonctions importantes dans le cinéma français, en qualité d'agent de publicité. À ce titre, il participa au lancement des plus grandes productions de l'après-guerre, frayant avec tout le gratin de l'époque. Brassens et lui s'étaient rencontrés sur le plateau de *Porte des Lilas*, de René Clair, d'après le roman de René Fallet. Ils devinrent amis et le restèrent jusqu'à la mort du Sétois, en 1981.

477. Paru en 2003 aux Éditons de Fallois.

478. Fils d'un officier français dans la mission Weygand sur le front polonais, De la Mazière, né en 1922, fut élevé à Varsovie par son père, à une époque où Alter Mojsze Goldman, encore enfant, s'activait dans les rangs de la section juive du parti communiste. Politiquement et idéologiquement, rien ne pouvait opposer davantage ces deux hommes.

Goldman avait-il eu connaissance de cette anecdote ? Cela aurait expliqué aisément son malaise. Or *Le Rêveur blessé* date de 2003 et nous étions en 2001. Quelques jours après l'hommage à Brassens sur Antenne 2, la journaliste Sophie Delassein se fit fort d'interroger Jean-Jacques sur les raisons de sa sortie de gond chez Drucker. « Vous avez choqué beaucoup de monde en déclarant que "Mourir pour des idées", la chanson de Brassens, était obscène. » Loin de se renier, Goldman en remit une couche : *En plein milieu de cet hommage à l'anarchiste Brassens, j'apprends qu'il a fait le STO, le Service du travail obligatoire, où il a fabriqué des moteurs d'avion. Là, je ne lui reproche rien, personne n'est tenu d'être un héros ! Mais qu'après la guerre, alors que des résistants se sont battus, se sont fait torturer ou fusiller, monsieur Brassens puisse prendre sa guitare pour chanter que toutes les idées se valent, alors oui, je trouve ça obscène*[479]. « Les Amis de Georges », l'association tenue de main d'orfèvre par Jean-Paul Sermonte ne resta pas sans réaction face à des paroles jugées « fielleuses ». Dans une lettre ouverte à Goldman, publiée dans la revue de l'association, Sermonte rappela que, sur les circonstances de son départ au STO, le poète s'était déjà expliqué. « Goldman n'en veut pas à Brassens de ne pas être un héros. Merci Goldman. Il laisse quand même supposer que l'anarchiste Brassens fabriquait des moteurs d'avion allemands, sous-entendu ceux-là mêmes qui tuaient les Alliés. Qu'un jeune admirateur de Goldman entende de telles assertions et il pensera que Brassens était un pleutre, un traître, un collabo ! Libre à Jean-Jacques Goldman de donner son avis sur l'œuvre (qu'il connaît fort mal) de Brassens, mais qu'il tienne pareil discours relève sinon de la malveillance, du moins de la stupidité. Cette chanson est un chef-d'œuvre de tolérance, de non-violence, de respect de toute vie. » Et Sermonte de souligner que la position de Brassens était la suivante : « Tous ceux qui emploient la violence pour défendre quelque

479. *Le Nouvel Observateur,* décembre 2001.

idée prouvent que cette idée est mauvaise. » Une vue des choses radicalement opposée à celle de Goldman. *Le Soir* (Belgique), 16 février 1994 : *C'est Renaud qui dit qu'aucune guerre, quelle qu'elle soit, ne se justifie. Je ne suis pas du tout d'accord. Il y a des fois où t'as pas le choix, ou alors il faut mourir* [...] *Il va falloir tuer des Serbes pour que ça s'arrête, pour sauver des Bosniaques. C'est le seul moyen. On attend ça. C'est de l'arithmétique atroce, abstraite pour nous, concrète pour eux.* Qui pour aller occire les méchants sur leur territoire : le soldat Goldman ? « Mourir pour des idées »...

Interviewé par Jean-Paul Sermonte dès le lendemain de l'émission, Maxime Le Forestier – auteur, en 1975, d'une chanson de soutien en faveur de Pierre Goldman, « La vie d'un homme » – couvrit de manière intelligente et rationnelle son ami Jean-Jacques, sans toutefois charger Brassens. « Je connais bien l'avis de Jean-Jacques sur Brassens. Il lui vient de sa famille, de son père, plus précisément, pour lequel il avait un immense amour et une grande admiration. C'était un homme très droit, qui avait le même âge que Brassens et qui, pendant que Brassens était au STO, était dans la Résistance. Ça, c'est le scénario familial, tel qu'il a toujours été chez les Goldman. Et donc, Jean-Jacques a été touché dans son enfance par cette chanson. À partir de là, qu'il ait eu des mots qui dépassent un peu sa pensée, ce n'est pas anormal. » Ce témoignage démentirait-il le fait que Goldman aurait appris le passé de Brassens en cours d'émission ? Si tel était le cas, on est en droit de penser qu'en acceptant de participer à cet hommage, Jean-Jacques savait ce qu'il allait dire. Son intervention eût-elle pu être coupée au montage ? Intègre, Le Forestier expliqua qu'il avait choisi de la laisser en l'état « parce que je pense que Jean-Jacques est éminemment respectable. Il peut avoir un avis un peu extrême sur un certain aspect de la vie de Brassens, ce n'est pas pour cela que j'aime moins Brassens, ce n'est pas pour cela que j'aime moins Goldman. »

Le Forestier omet une chose importante, dont Jean-Jacques s'est expliqué dans les médias belges : *J'aurais pu ne rien dire lors de l'hommage à Brassens, mais j'étais très énervé. Maxime voulait que je chante « Mourir pour des idées ». Mais je ne peux pas chanter que les idées « toutes entre elles sont ressemblantes ». Moi je ne pense pas ça. Entre un type qui, pour ses idées, meurt en fracassant les* Twin Towers *et celui qui meurt en allant ouvrir une prison, je vois une différence.* Preuve que Goldman n'a pas compris la chanson de Brassens, mais personne ne peut lui reprocher d'avoir livré son sentiment.

Politique show

Il faut être sérieux : vous ne vous imaginez tout de même pas que sous prétexte que j'avais plus de succès que Léo Ferré entre 1980 et 1990, j'aie pu croire que j'avais plus de talent que lui[480] !

Fredericks-Goldman-Jones : suite ! On ne révise pas un tiercé gagnant. Après la sortie d'une première intégrale du chanteur, en 1991, l'année suivante paraît l'album *live* de la *Tournée des trois*. Forgé dans le métal, le boîtier, singulier, a été donné à fabriquer dans une usine de métallurgie en difficulté, située à Montrouge et rachetée par Jean-Jacques. Entretemps, le trio s'est fait asiatique, au Cambodge et au Viêtnam, au service de populations meurtries et chaleureuses néanmoins. Des moments forts. Un an, plus tard, en décembre 1993, l'album *Rouge* voit le jour, atypique, concurremment au livre-coffret du même titre, agrémenté d'une notice explicative de l'auteur, d'illustrations originales signées Lorenzo Matteotti et de plusieurs nouvelles inédites, œuvres du journaliste et écrivain Sorj Chalandon, un proche de la famille Goldman. Le train Fredericks-Goldman-Jones prend de la vitesse et l'épopée JJG va gagner en proportions attendues…

---

480. *Le Point*, 27 mai 1991.

Ce coup-là, notre sympathique Montrougien, il y avait au moins deux ou trois ans qu'il le cogitait : un album en hommage au communisme, dans un pays où le « Père des peuples » trône en rockstar sur les étals des brocantes, le dimanche, jour du Seigneur, défiant quiconque d'affirmer que le rouge pourrait bien être la couleur du diable… Vise un peu la provoc ! Jean-Jacques sourit, il aime regarder s'agiter les forces de la bêtise. Si ailleurs on fronce les sourcils, place du Colonel-Fabien, c'est la jubilation. Les orphelins de Staline en auront pour leurs frais, car ce n'est pas au communisme avec un grand « C » que Goldman a voulu rendre ses lettres de noblesse, mais aux hommes qui ont cru qu'il pouvait en avoir. Les idéaux de papa. Comme quoi, la nostalgie sera toujours ce qu'elle était. Mojsze, encore lui. *C'est un homme qui a toujours dit, chaque fois que je me moquais de lui – fût-ce quand les chars russes entraient à Prague : « Ce ne sont pas les idées qui sont mauvaises, ce sont les hommes. » Il avait raison, les idées restent magnifiques. Pas spécialement les idées communistes, mais mêmes chrétiennes, ces idées altruistes, quoi. Le fait qu'il faut bien vivre ensemble… Le communisme a été l'horreur absolue, la sauvagerie la plus totale. Il fallait que ça meure, il n'y a aucun doute là-dessus. Mais c'est toujours comme on dit : « Il ne faut pas jeter le bébé avec l'eau du bain*[481]. » De quoi rassurer les uns, sans laisser désespérer les autres.

Avec ses cent millions de cadavres, le communisme reste effectivement l'idéologie la plus meurtrière du XXe siècle. Une tumeur maligne sur laquelle toutes les autres sont venues se greffer. À l'instar d'un père demeuré fidèle aux idéaux de justice et de partage entre les êtres – on trouve les mêmes dans la Bible[482] – mais ayant pris ses distances avec les criminels impunis censés les incarner, Jean-Jacques refusera toujours de se produire à la « fête de l'Huma ». Nous avons tous un grand-père ou un vieil

481. *Le Soir,* 16 février 1994.

482. À l'automne 2000, comme il citait Lénine à un journaliste du magazine chrétien de gauche *La Vie* – « La vérité est toujours révolutionnaire » – celui-ci lui opposa une phrase de l'Évangile : « La vérité vous rendra libre. » Synthèse de Goldman : *C'est étonnant cette proximité du christianisme et du marxisme sur bien des aspects…*

oncle embarqué dans un même rêve devenu un mensonge sanglant. Comme eux, Alter Mojsze a eu l'honnêteté et la présence d'esprit de se demander pourquoi le grand frère Ivan invitait les communistes français à des attitudes et à des actions diamétralement contraires à celles prônées ou imposées en URSS, telles que l'exaltation de la patrie, l'émulation dans le travail, l'interdiction des grèves. Des interrogations rappelées par Maurice Druon dans son livre *La France aux ordres d'un cadavre* : « L'idéologie leur faisait un devoir de nuire à leur propre pays. » D'où le coup de sang un peu tardif et presque ridicule d'Yves Montand, en 1981, dans « Match » : « Si je rencontre un communiste de plus de 50 ans, je lui fous mon poing sur la gueule. »

Seul le titre *Rouge,* sur l'album éponyme, traite à proprement parler de l'utopie communiste. Goldman n'est pas Ferrat. Or toutes les interviews tournent autour de cette chanson. Au vu de la passion que met Jean-Jacques à s'étaler sur le sujet, on est en droit de se demander si sa verve n'a pas pour origine sa rancune envers le pouvoir socialiste en place et François Mitterrand en particulier. *My Goldman is rich* et le roi se meurt, le « chanteur utilitaire » peut se permettre de dire plus de choses, de la manière dont il a envie de les exprimer. Encore une fois, il ne dit pas tout, bien sûr, mais la partie émergente de l'iceberg est suffisamment éloquente. Davantage que Jean-Marie Le Pen, qui a le mérite de ne rien cacher et à qui Claude Nougaro, entre autres, accordait le mérite d'énoncer « certaines choses qui sont vraies, la vérité ne m'inquiète pas, c'est le mensonge qui m'inquièterait[483] », sa bête noire politique désignée est « Tonton », et là JJ libère les vannes. Déjà, en préambule au livre *Rouge,* il avait donné le ton en faisant un sort à « Tapie, Fabius, Attali and co », ceux qu'il appelle « la bande à Mitterrand » et qui, selon lui, auraient trahi « le peuple de gauche ». *Parce que des tricheurs se revendiquent des droits de l'homme ou de l'antiracisme, ces idéaux deviennent tricheries. Parce que ces gens-là ont endossé des habits qui n'étaient pas les leurs.*

---

483. Forum *Paris Match* de septembre 1985.

Lorsque Jean-Luc Cambier signale à Goldman qu'il n'a jamais été « si violent et si précis », le Français remercierait presque le Belge de le lui avoir fait remarquer. *Des hommes politiques se sont fait élire sur ces idées. Et puis, quand ils ont eu accès au pouvoir, on les a retrouvés impliqués dans des délits d'initiés. Ce n'est pas rien, c'est quand même piller l'État pour s'enrichir personnellement. Autour de cette bande, il y a beaucoup trop d'hôtels particuliers à Paris, de yachts, de Rolls Royce, d'avions privés…* […] *Arroser ses proches, et sa famille, protéger ses partisans, c'est incompatible avec l'altruisme et l'honnêteté des militants de base qui ont voté et travaillé pour eux. Ça ne me choquerait pas chez un homme de droite, parce que lui n'a pas prétendu qu'on allait tout partager puisqu'on était frères et égaux. Venant de la gauche, c'est une énorme trahison* […] *Il a fallu attendre ces trois dernières années pour qu'on parle de corruption, de délit d'initié, de suicide* [484].

Que n'en a-t-il parlé, lui ? Dans nos démocraties où le monarque de droit divin et ses bouffons armés sont choisis par le peuple, n'a-t-on pas les gens qu'on mérite, bandits de grand chemin, ministres suicidés sur ordonnance, scandales sexuels qui sont autant de nouveaux « Parc-aux-Cerfs ? » « Ce sont toujours les plus mauvais qui gouvernent », estimait le grand Tolstoï, un homme en totale osmose avec le peuple russe si méprisé d'un Oulianov auquel Goldman fait très souvent référence. Il en va de la politique comme du reste. Or Jean-Jacques n'en a pas terminé avec l'ancien maire de Château-Chinon. Sans égards pour l'homme qui livre combat contre la maladie, dans une autre chanson de l'album *Rouge* – « On n'a pas changé » – il écrit : « J'ai un président pathétique, cynique et boursouflé ». Il n'en fait pas directement état, mais le passé vichyste de l'incriminé doit peser lourd dans sa balance vindicative. Peu ou prou à l'époque où Mojsze Goldman devenait Français, François Mitterrand défilait dans les rues de Paris sous des bannières hostiles aux « métèques ». *Vous ne le trouvez pas pathétique ? Non mais*

484. *Télémoustique*, 1994.

il fait pitié cet homme-là. Ça doit être tragique à son âge de se rendre compte qu'on n'a pas été à la hauteur des espoirs qui étaient en lui. Ça doit être très difficile à vivre, mais peut-être qu'il s'en fout [485]. Finalement, le plus grand mérite de François Mitterrand n'aura-t-il pas été de prendre les gens pour ce qu'ils sont ou ce à quoi ils se laissent réduire ? Il en avait la vocation et les moyens intellectuels.

Même jugement sévère contre les agissements de Bernard Tapie : *C'est intéressant de voir comment la société française peut réagir en face d'un escroc. Apparemment, elle l'expulse, c'est bien* [486]. Les deux hommes se sont rencontrés *deux, trois fois. J'avais fait une émission et il a essayé de m'enfler. De façon sale. Avec un sujet sur l'humanitaire et Balavoine* [487]. Au moment de l'affaire OM-Valenciennes, écœuré, Jean-Jacques prendra sa plume pour adresser ses encouragements à Jacques Glassmann, « le footballeur par qui le scandale a éclaté. » *J'ai eu envie de lui dire que c'était formidable d'avoir refusé de se laisser corrompre. J'aime cet Alsacien honnête que l'on siffle sur les stades, allant jusqu'à l'empêcher de jouer* [488]. Quels que soient ses torts, Tapie n'a été que la vitrine ostentatoire d'un système permissif. Parce qu'externe au sérail, on a fait de lui un bouc émissaire en lui imposant le prix fort. « À côté des autres, c'est un ange, m'a confié un jour un ami en poste à la DGSE. Si tu savais le millième de ce qui se passe, tu ne dormirais plus la nuit. » *Parce que désespoir pour désespoir / Autant noyer tout ça dans le caviar* [489], n'est-ce pas, mon Jean-Jacques ? Il faudra quand même que tu nous expliques comment on peut être déçu par des gens pour qui l'on n'a pas voté. *Je n'ai jamais aimé, ni voté Mitterrand* (sic) [490].

Ah ! Parlez-nous Rocard ou Jospin... En févier 1988, Goldman s'était prêté avec le premier au jeu de l'interview, aidant ainsi

---

485. O'FM, 29 décembre 1993.
486. *Ibid.*
487. *L'Express Belgique*, 29 avril 1994.
488. *Ouest-France*, 16 janvier 1994.
489. « Je chante pour ça », paroles et musique de Jean-Jacques Goldman.
490. *Ouest-France*, 16 janvier 1994.

Le Nouvel Observateur à la recette. Un chanteur de variétés passant à la question un ancien ministre éminemment populaire et (presque) candidat à la présidence, à trois mois de l'échéance : une première dans les annales de la République française. *Lorsque j'ai interviewé Rocard pour* Le Nouvel Observateur, *cela me semblait un acte très anti-mitterrandien*[491]. Détesté de Mitterrand, Rocard ne pouvait que séduire Goldman. Encore l'expression est-elle mal choisie. *Tous les politiques ont essayé de me séduire, excepté Rocard*[492]. La personnalité de Michel Rocard et ses aspirations politiques conviennent à Goldman, qui se retrouve en lui. Un véritable inventaire à la Prévert que cette interview. Tout y passe : la formation, l'école, les syndicats, les *privilèges de la fonction publique,* la cohabitation, les fonctions du président de la République, l'impôt, la discrétion du pouvoir sur *cet incroyable privilège de naissance qu'est l'héritage,* etc. Avec cette interview, Goldman fait la une du « Nouvel Obs », ce qui, paraît-il, n'était pas prévu dans le *deal* et l'aurait profondément agacé.

Le chanteur a toujours dit qu'il était le seul non-militant de sa famille, or si l'on met bout à bout tout ce que ce « non-engagé » a pu soumettre ou faire passer comme opinions personnelles, vues d'ensemble et sentiments particuliers sur la politique, le social et le reste au cours de ces trente dernières années, on arriverait sans peine à faire se rejoindre les deux pôles. C'est finalement le moins militant de la famille qui se sera fait le plus entendre et le mieux écouter. Après Rocard, Jospin fut le second à entrer dans sa ronde, en 2002. *J'aime bien Lionel Jospin. Voilà un homme qui sert la politique et non pas quelqu'un qui se sert de la politique*[493]. Fils d'un militant pacifiste nommé au conseil municipal de Meudon sous l'État français en juin 1944 [494], Lionel Jospin a toujours farouchement nié un passé trotskyste évoqué par *L'Humanité* (13 mai 1988), *Le Figaro* (29 décembre 1987)

491. *L'Express,* 25 septembre 1997.
492. RTL, *Génération laser,* 15-19 novembre 1991.
493. *L'Arche,* septembre 2002.
494. Emmanuel Ratier, *op. cit.*

ou encore *Le Monde* (24 mai 1982). Des « accusations » qui n'étaient pas de nature à effrayer Goldman. Sachant son admiration pour Jospin, en 1997, un journaliste de *L'Express* demanda au chanteur s'il pourrait éventuellement l'interviewer comme il l'avait fait avec Michel Rocard. Réponse de Jean-Jacques : *Lui refuserait. Il aurait raison. Jospin n'a besoin de personne.* Un appel du pied détourné ? Certains s'autoriseront à le penser lorsque, en 2002, « Ensemble » – extrait de l'album *Chansons pour les pieds,* paru l'année précédente – devint l'hymne officiel de la campagne du candidat Jospin, en lice pour les présidentielles. Or la requête aurait émané de ce dernier. *C'est vrai que je lui ai donné mon accord, mais ce n'est pas moi qui lui ai proposé non plus. C'est son entourage qui me l'a demandé et j'ai choisi de dire oui. Mais il est clair que, si j'avais dit non, la presse aurait fait un petit encart : « Jean-Jacques Goldman a refusé de donner sa chanson. » Donc j'évite cela. Je préfère l'un que l'autre. Vous êtes d'accord avec ça !* Une arithmétique qui ne sera pas du goût de tous les admirateurs de Jean-Jacques. Nombre d'entre eux afficheront même clairement leur déception, habitués qu'ils étaient à la relative neutralité de leur chanteur. Bien que l'implication de Goldman dans la campagne n'allât pas au-delà, d'aucuns le compteront au nombre des artistes tombés au « champ d'honneur de la récupération. » Il est cependant à souligner que, pour ne pas prendre en otage les centaines de « Fous chantants » de la chorale d'Alès, avec qui il avait enregistré « Ensemble », une chanson inspirée par ses années de scoutisme, Jean-Jacques eut l'élégance et l'honnêteté de la faire réorchestrée.

D'un point de vue strictement artistique, *Rouge* est une réussite. *C'est aussi le rouge du sang, de la vie*[495]. L'un des premiers spectacles auquel Jean-Jacques ait assisté dans son enfance est celui des Chœurs de l'Armée rouge, emmené par ses parents. Quarante ans plus tard, il est en mesure de s'offrir la prestigieuse formation, ou du moins ses héritiers – « Ensemble académique de chants et de danses de l'Armée russe » – le temps d'une chanson,

---

495. *L'Express Belgique,* 29 avril 1994.

« Rouge », précisément. Pour cela il s'est rendu à Moscou, avec Carole Fredericks et Michael Jones. L'enregistrement s'est déroulé à la Maison d'État de radiodiffusion et d'enregistrement audio.

Les autres titres de l'album abordent des thèmes sociaux et existentiels chers à un auteur qui n'en démord pas. Le génie attendra mais, qu'ils restent à la porte ou pénètrent l'inconscient, les mots coulent, faciles à emboîter. Les mélodies sont jolies. Belles les musiques. Prenantes parfois. En dépit des coups de marteau téléguidés et assommants du batteur qui font souvent tendre l'oreille au moment où le chanteur trois-en-un parle beau. L'ensemble est frais. L'esprit aussi. « Riches de ça », au printemps 1994 Fredericks-Goldman-Jones repartent sur les routes pour colorer de *Rouge* les salles de province, avec un décor et une mise en scène grandioses et un ensemble de voix bulgares rompues à pleurer la nostalgie slave. Inutile de parler du succès remporté par cette énième tournée, dont un live, *Du New Morning au Zénith,* sorti en juin 1996 et vendu à 600 000 exemplaires – un disque de platine de plus – donne un vif aperçu. Une aventure humaine. Depuis le début, Carole, Michael et Jean-Jacques partagent tout. Les mauvais réveils de l'une, les silences chroniques de l'autre, l'inaltérable bonne humeur du Gallois, très souvent drôle sans le vouloir. Une amitié qui s'acheva par la mort de Carole, le 7 juin 2001, à Dakar, alors qu'elle venait de sortir de scène. Crise cardiaque. Son corps fut rapatrié au cimetière Montmartre, si loin de sa terre natale. Jean-Jacques lui rendra notamment hommage lors de sa tournée *Un tour ensemble,* en 2002, avec sa chanson « Juste après », en partie chantée par la voix de Carole, avec des images d'elle, montrant la *just fabulous* sur scène, au temps de Fredericks-Goldman-Jones. Une autre « Lady soul » qui restera dans son parcours *comme une lumière / Qui m' tiendra chaud dans mes hivers / Un petit peu de toi, qui s'éteint pas*[496].

496. « Confidentiel », paroles et musique de Jean-Jacques Goldman.

Céline, Patricia, Florent, Khaled, Yannick & co

Quand j'apprends que Khaled remplit des stades en Inde, parce que là-bas c'est Michael Jackson, et puis qu'il y a des milliers d'Indiens qui chantent « Aïcha », ça me fait quelque chose [497] !

Dans « Le temps qui passe », extrait de *Rouge,* Jean-Jacques dit sa peur de vieillir. *C'est une obsession caractéristique des plus de 40 ans. Je connais mes musiciens depuis plus de dix ans, on a eu ensemble l'insouciance des gens de 30 ans, maintenant la fuite du temps est notre grande complicité* [498]. Physiquement, il commence à bouger. Ses cheveux… « Il avait la hantise de les perdre, m'a raconté Robert Toutan. Je l'ai envoyé dix fois chez des médecins [499]. » Nous en sommes tous là. Professionnellement, Goldman n'a aucun cheveu à se faire ; une diva chassant la précédente, après l'Américaine prodigue, voici s'avancer la Québécoise aux œufs d'or. Encore une que l'on entend venir de loin !

---

497. *MusiConnexion,* mai 2002.
498. *Télémoustique,* 1994.
499. Entretien téléphonique avec l'auteur, octobre 2010.

Au mitan des années 90, Dion est déjà une immense star internationale, avec une étoile américaine accrochée à son palmarès. Quelques années plus tôt, en 1983, au prélude de sa notoriété, encore enfant elle avait ému la France avec « D'amour ou d'amitié », une chanson « culte » des ados de l'époque. Elle était jolie. Un charme rustique. On l'avait revue à l'Eurovision, en 1988, déjà plus sophistiquée. Elle y représentait la Suisse avec « Ne partez pas sans moi ». Challenge gagnant. Elle repartit sans nous, pour revenir de temps à autre, chaque fois plus grande d'une consécration ou d'un trophée reçu ici ou là. Jusqu'à sa rencontre arrangée avec Goldman, sur le plateau des Enfoirés en 1994, et la concrétisation de leur fructueuse association, l'année suivante. Une rencontre inéluctable entre deux *winners*. Entente parfaite dès le départ, sur fond d'intérêts communs. Chance et bonheur pour Goldman que de servir une interprète aussi exceptionnelle. Une aubaine pour Céline d'être mise en valeur par un mélodiste aussi doué que prolixe. *Céline et moi nous nous sommes reconnus dès les premiers instants. Nous sommes du même quartier, nous habitons le même monde* [500].

Il fut préalablement question de quelques chansons. L'accord s'est finalement conclu sur un album entier. Date butoir : sans. Mais Jean-Jacques ne traîne jamais en route. Les deux artistes ont la même maison de disques. Robert Goldman étant à Jean-Jacques ce que René Angélil est à Céline, c'est à lui qu'il revint de traiter des modalités du contrat avec l' « exclusive manager » et époux de Miss Dion. Pour les connaître bien, Jean-Jacques aime les femmes. Or, de Céline il n'a vent que ce qu'en dit le métier. Aussi se procure-t-il une abondante documentation, avant de se mettre en devoir de plancher. Résultat : un opus au carré intitulé *D'eux* et qui, dès sa sortie au printemps 1995, ira flirter avec les sommets du hit-parade. Quarante-quatre semaines de présence pour le LP et seize semaines à la première place en ce qui concerne « Pour que tu m'aimes encore ». Soit quatre millions

500. *La Presse,* 14 mars 1994.

d'albums écoulés en France, le double à l'étranger et le titre inédit d'« album francophone le plus vendu dans le monde entier. » Dion/Goldman : de l'or en barre ! Aux USA, dans le showbiz on parle encore du *French album*. Moins de son auteur, qui ne franchira jamais la rampe outre-Atlantique. Il en faut beaucoup pour bluffer l'Oncle Sam. Néanmoins, intégrés à l'album de Céline destiné au marché américain – *Falling into you,* vendu à vingt-cinq millions d'exemplaires : trois adaptations en anglais de titres signés Goldman. La fierté est pour Jean-Jacques. *Maintenant, Céline Dion est la plus grande chanteuse du monde. Elle est devenue une superstar. À la sortie de* D'eux, *j'avais un statut, je l'ai aidée à se faire connaître en France. Maintenant, je n'aurai plus à le faire* [501]. Quant à lui, il ne pourra pas aller plus haut, mais il est bel et bien devenu indéboulonnable. Trois ans plus tard, Dion et Goldman se réassocieront avec à la clef une nouvelle envolée commerciale pour *S'il suffisait d'aimer,* le nom de l'album d'où est extrait le titre éponyme. « On ne change pas », le second tube du LP, réalisa également une belle carrière, sans que le succès de l'ensemble rejoigne la performance réalisée par *D'eux,* en dépit de la participation de choristes classiques et d'un orchestre philarmonique. 2003 : troisième collaboration, trois titres, dont un co-signé par le frère de Jean-Jacques, sous le pseudonyme de J. Kapler, Robert Goldman, déjà coauteur de deux autres chansons sur les deux précédents albums de la star québécoise.

Chaque fois, les séances d'enregistrement se déroulèrent sans heurts. Tout en harmonie. Le désir de Céline et de Jean-Jacques était commun. Fait notable, que tout le monde oublie aujourd'hui, c'est Goldman qui a changé la manière de chanter de Céline Dion, trop proche de celle, démodée, selon lui, de Mireille Mathieu ou de Michelle Torr. À genoux devant la qualité vocale et la puissance sonore de Céline, lui qui ne se couche devant personne, Goldman a cependant orienté la Québécoise vers une

---

501. *La Presse,* 14 mars 1998.

interprétation plus sobre, dépouillée de ses fioritures. Il a modernisé sa diction. Plus de *r* roulés, les *m* ne sont plus « mouillés ». La chanteuse dira que Goldman l'a fait « déchanter ». Des acquis qui n'échapperont pas à l'oreille de la critique. « L'artiste s'impose au détriment de l'athlète », pourra-t-on lire dans *La Presse* du 1er avril 1995. Des affaires de plagiat viendront entacher ce mariage idyllique, mises au jour par les médias belges et français. Des accidents fréquents et presque inévitables en musique comme en littérature. En son temps, Francis Blanche se faisait jeu de dévoiler les supercheries ou les simples coïncidences dans ses émissions radio. On a souvent accusé Goldman de s'auto-plagier, mais rarement d'avoir piraté les autres. Ce qui n'est pas le cas d'un Gainsbourg, par exemple, qualifié de « faussaire de génie », par Serge Llado : « Impossible de répertorier tous ses emprunts. Il lui arrivait de créditer les compositeurs célèbres et d'oublier d'en citer d'autres, ce qui lui valut quelques procès. »

Dans sa carrière « d'auteur pour les autres », Céline Dion et Johnny Hallyday resteront à jamais les fleurons de Goldman. Jean-Jacques, au demeurant, se sent davantage « faiseur de chansons » qu'interprète. Il connaît sa place et son rôle. *Je sais ce que c'est Johnny quand il chante « L'envie », je sais ce que c'est Céline Dion quand elle chante « S'il suffisait d'aimer ». Alors, je suis extrêmement humble en tant qu'interprète. Donc je me sens capable de chanter des chansons à moi, mais, j'avoue, je ne me mesurerai pas à des monuments dans ce genre-là*[502]. D'autres qu'eux bénéficieront cependant des précieux services de « l'Homme en or ». On peut citer Rose Laurens, Florent Pagny, Gérald de Palmas, Yannick Noah, Khaled, Philippe Lavil, Patricia Kaas, Calogero, Marc Lavoine, Garou, Lorie, ou encore, Lââm, Patrick Fiori et Maurane. Ces trois derniers, Jean-Jacques semble les couver tout particulièrement. *Ce sont des gens qui me touchent profondément. Je leur suis attaché et je leur trouve un talent qui*

502. TV5, 20 et 21 novembre 1999.

n'est pas assez reconnu. Patrick Fiori est un cas d'école. C'est un chanteur hors norme mais très méprisé. Auprès de beaucoup, il a une très mauvaise image, et pourtant c'est un type que je trouve adorable. Là, ça m'intéresse de travailler avec lui, alors que j'ai refusé de collaborer avec des millionnaires en albums vendus. Je viens aussi de faire des maquettes avec Lââm, un autre cas difficile. Et quand ça ne marche pas pour eux, ça me fait mal. Oui, ça me fait chier[503] ! Fiori est incontestablement l'une des voix francophones masculines les mieux placées du moment, et l'une des plus émouvantes. Jean-Jacques tache de le diriger en lui prodiguant conseils et recommandations, dont celle de ne plus se livrer à la presse, comme Fiori, trop confiant, a pu le faire dans le passé, à son détriment. L'art et la manière. Sans doute cela est-il mieux ainsi, pour Fiori ; si le destin se trompe parfois, le talent est toujours sûr.

503. *Télémoustique,* 25 juin 2003.

Dynastie

L'héritage est une chose absolument inique !

Depuis 1987, Jean-Jacques Goldman n'a plus présenté d'album solo. Depuis *Entre gris clair et gris foncé.* Dix ans. Déjà ? Il est temps pour lui de retourner aux sources en surprenant son public. C'est chose faite avec *En passant.* Pour résoudre le lancinant problème du renouvellement qui l'habite en permanence, depuis quelques années le chanteur avait pris l'habitude de faire appel à ses « Pauliniens », un groupe de discussion composé de copains ainsi baptisés à cause du nom du restaurant dans lequel Goldman les réunissait : « Mychèle, Bernard, Gilbert, Michel, Sorj ». *C'est moi qui convoque et règle l'addition à la fin. J'arrive avec une série de thèmes. On en débat et ça donne une autre dimension. C'est un brainstorming très concret. Par exemple, « Il part »* [extrait de *Rouge] est l'histoire d'un amant qui part à trois heures du matin. Je leur demande : « Qu'est-ce qui se passe alors ? Chacun parle de ses expériences et j'ai des éclairages nouveaux. La voiture ne démarre pas. Il neige…*[504]

504. *Télémoustique,* 12 décembre 2001.

L'exercice est un excellent stimulant et le jeu excite prodigieusement notre astucieux quinquagénaire. *Même mes musiciens sont des vicelards. Plus c'est compliqué, plus ça les intéresse*[505]. Une carrière Duracell ça s'entretient.

Or *En passant* est un album intimiste. Goldman parie sur ses propres émotions, avec l'aide d'Éric Benzi, coréalisateur de l'ensemble mais aussi *ingénieur du son, imageur, chercheur, compreneur, patienteur, accoucheur et tellement d'autres choses*[506]. À l'écoute de ce LP, au-delà des thèmes abordés, invariables, c'est la sensualité de l'auteur conjuguée à celle du musicien qui l'emporte. On ferme les yeux et on part. Quand il nous dit « Sache que je », c'est « je t'aime » que l'on entend. Quand il parle de lui à l'état de spermatozoïde *(*« Bonne idée »*)* il s'offre en oisillon tombé du nid. À couver absolument ! De l'intime, vous disais-je. De son propre aveu, Goldman aime que ses chansons coups de cœur atteignent leur cible. « En général », au plus près de ses calculs, *ce sont mes chansons préférées qui plaisent*[507]. Une fois de plus, à défaut de nous surprendre, le diable d'homme nous roule dans le velours de son univers avec une délicieuse et inconvenante facilité. Un Goldman humain et humanisant, tout en questions et en sentiments qui inquiètent ou rassurent. Et là, il semble particulièrement inspiré. Se serait-il à nouveau pris dans le « piège » qu'il ne porte plus son alliance ? *Mais quand on aime on a tort, on est stupide, on est sourd / Moi j'avais cru si fort que ça durerait toujours* [« Les Murailles »]. Chut ! C'est encore un secret. Nathalie, une jeune fille venue lui rendre visite dans sa loge, avec sa maman, un soir de 1995. Une belle Eurasienne de près de trente ans sa cadette. Le divorce d'avec Catherine a beaucoup affecté l'interprète de « Reprendre c'est voler »... *Je prends le poisson rouge, tu gardes le bocal... On partage les choses quand on ne partage plus les rêves...* De l'autre côté de la porte, quelqu'un l'attend. Juste à côté du piano... Celui de Carla ? s'enquerront les mauvaises langues. Quelques années

505. *Télémoustique,* 12 décembre 2001.
506. Formule de remerciements conçue par Goldman, dans le livret de *En passant.*
507. *Ibid.*

plus tard, sur la foi d'une photo montrant les deux artistes marchant côté à côte sur une plage[508], la presse people aura tôt fait de présenter Jean-Jacques Goldman comme l'un des nombreux soupirants prêtés à la future première dame de France. Les banquiers le savent bien ; on ne prête qu'aux riches. Quand même cette histoire serait-elle avérée, elle ne regarde que ses protagonistes.

« La vie, c'est mieux quand on est amoureux. » À l'instar de celle qui fait des bébés sans papa, elle est sortie sans césarienne, celle-là ! Il s'agit de l'un des titres de l'album suivant, *Chansons pour les pieds,* par lequel Jean-Jacques, en lice depuis maintenant vingt ans, va inaugurer le siècle nouveau, épaulé par Zep, le célèbre créateur du non moins fameux Titeuf, qui a gribouillé le livret de l'opus[509]. Ce, après un succès d'estime grâce à *Les pères ont des enfants*, un livre cosigné avec son ami Alain Etchegoyen, lui-même très proche de Martine Aubry et un temps conseiller de Claude Allègre. Dans ce vaste tour d'horizon, sous caution de ne servir que d'intervieweur au philosophe, Goldman, une fois encore, s'active à remuer les problèmes sociaux, étalant gentiment mais fermement ses convictions et ses doutes, ses espoirs et ses haut-le-cœur. Il distribue bons points et bonnets d'âne, avec une prime pour la réévaluation du rôle de père dans la société moderne. Dès la quatrième de couverture, l'acheteur potentiel est fixé : *J'ai l'impression que le rôle de la femme a essentiellement changé vis-à-vis de nous et pas tellement en ce qui concerne les enfants ou, du moins, pas tant que ça, finalement. La maternité est toujours là. Elle s'impose. Pour la maternité, on a fait ce qu'on pouvait. On a beaucoup improvisé ! Je le disais des jeunes, mais c'est vrai aussi pour les pères aujourd'hui : nous sommes en face de choix qui n'existaient pas. Auparavant, « c'était comme ça ». C'est tout. C'était l'ordre des choses.* Ses partisans salueront la vivacité d'esprit du chanteur. Au *Monde,* on trouvera l'entreprise sans intérêt, voire « con-con ».

---

508. Publiée sur le site de Gala.fr.

509. Jean-Jacques et son frère Robert ont signé la composition de la bande originale de *Titeuf, le fim,* sorti au printemps 2011. Zep a écrit deux titres, dont « Les filles à quoi ça sert », interprété par Jean-Jacques Goldman, Francis Cabrel, Alain Souchon et Bénabar.

Dans ce livre très vivant, alternant parfois avec les phases soporifiques, Jean-Jacques se repositionne sur l'incongruité de l'héritage. Il est contre. « L'héritage est une chose absolument inique, au-delà même de l'aspect moral, c'est-à-dire de son injustice. » Une approche outrancière pour lui permettre de mieux s'expliquer. *Il se trouve que, avec mon métier, je rencontre des gens d'autres milieux et je vois les ravages des fortunes héritées sur les individus. Ce sont des désastres humains sur des individus qui avaient des possibilités mais qui ne se sont jamais heurtés à la réalité à cause de cette espèce de coussin, de fumée d'argent qui leur permet de vivre dans un monde virtuel pas du tout heureux, juste confortable.* Dans ces cas de figures précis, il a raison, mais il perd simplement de vue que « l'armée des simples gens » auxquels il s'adresse n'a rien à voir avec cette caricature marginale. Ceux-là ne gagnent pas en trois ans ce que lui peut récolter en une journée. Ce qui n'empêche pas les questions d'héritage de déchirer les familles modestes. Goldman est un père responsable. On l'imagine mal imiter Tolstoï et léguer le gros de sa fortune au bon peuple. Ce qui est sûr c'est que *Les pères ont des enfants* sent très fort la table à langer, le talc et les biberons à chauffer toutes les trois heures…

Jean-Jacques a refusé d'assumer la promotion du livre. Il se doit à ses notes. Quand il y retourne, généralement on en entend parler. Le succès de *Chansons pour les pieds* – un album écoulé à un million d'exemplaires, en pleine crise du disque – appelle une nouvelle tournée d'envergure, ou l'équivalent de cent vingt-cinq concerts, avec un total de plus de huit cent mille spectateurs. Chaque soir, l'ambiance est euphorique. Les violons tournent, les têtes aussi, du côté de ce sémillant demi-siècle en pleine ascension amoureuse, riche de triomphes et simple comme au premier jour. Mais qu'a-t-il donc de plus que les autres qu'on le veuille pour ami, pour amant ou pour partenaire de tennis ? Plus on cherche la réponse, moins l'on a envie de la trouver, de peur de sortir du fantasme établi par la distance. Goldman sait qu'il exerce un métier magique et il fait bien son boulot. Tout en évitant de marcher sur les pieds d'autrui, il a toujours su où il mettait les siens. *Je ne crois pas « ne pas être important », ce n'est pas ça ! Par rapport à l'image, je pense qu'on est la dernière génération comme ça* [...] *Il y a quand même une grande méfiance dans l'image mais je ne sais pas s'il est possible aujourd'hui de commencer une carrière en se préoccupant uniquement de la musique*[510].

La musique, justement. Elle explose sur ce nouvel opus, *Chansons pour les pieds,* des pieds pensant où le cœur ne perd pas ses droits. Il y en a pour tous les goûts, pour tous les *moove,* de l'irlandais au disco, du rock à la tarentelle, du pas de deux aux confidences à l'oreille. Arrivés par hasard, au lendemain du tragique 11 Septembre 2001, les textes ne nous apprennent rien de plus que nous ne devrions savoir, son auteur encore une fois ne réinvente pas la Genèse, on a même parfois l'impression qu'il remplit plus qu'il ne dit, mais il parle et son fourre-tout se veut plutôt rassurant. *Words, words, words...* Il a toujours aimé la pluie, cette importune que l'on blâme et que l'on fuit. Alors il la défend. « La pluie », une ode métaphorique. On rêve de paradis lointains où l'été ne meurt jamais, mais, nous dit-il, *Dans les vies sèches l'eau se venge aussi / Y a des ouragans / Des moussons / Des déserts / Autant apprendre / À marcher / Sous la pluie / Le visage / Offert. L'herbe n'est pas toujours plus verte ailleurs. Il faut faire la différence entre ce qui vient de nous et de l'extérieur*[511]. »

Dans le même ordre de sentiments, avec « Les choses », Jean-Jacques pointe avec un humour résigné les ravages de la consommation sur les esprits faibles, sans mettre en cause les responsables de cet état de fait. Toutes ces « choses » et toutes ces marques qui fixent notre identité et sans lesquelles nous nous sentirions nus et inexistants. « Je prie les choses et les choses

510. Mathias Goudeau, *Jean-Jacques Goldman de A à Z,* L'Express Éditions, coll. « Les Guides MusicBook », 2002.
511. *Télémoustique,* 12 décembre 2001.

m'ont pris. » L'allusion au roman de Georges Pérec est directe. *Les Choses,* prix Renaudot 1965, une époque où Jean-Jacques passait dans les livres, allongé sur son lit, tout le temps qu'il ne donnait pas aux autres. Pérec y traite de la recherche du bonheur à travers le consumérisme de ses personnages, un couple de psychosociologues (ou enquêteurs d'opinions) matérialistes et sans cesse dans le besoin d'acheter plus et plus cher, d'avoir plus de « choses », même s'ils n'en ont pas les moyens. Je possède, donc je suis. D'éternels insatisfaits auxquels, dans le livre, les « choses » et les bibelots volent la vedette…

Une tarentelle, vite ! Une réelle bouffée de gamme fraîche que ce « Tournent les violons », une histoire comme on en rêve, surtout au sortir d'une grande surface où le petit dernier vous a tanné pour que vous lui achetiez le même « Nike » à double capuche que son grand-frère passé, lui, à la vitesse supérieure : un ipod qui dit « wesh wesh » et chope les filles à distance. Vu à la télé ! *Je ne sais pas si une chanson peut servir d'éducation mais si certains pouvaient savoir que ça n'épate pas, qu'ils ont l'air un peu con dans leur survêt…* [512] Une tarentelle, donc, *un truc à trois temps qui doit faire médiéval avec un passage Renaissance mais quand même passer à NRJ* [513], un pari commercial jusque dans le scénario. Quand même le beau lieutenant trouve-t-il la servante fort à son goût, il ne l'épousera pas à la fin de la danse. *Un jour, en haut d'une piste de ski, une femme arrive : « Je veux juste vous dire que je vous ai rencontré et que vous m'avez dit… et que grâce à ça, maintenant je fais cela. » Moi je n'en avais bien sûr aucun souvenir. Ça m'a impressionné : dire quelque chose qu'on oublie mais qui reste pour toute une vie auprès de quelqu'un. La chanson va au bout de ce paradoxe…* [514] Le clip tourné en Europe de l'Est dans un décor onirique est somptueux. Goldman y apparaît par intermittence, sapé 2001, anachronique au milieu des chapeaux à plumes et des corsets. Omniprésent,

512. *Télémoustique,* 12 décembre 2001.
513. *Télémoustique,* 25 juin 2003.
514. *Télémoustique,* 12 décembre 2001.

mais toujours un peu à l'écart… Sur scène, la chanson fait un malheur. Au même titre que « Et l'on n'y peut rien » également génératrice d'une ambiance extraordinaire. Les danseurs irlandais engagés pour la circonstance y contribuent largement. Cette influence celtique de Goldman lui vient de Bruno Le Rouzic, *le joueur de cornemuse avec lequel j'ai tourné lorsque j'étais le guitariste de Gildas Arzel. J'ai fait une petite tournée avec lui en tant que musicien. C'est Bruno qui m'a branché sur son Bagad de Kemperlé, par exemple*[515]. Pour mémoire, Gildas Arzel, guitariste du groupe Canada, a souvent joué sur les albums de Goldman, assurant parfois ses premières parties sur scène, seul ou avec son groupe. À charge de revanche et d'amusement, Jean-Jacques a tenu à accompagner Arzel en qualité de guitariste, bassiste et violoniste, lors d'une tournée d'un mois, en octobre-novembre 1997.

La *Tournée pour les pieds* sera-t-elle la dernière ? « L'Homme en or » avoue son essoufflement et menace de vouloir vivre davantage pour lui-même… *J'ai l'impression d'avoir conduit un train TGV depuis mes 20 ans et la retraite des conducteurs TGV, c'est 50 ans, alors…*[516] En même temps, il a toujours dit qu'il ne concevait pas de ne plus faire danser les farfelus, que cette simple idée était impensable. Avant le triomphe annoncé de la *Tournée pour les pieds,* « l'éternel adolescent » aura pris le temps d'officialiser avec Nathalie. La cérémonie s'est déroulée dans une mairie d'arrondissement de Marseille, le 13 octobre 2001. Très entourés, les mariés ont tâché de faire dans la discrétion, en y parvenant presque. C'est dans la cité phocéenne, ou pas très loin, que Jean-Jacques a décidé d'installer sa nouvelle vie. Sa « menace » exécutée, il met alors en chantier trois projets qui lui tiennent particulièrement à cœur et qui auront pour nom : Maya, en 2004, Kimi, l'année suivante et Rose, en 2007. 3 + 3 feront toujours 6. Cinq filles et un garçon, Mickaël, le rescapé XY de la tribu Goldman…

---

515. *Le Soir,* 5 décembre 2001.
516. *Ibid.*

En 2005, c'est lui qui prendra la relève des affaires, par la création de Bamago, d'abord, une société d'édition devenue très vite rentable, par celle de MyMajorCompany ensuite et surtout, deux ans plus tard, un label musical révolutionnaire simple dans son concept : le soutien de nouveaux artistes grâce aux internautes qui peuvent ainsi devenir coproducteurs et se partager 30 % des revenus des ventes de disques. Grégoire, entre autres, est issu de MMC, avec qui Jean-Jacques se prêtera à un duo, « Ma Promesse ». Mickaël, péremptoire : « En travaillant dans la musique, si on ne veut pas s'attaquer au Net, c'est qu'on n'a pas d'ambitions du tout. C'est l'avenir de la musique, assez clairement[517]. »

Arrivée au tout début de l'aventure, Margaux Simone est l'une des recrues de MyMajorCompany, en association avec deux de ses amis. Elle nous en explique le fonctionnement, à travers son expérience personnelle : « Avant que l'un ou plusieurs de ses morceaux ne soit mis à l'écoute sur le site MMC, un artiste doit d'abord être sélectionné par la boîte. Ce qui fut mon cas. J'ai été retenue par Mickaël lui-même. Je venais de Marseille, avec mes maquettes sous le bras. Il m'a signée dans la journée. » Cette première étape franchie, le public reste seul souverain, en misant de l'argent sur son coup de cœur. « Les gens peuvent miser entre dix et mille euros, soit de une à cent parts, devenant ainsi coproducteurs. » La jauge est arrêtée à 70 000 euros, le seuil permettant à l'artiste plébiscité d'être enregistré. « Cet argent sert aussi pour la réalisation d'un clip et pour les photos de la pochette du disque. » Le reste, postproduction, marketing et promo, tout est assuré par la boîte. « J'ai mis cinq mois à atteindre les 70 000 euros. » Un aspect CAC 40 qui n'effraie pas Margaux. « Tout est clair et transparent. Quand ça mord à l'hameçon, c'est très excitant de suivre l'évolution des mises et d'observer monter la jauge. » MyMajorCompany est une société en constante évolution. Ainsi, la jauge est passée à 100 000 euros. « Il y a eu un tel *buzz* avec

517. Toutes les déclarations de Mickaël Goldman sont extraites de l'interview qu'il a accordée en mars 2008 à Auréliano Tonet, pour le site « Je marche seul ».

Grégoire que beaucoup d'artistes ont été produits d'un coup. Son succès a ouvert le site à tout le monde. Ils ont voulu calmer le jeu pour ne pas bâcler le travail. N'importe qui peut s'inscrire. À partir de 50 000 euros, les gens font partie du label. » Une manière de faire concurrence aux grandes maisons de disques traditionnelles, celles que l'on appelle les *majors* ? « Au contraire, se défend Mickaël, nous en reprenons le savoir-faire et l'associons au vent de liberté qu'apporte le Web communautaire. Certaines distribueront nos disques, et je n'exclus pas que MMC soit un jour racheté par l'une d'elles. » Auprès de Robert, son oncle et son cornac, le jeune homme a été à bonne école. Pour preuve, son association avec le gendre de Valéry Giscard d'Estaing, Bernard Fixot, poids lourd de l'édition industrielle – « Il vend des livres comme d'autres des mètres carrés de moquette » *(dixit* Hervé Bentégeat, L'Express.com). Après le disque, MyMajorCompany double ainsi la mise sur ses perspectives d'avenir, avec le même principe : le « Web communautaire ».

Beaucoup de fans de Jean-Jacques, bien sûr, parmi les coproducteurs de MMC. L'ombre d'un père, sous laquelle Mickaël s'est parfois senti écrasé. « J'avais l'impression de ne pas être jugé à ma juste valeur, je manquais d'humilité. » Un père d'autant plus célèbre et occupé qu' « il était très peu là », en dépit de ses efforts pour concilier travail et obligations familiales. Mickaël revient de loin : Jean-Jacques souhaitait l'appeler Johnny ! Roquefort ou Hallyday, intervention rapide de la maman. Michel pour les intimes. Depuis son émancipation, le « fils de », nourri au rap et à l'électro, avoue supporter beaucoup mieux le phénomène de starisation de papa. « J'écoute même ses disques avec admiration ! » Il peut. Et de sortir cette métaphore du caleçon : « L'avoir comme père, c'est comme avoir une bite de trente centimètres, ça a des avantages et des inconvénients ! » Sur ce coup-là, Jean-Jacques ne pourra pas plaider innocent. En 1998, à La Réunion, lors d'une rencontre avec les élèves de Saint-

André et de Bras-Panon, n'avait-il pas déclaré : *Il faut éviter de prendre son enfant à 16 ans et de lui dire viens, je vais te parler de la sexualité*[518] ! »

Un garçon plutôt sympathique, Mickaël Goldman, frais, dynamique, passionné de consoles et de football, sapé *cheap* et en parfaite adéquation avec son époque virtuelle. Malgré ses faux airs de Patrick Bruel, certaines de ses expressions trahissent d'une manière troublante celles de Jean-Jacques, dont il a hérité la silhouette déliée, l'humour insolent, l'intelligence et la vivacité d'esprit. Discret sur sa famille – « C'est notre côté ashkénaze » – il ne pose aucun tabou sur ses états d'âmes politiciens, avouant avoir pleuré lors de la défaite de Jospin, en 1995, s'être abstenu en 2002, avant d'apporter son suffrage à Nicolas Sarkozy en 2007, aux deux tours. « Les valeurs de la famille ont toujours été l'intégration par le travail. Il faut récompenser ceux qui triment, ceux qui se lèvent tôt. » *Yes !* « C'est quelqu'un de très intègre, de sensible et d'attachant », estime Margaux Simone, elle-même pourvue d'une sensibilité d'auteur et d'interprète qui, souhaitons-le-lui, créera peut-être un jour la surprise. Depuis janvier 2011, son clip diffusé sur MTV et MTV Idol, la jeune femme a déjà assuré des *showcases,* en première partie d'autres artistes de MyMajorCompany. « Un jour, j'arrive toute pomponnée, juste avant le spectacle. Les gens commençaient à rentrer dans la salle. Je suis allée voir Mickaël qui était assis dans les premiers rangs. Nous avons papoté pendant au moins dix minutes. Devinez qui était là, à quelques mètres de lui, discutant avec d'autres personnes et que je n'ai même pas calculé pour ne pas l'avoir reconnu à cause de sa casquette : Jean-Jacques[519] ! » Grand dieux !

Mickaël n'est pas le seul à avoir percé la sphère publique. De son côté, sa cousine Dorothée Janin s'est signalée par l'écriture de nouvelles et d'un roman, *La vie sur Terre,* publiés chez Denoël. Elle a également participé à plusieurs courts métrages, dont un aux côtés de Melvil Poupaud. Dans la mesure où nous

518. *Le Journal de l'île de la Réunion,* 22 mars 1998.
519. Entretien avec l'auteur, février 2011.

y avons contribué, la réussite des Goldman fait plaisir à voir, mais elle ne sied pas à tout le monde. Celle de Jean-Jacques en particulier, tête de pont et point de convergence de tous les griefs. Trop riche, trop chanceux, trop présent, en dépit d'une farouche et paradoxale volonté d'anonymat : tous ces bonus additionnés font murmurer. Son mode de fonctionnement continue de déranger, ses contradictions d'irriter. « C'est l'anonyme le plus célèbre de France, il est anonyme mais il est partout, qu'est-ce que cela signifie[520] ? » s'était interrogé Thierry Séchan, en 1996. À bon droit, semble-t-il, si l'on se fie à l'analyse délivrée par des journalistes pourtant partisans, tels « la bande à Jean-François Kahn. » En novembre 1999, dans le numéro 1 de *L'Événement du Jeudi* deuxième formule, il était question d'« organisation sans failles », de « réseaux partout », de « contrôle absolu »... « Le show-biz accepte ses conditions. Télévision et presse font de même. Une émission avec Goldman est une émission de Goldman. Un photographe attitré, Claude Gassian, ne livre ses photos qu'après feu vert de la maison Goldman. »

En 2003, le Belge Jean-Luc Cambier a lui aussi pris le parti du chanteur. Il lui garde son estime et son amitié, mais quand il s'exprime sur le sujet, les choses sont dites. « Ces derniers temps, il est de bon ton d'en vouloir à Goldman. On ne peut plus le réduire à un "chanteur pour gamines", mais on lui reproche son pouvoir, ses Enfoirés, son activité, son argent, son organisation, ou celle de Robert, son frère... L'homme n'est certainement pas un saint et on n'est pas forcé de trouver que le chanteur est un immense artiste. Mais que ce soit dans l'accueil réservé à un travail glissé par un étudiant ou son empressement à écourter son repas pour que l'interview se tienne dans les temps, il montre aujourd'hui comme hier un comportement à l'opposé des caprices d'un tyran. Goldman a certes le goût de l'efficacité. Il réfléchit aux voies du succès et même, il n'hésite pas à le dire, il calcule mais ne triche pas. Il vit à peu près normalement sans rien

520. *Mag MCM,* 11 octobre 1996.

s'interdire. Il parle aussi avec une liberté qui ne correspond pas au statut de champion du "consensus mou" qu'on lui accorde paresseusement[521]. » La force du succès populaire de Goldman et le pouvoir qu'il a acquis au fil des ans lèsent fatalement les journalistes habitués à décider de la pluie et du beau temps. Ajouté à cela, le traitement que Jean-Jacques leur fait subir, le contentieux s'est alourdi d'année en année. Connue pour ses positions franches et assumées, en décembre 2000, Sophie Delassein se résolut à affronter le chanteur et à lui poser les bonnes questions.

« – On a dit que vous exigiez une lettre de motivation de chaque journaliste désireux de vous rencontrer ?

– *Pure invention ! Marie-Laure Gourou* [l'attachée de presse de la firme Columbia] *doit simplement demander aux journalistes qui souhaitent m'interviewer de m'en faire la demande par écrit. C'est toujours le même principe : moi, je ne sollicite pas, on me sollicite. Ce terme de « lettre de motivation » a été inventé par les journalistes eux-mêmes, je ne pense pas qu'il ait été prononcé une seule fois par les collaborateurs de la maison de disques.*

– Pourquoi interdisez-vous que votre visage apparaisse sur la couverture ou à la une des journaux auxquels vous accordez des interviews ?

– *Mais pourquoi m'en parle-t-on sans cesse aujourd'hui, alors que je procède ainsi depuis 1982, du temps où les seuls journaux qui s'intéressaient à moi étaient* Podium, Salut les copains *et* Girls *? Mon attachée de presse de l'époque peut témoigner que le marché était le suivant : j'accorde une interview, j'accepte une séance photos, à condition de ne pas retrouver mon portrait en couverture. C'est encore le même principe : je ne dois pas me mettre en position de demandeur, je ne veux pas apostropher les gens, c'est au public de faire la démarche qui consiste à venir à ma rencontre. La une d'un quotidien ou la couverture d'un magazine interpelle les passants, des individus qui ne sont peut-être pas des lecteurs du journal. Quand un article paraît dans*

---

521. *Télémoustique*, 25 juin 2003.

la rubrique « chanson », le lecteur est libre de s'y arrêter, de s'y intéresser ou de passer à la page suivante. J'ai toujours agi de cette manière, et j'ai rarement été trahi. Sauf une fois, par Le Nouvel Observateur, *d'ailleurs...*[522] »

Goldman réfute en bloc toute idée de revanche et de stratégie commerciale. L'homme n'étant « pas un poète mais un *song maker* », il reconnaît faire de la variété, avec des textes « un peu trop simples » et des « mélodies visiblement accrocheuses ». Il consent même à incarner l'usine à tubes que beaucoup voient en lui, le succès ne lui causant « aucun problème ». L'argent ? Ultime mise au point : il en gagne énormément mais *au-delà d'un certain seuil – m'habiller, acheter une moto et une maison où je veux et partir en voyage quand je veux – il ne me sert à rien*[523]. Il pourrait servir à d'autres. *Pourquoi vendre toujours quand y a tant à donner*[524]. À peine admet-il du bout des lèvres en faire profiter certains de ses amis *qui n'ont pas forcément le même niveau de vie, pour pouvoir vivre avec eux*[525]. Pudeur ou aveu d'égoïsme ? Désapprouvant les artistes et les sportifs à hauts revenus qui partent s'installer à l'étranger pour des raisons fiscales, il se dit fier et satisfait de contribuer à l'impôt, un principe de redistribution qu'il estime normal. *C'est pour moi une façon tangible de dire : « Nous faisons partie de ce pays*[526]*. »* L'impôt versé, il lui reste encore *énormément* d'argent. *Si c'est trop que voulez-vous que j'y fasse ?*[527] Rien, mon Jean-Jacques, rien, sinon te résoudre enfin à investir dans un truc qui ressemble à un engin prompt à démarrer au quart de tour quand tu lui dis *« Go ! »* une fois par siècle. En 1999, Roland Romanelli marqua son étonnement en découvrant la voiture de Jean-Jacques, une Clio toute simple qui dormait dans le parking de l'un de ses domiciles, rue Octave-Feuillet, à la Muette. « C'est ça ta voiture ? *Ben oui,*

---

522. *Le Nouvel Observateur,* 20 décembre 2001.
523. *Ibid.*
524. « Parler d'ma vie » (paroles et musique de Jean-Jacques Goldman).
525. *Télémoustique,* 24 septembre 1997.
526. *Télémoustique,* 25 juin 2003.
527. *Le Nouvel Observateur,* 20 décembre 2001.

m'avait-il répondu. Intrigué, en m'excusant par avance, je m'étais permis de lui demander ce qu'il faisait de son argent. Sa réponse : *Mon seul véritable luxe c'est de voyager en première pour éviter d'être trop sollicité.* » Une Clio achetée vers le mitan des années 90 et toujours en service quinze ans plus tard, avec seulement 17 000 kilomètres au compteur... Michael Jones, en septembre 2007, dans *VSD* : « L'autre jour, il m'a appelé parce qu'elle ne démarrait pas. Je lui ai demandé si ça se produisait souvent. Il m'a répondu : "Je ne sais pas, je ne l'ai pas touchée depuis six mois !" »

Goldman est-il toujours défendable ? Alain Mareska : « Son frère Robert est très craint. Alors que, dans la vie, c'est un grand déconneur, en affaires il est redoutable. Chez Sony, quand il arrive, les gens font profil bas[528]. » Dans toute société, lorsqu'on incarne un pouvoir et que l'on représente le système, il y a des rites auxquels il faut savoir se plier : ceux du contre-pouvoir, qu'ils se déclinent en haine, en jalousie rentrée, ou en sentiment d'injustice face aux châteaux illuminés de mille feux, lorsque à l'extérieur il fait si froid, si faim et tellement envie de faire un métier encombré de codes, de ruses et de passe-droits. À une certaine distance du cercle magique, tous les fantasmes sont permis. À charge pour chacun de les exorciser à sa manière. *Les chansons sont souvent plus belles que ceux qui les chantent.* L'humain dans toute sa splendeur !

---

528. Entretien avec l'auteur, 22 octobre 2010.

In fine

L'incroyable manque de temps qui me fait beaucoup négliger ma famille et mes amis...

Aujourd'hui, cette phrase que Jean-Jacques m'avait adressée, il y a de cela fort longtemps, aujourd'hui cette phrase est devenue caduque. Le sentiment de culpabilité ne tient plus. Tandis que Nathalie rend grâce à Pythagore dans un collège de Marseille, « le chanteur utilitaire » rattrape les années perdues et savoure sa vie d'homme au foyer, veillant sur son corps et sa progéniture entre une balade à vélo, un cinquante mètres nage libre et des tournois de tennis où il se montre aussi « Gaulois » que possible, c'est-à-dire très râleur, « surtout contre lui-même », et mauvais joueur. « C'est une teigne, révèle Michael Jones, il ne lâche jamais. Il doit être classé autour de 30, mais il est persuadé qu'il peut toujours progresser. Il ne pense qu'à ça ! » À ça et à « la dérive de la chanson française. » En son temps un certain Patrice Delbourg pensait déjà la même chose. « Il est déçu par le fait que ce soit les maisons de disques et les médias qui décident de tout. » On comprend mieux la naissance du concept de MyMajorCompany et l'implication de Jean-Jacques dans un clip, pour donner un coup de pouce au fiston. Faudra-t-il compter sur les nouveaux chanteurs à la mode de chez nous pour redresser la barre ? « Toi + moi » + tous ceux qui y croient… En attendant le retour du guerrier ? *M'arrêter, je n'y pense pas, je vais devenir un vieux chanteur, comme les autres*[529] ! Le même, seize ans plus tôt : *Quand la partie sera finie / Tirer les penalties, non, non, non, non, non*[530] ! Certains exemples devraient amener les artistes à méditer sur la célèbre phrase de Goethe : « Homme, quand comprendras-tu que ne pas aboutir fait ta grandeur ? » Or, à mesure que les années passent, le suspense augmente. Savamment entretenu, prétendent d'aucuns. Qu'on lui donne l'envie, « l'envie d'avoir envie »…

Il est encore trop tôt pour résoudre l'équation posée par Marguerite Yourcenar : ce qu'a cru être Jean-Jacques Goldman, celui qu'il a voulu être et celui qu'il fut. Goldman, homme simple. On l'aura assez dit et répété. Le fils de Ruth et de Mojsze, né dans la poussière des siècles et appelé à y retourner, sans disques d'or ni sociétés pour suivre le corbillard, pourrait-il être autre chose qu'un citoyen lambda pétri d'humilité ? En Autriche, un usage protocolaire vieux de Charles Quint veut que, lorsque le souverain décède, au moment où la dépouille promenée en grande pompe arrive devant sa dernière demeure, en l'occurrence la crypte des Capucins de Vienne, le maître de cérémonie frappe trois coups à la porte de l'église pour en demander l'accès à Dieu. Derrière la porte fermée, l'un de ses représentants sur terre interroge, alors :

– Qui demande la permission d'entrer ?

Et le cérémoniaire de décliner le nom du défunt et l'interminable liste de ses titres et prérogatives : empereur d'Autriche, roi de Hongrie, grand duc de ceci, seigneur de cela…

– Je ne le connais pas, répond une première fois le prêtre.

---

529. *Télé Loisirs,* janvier 2002.
530. « Compte pas sur moi », paroles et musique de Jean-Jacques Goldman.

Le cérémoniaire réitère :

– Qui demande la permission d'entrer ?

– François-Joseph, [au hasard], Sa Majesté l'empereur et roi.

– Nous ne le connaissons pas.

Toc toc toc…

– Qui demande à entrer ?

– François-Joseph [toujours au hasard], un être mortel et pêcheur.

– Qu'il entre.

Cette fois la porte s'ouvre et le prêtre accueille l'auguste « pêcheur » pour le conduire au repos éternel.

« Mourir, c'est faire comme tout le monde », disait Tolstoï. Même œil propre et lucide, chez Goldman : *Je ne sais pas ce qu'il y a après mais j'ai conscience de la banalité de la mort. Cela fait partie de la condition humaine. Il y a eu des milliards d'hommes avant, il y en aura des milliards après. Nous sommes actuellement une petite partie de cette chaîne infinie des vivants. Mais profitons de cet instant de lumière qui brille en nous. Nous avons la chance de n'être ni Somaliens, ni Kosovars* [531]. Toujours cette lueur d'espoir fondue dans un œil brillant d'inquiétude. Un chromosome de l'optimisme à tout prix transmis par ses parents. *Mon père était toujours très positif.* Mojsze, ce *père un peu à part* [532], tant admiré, *honnête et courageux,* légataire de *la prééminence de la culture sur le matériel* [533], ce père puisait-il sa force et ses convictions dans la foi en un Dieu autre que le Dieu mirage de Moscou qu'il renia en connaissance de cause ? *Il était davantage agnostique qu'athée. Ma mère a été élevée dans la religion. Après la guerre, sa foi s'est étiolée, surtout après avoir rencontré mon père. Mais leur monde n'avait pas besoin de ce substitut de conscience* [534].

Qu'en est-il de lui, Jean-Jacques ? *Je ne suis pas pratiquant. L'important, c'est une certaine foi, qu'elle qu'en soit la forme.*

---

531. *La Vie,* octobre/novembre 2000.

532. *Pèlerin,* octobre/novembre 2000.

533. *Ibid.*

534. *La Vie,* octobre/novembre 2000.

C'est le refus des fausses valeurs du matérialisme. Les religions proposent des réponses sur Dieu. Moi, je ne sais pas, mais il y a une grande probabilité objective que le monde ne soit pas le fruit du hasard[535]. Ce dont il est sûr c'est que *celui qui est arrivé un jour en disant « Aimez-vous les uns les autres » a provoqué une Sacrée Révolution !* Voilà Goldman, au moment où on pense le tenir, il se réfugie à nouveau dans la dérision. Qu'aimerait-il transmettre à ses enfants ? *La joie de vivre !* Une *maladie contagieuse* qu'il affirme tenir de son père, *pour qui chaque minute était un miracle. Je ne sais pas pourquoi on est là, mais je suis persuadé que l'on a de la chance d'exister et de transmettre la vie. À travers la paternité, j'ai l'impression de tenir un rôle auquel on ne peut se soustraire : être ce maillon indispensable dans l'immense chaîne humaine, apporter une contribution à cette humanité qui n'a pas fini de nous étonner.* Comme toi, mon Jean-Jacques, comme toi, comme toi, comme toi…

Appuyé sur le temps et les événements, Goldman revendique avec de plus en plus de force son appartenance à la communauté juive et regrette de ne pas avoir été élevé dans le culte. *Mon père disait qu'il se déclarerait juif tant qu'il y aurait des antisémites* […] [536] *Il est hors de question que je ne revendique pas ma judaïté quand on me pose la question*[537]. Le même discours que Sartre dans ses « Réflexions sur la question juive » : « C'est l'antisémitisme qui crée le Juif. » *Lorsque j'entends – bien que je connaisse très mal ces choses, mais évidemment je connais encore moins bien les autres religions – qu'un enfant arrive à 13 ans et qu'il fasse sa bar-mitsvah*[538], *qu'il rejoigne les adultes ; que les femmes et les hommes sont séparés à la synagogue ; le fait qu'on ait toujours été les plus pauvres mais que l'on ait toujours été alphabétisés ; le rapport à la lecture. Bref, toutes ces choses m'amènent à penser que si j'étais un Martien et que j'arrivais ici, je serais*

535. *Pèlerin,* octobre/novembre 2000.
536. *Haute Tension,* février 2002.
537. *Star Club,* n° 44, juillet 1991.
538. Cérémonie de confirmation religieuse, par laquelle le jeune garçon juif marque sa majorité, en principe à 13 ans.

plutôt attiré par cette religion que par une autre[539]. Un Martien, Goldman ? Le grand public continuera à le voir tel qu'il se veut : un cérébral taraudé de questions mais scandaleusement bien dans son époque – *Je trouve qu'il vaut mieux naître dans dix ans qu'il y a cent ans, c'est une certitude*[540]. Dans son époque et dans ses bottes (si si, il en met, en caoutchouc, lorsqu'il va au tennis, pour ne pas être confondu avec le petit Nadal…). Un bipède imparfait et heureux de se lever le matin pour sentir battre le poumon de ceux qu'il aime et regarder le monde bouger. Un auteur qui a toujours fait de son mieux pour coller à ses notes. A-t-il appris de son escale ici-bas ? *Je sais maintenant qu'il y a deux dates de passage dans la vie d'un homme. 30 ans était assez difficile à vivre et je pense que 60 ans est une autre étape. On entre vers la fin*[541]. Ce qui lui laisse encore un bon demi-siècle. Ensuite il ne faudra guère traîner, mon Jean-Jacques, la vie est une putain et il n'est jamais bien prudent de s'attacher aux femmes de petite vertu.

539. *Haute Tension,* février 2002.
540. TV5, 20 et 21 novembre 2000.
541. *Télémoustique,* 12 décembre 2001.

DISCOGRAPHIE

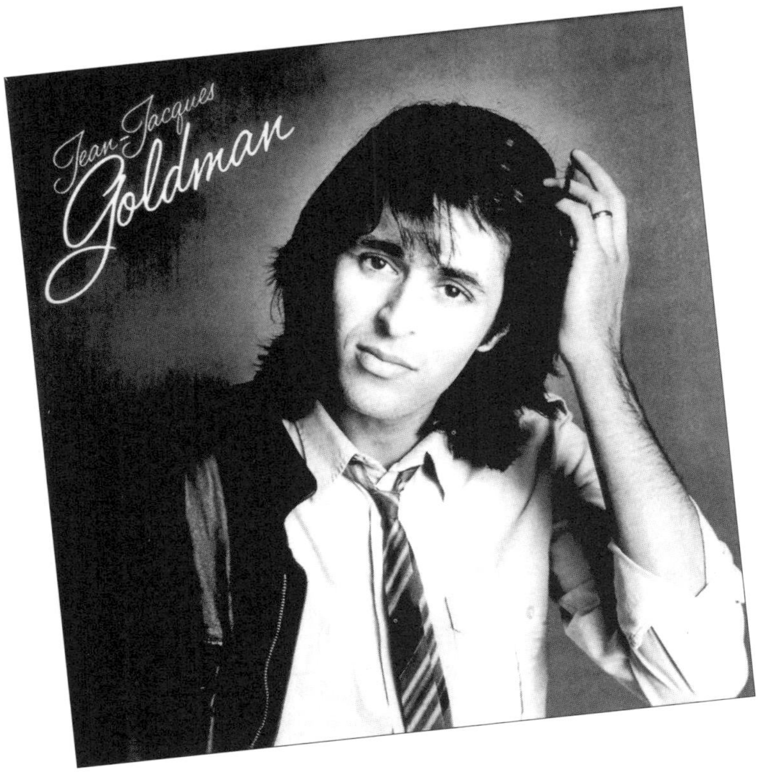

Il est difficile d'établir une discographie très complète de Jean-Jacques Goldman.
Celle qui suit se veut très détaillée mais n'est pas exhaustive.
Elle recense l'essentiel des albums et des singles de Jean-Jacques Goldman
en tant qu'interprète et musicien, sortis en France de 1975 à 2007.
Les compositions pour d'autres artistes
et les participations ne sont pas mentionnées.

ALBUMS

La liste qui suit recense l'essentiel des albums de Jean-Jacques Goldman sortis en France de 1975 à 2002. Ils sont présentés dans leur version la plus complète.

AVEC TAÏ PHONG

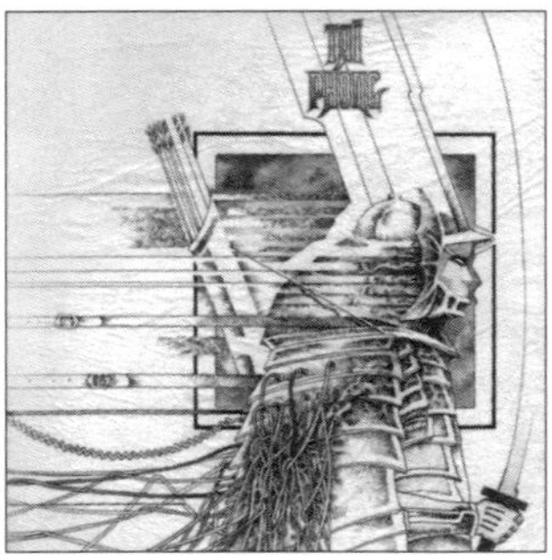

TAÏ PHONG (1975) WEA 56 124
- Going Away (J.-J. Goldman)
- Sister Jane (K. Maï)
- Crest (J. A. Gardet)
- For Years and Years (T. Sinh)
- Out of the Night (Khanh Maï / Taï Sinh)

WINDOWS (1976) WEA 56 264
- When it's the Season (J.-J. Goldman)
- Games (K. Maï)
- Saint-John's Avenue (T. Sinh / K. Maï)
- Circle (J. A. Gardet)
- Last Chance (T. Sinh)
- The Gulf of Knowledge (T. Sinh)

LAST FLIGHT (1979) WEA 56 740
- End of an End (J.-J. Goldman)
- Farewell Gig in Amsterdam (S. Caussarieu)
- Sad Passion (J.-J. Goldman)
- Thirteenth Space (P. Wuthrich / M. Jones)
- Last Flight (K. Maï)
- How Do You Do (M. Jones)

ALBUMS STUDIO

JEAN-JACQUES GOLDMAN (1981) EPC 85233

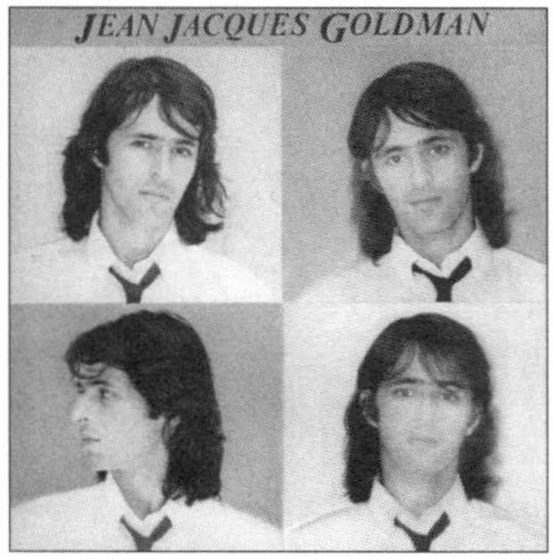

- À l'envers (J.-J. Goldman)
- Sans un mot (J.-J. Goldman)
- Brouillard (J.-J. Goldman)
- Pas l'indifférence (J.-J. Goldman)
- Il suffira d'un signe (J.-J. Goldman)
- J' t'aimerai quand même (J.-J. Goldman)
- Autre histoire (J.-J. Goldman)
- Quelque chose de bizarre (J.-J. Goldman)
- Quel exil (J.-J. Goldman)
- Le rapt (J.-J. Goldman)
- Juste un petit moment (J.-J. Goldman)

JEAN-JACQUES GOLDMAN (1982) EPC 25089

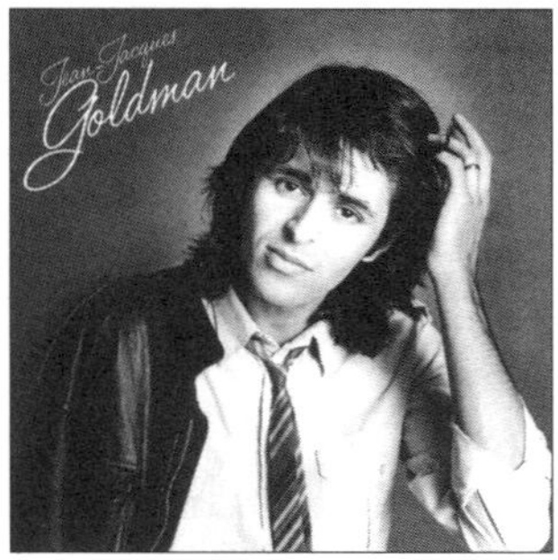

- Au bout de mes rêves (J.-J. Goldman)
- Comme toi (J.-J. Goldman)
- Toutes mes chaînes (J.-J. Goldman)
- Jeanine Médicament Blues (J.-J. Goldman)
- Veiller tard (J.-J. Goldman)
- Quand la musique est bonne (J.-J. Goldman)
- Je ne vous parlerai pas d'elle (J.-J. Goldman)
- Être le premier (J.-J. Goldman)
- Si tu m'emmènes (J.-J. Goldman)
- Minoritaire (J.-J. Goldman)
- Quand la bouteille est vide (J.-J. Goldman)

POSITIF (1984) EPC 25852

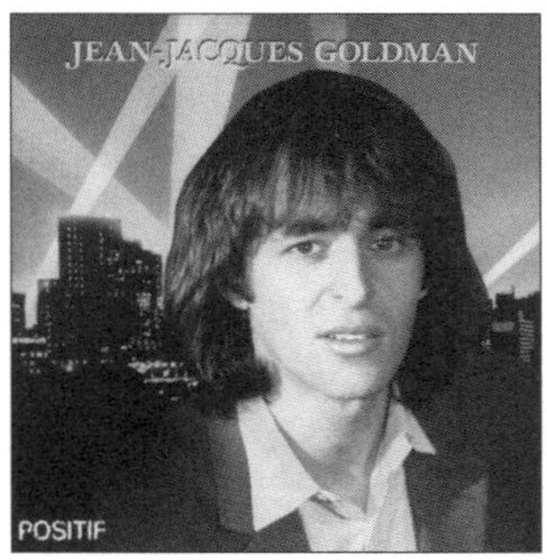

- Envole-moi (J.-J. Goldman)
- Nous ne nous parlerons pas (J.-J. Goldman)
- Plus fort (J.-J. Goldman)
- Petite fille (J.-J. Goldman)
- Dors bébé dors (J.-J. Goldman)
- Je chante pour ça (J.-J. Goldman)
- Encore un matin (J.-J. Goldman)
- Long Is the Road (américain) (J.-J. Goldman)
- Ton autre chemin (J.-J. Goldman)

NON HOMOLOGUÉ (1985) EPC 26678

- Compte pas sur moi (J.-J. Goldman)
- Je te donne (duo avec Michael Jones) (J.-J. Goldman - M. Jones / J.-J. Goldman)
- Famille (J.-J. Goldman)
- La vie par procuration (J.-J. Goldman)
- Parler d' ma vie (J.-J. Goldman)
- Pas toi (J.-J. Goldman)
- Bienvenue sur mon boulevard (J.-J. Goldman)
- Elle attend (J.-J. Goldman)*
- Délires schizo-maniaco-psychotiques (J.-J. Goldman)
- Je marche seul (J.-J. Goldman)
- Confidentiel (J.-J. Goldman)

* Ce titre n'apparaît pas sur la version 33 tours de l'album.

ENTRE GRIS CLAIR ET GRIS FONCÉ (1987) EPC 460 404
- À quoi tu sers ? (intro) (J.-J. Goldman)
- Il changeait la vie (J.-J. Goldman)
- Tout petit monde (J.-J. Goldman)**
- Entre gris clair et gris foncé (J.-J. Goldman)
- Là-bas (duo avec Sirima) (J.-J. Goldman)
- C'est ta chance (J.-J. Goldman)
- Des bouts de moi (J.-J. Goldman)
- Fais des bébés (J.-J. Goldman)
- Puisque tu pars (J.-J. Goldman)
- Filles faciles (J.-J. Goldman)
- Je commence demain (J.-J. Goldman)
- Elle a fait un bébé toute seule (J.-J. Goldman)
- Quelque part, quelqu'un (J.-J. Goldman)
- Qu'elle soit elle (J.-J. Goldman)
- Doux (J.-J. Goldman)
- Reprendre c'est voler (J.-J. Goldman)
- Il y a (J.-J. Goldman)
- Peur de rien blues (J.-J. Goldman)
- Il me restera (J.-J. Goldman)**
- Appartenir (J.-J. Goldman)

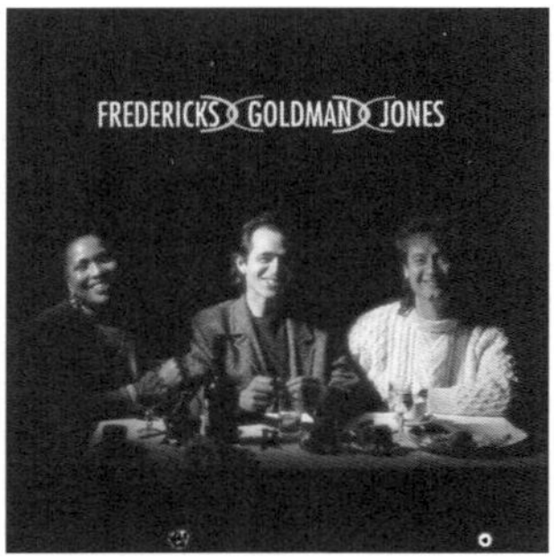

FREDERICKS-GOLDMAN-JONES (1990) CBS 467 729
- C'est pas d' l'amour (J.-J. Goldman)
- Vivre cent vies (J.-J. Goldman)
- Né en 17 à Leidenstadt (J.-J. Goldman)
- Un, deux, trois (J.-J. Goldman)
- Nuit (J.-J. Goldman - M. Jones / J.-J. Goldman)
- Je l'aime aussi (J.-J. Goldman)
- Chanson d'amour (...!) (J.-J. Goldman)
- À nos actes manqués (J.-J. Goldman)
- Peurs (J.-J. Goldman)
- Tu manques (J.-J. Goldman)

ROUGE (1993) COL 474 955
- Serre-moi (J.-J. Goldman)
- On n'a pas changé (J.-J. Goldman)
- Que disent les chansons du monde ? (J.-J. Goldman)
- Il part (J.-J. Goldman)
- Juste après (J.-J. Goldman)
- Rouge (J.-J. Goldman)
- Des vôtres (J.-J. Goldman)
- Frères (J.-J. Goldman)
- Des vies (J.-J. Goldman)
- Ne lui dis pas (J.-J. Goldman)
- Elle avait 17 ans (J.-J. Goldman)
- Fermer les yeux (J.-J. Goldman)

EN PASSANT (1997) COL 488 791
- Sache que je (J.-J. Goldman)
- Bonne idée (J.-J. Goldman)
- Tout était dit (J.-J. Goldman)
- Quand tu danses (J.-J. Goldman)
- Le coureur (J.-J. Goldman)
- Juste quelques hommes (J.-J. Goldman)
- Nos mains (J.-J. Goldman)
- Natacha (J.-J. Goldman)
- Les murailles (J.-J. Goldman)
- On ira (J.-J. Goldman)
- En passant (J.-J. Goldman)

** Ces titres n'apparaissent pas sur les premières versions CD de l'album sorties entre 1987 et 1999. Ce n'est qu'en 2000 que l'album sera édité en version intégrale double CD.

CHANSONS POUR LES PIEDS (2001 COL 504 735
- Ensemble (J.-J. Goldman)
- Et l'on n'y peut rien (J.-J. Goldman)
- Une poussière (J.-J. Goldman)
- La pluie (J.-J. Goldman)
- Tournent les violons (J.-J. Goldman)
- Un goût sur tes lèvres (J.-J. Goldman)
- Si je t'avais pas (J.-J. Goldman)
- C'est pas vrai (J.-J. Goldman)
- The Quo's in Town tonite (J.-J. Goldman)
- Je voudrais vous revoir (J.-J. Goldman)
- Les p'tits chapeaux (J.-J. Goldman)
- Les choses (J.-J. Goldman)

ALBUMS *LIVE*

EN PUBLIC (1986) EPC 450 191
- Veiller tard (J.-J. Goldman)
- Compte pas sur moi (J.-J. Goldman)
- Envole-moi (J.-J. Goldman)
- Comme toi (J.-J. Goldman)
- La vie par procuration (J.-J. Goldman)
- Sans un mot (J.-J. Goldman)
- Pas l'indifférence (J.-J. Goldman)
- Je te donne (duo avec Michael Jones) (J.-J. Goldman - M. Jones / J.-J. Goldman)
- Pas toi (J.-J. Goldman)
- Quand la musique est bonne (J.-J. Goldman)*
- Il suffira d'un signe (J.-J. Goldman)
- Elle attend (J.-J. Goldman)
- Long Is the Road (américain) (J.-J. Goldman)
- Petite fille (J.-J. Goldman)
- Ton autre chemin (J.-J. Goldman)
- Medley (Je marche seul / Quand la musique est bonne / Au bout de mes rêves / Encore un matin) (J.-J. Goldman)
- Famille (J.-J. Goldman)*
- Confidentiel (J.-J. Goldman)

TRACES (1989) EPC 463 426
- Famille (J.-J. Goldman)
- Entre gris clair et gris foncé (J.-J. Goldman)
- C'est ta chance (J.-J. Goldman)
- Reprendre c'est voler (J.-J. Goldman)
- Elle a fait un bébé toute seule (J.-J. Goldman)
- Peur de rien blues (J.-J. Goldman)
- À quoi tu sers ? (intro) (J.-J. Goldman)
- Doux (J.-J. Goldman)
- Long is the Road (américain) (J.-J. Goldman)**
- Il changeait la vie (J.-J. Goldman)
- Il y a (J.-J. Goldman)**
- Medley (Je marche seul / Quand la musique est bonne / Au bout de mes rêves / Il suffira d'un signe / Envole-moi / Encore un matin) (J.-J. Goldman)
- Puisque tu pars (J.-J. Goldman)

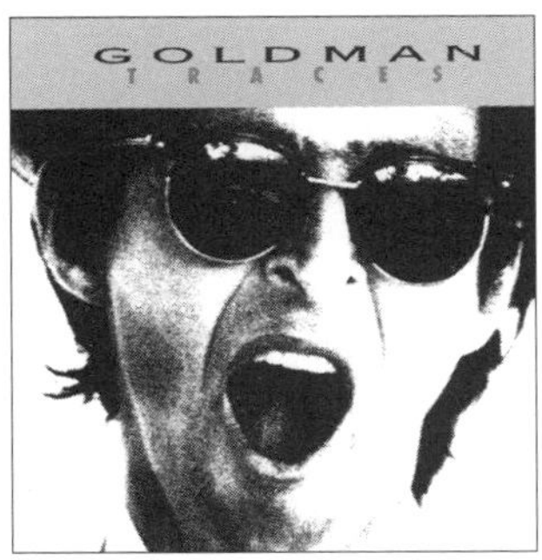

* Titres disponibles uniquement sur la version double CD de l'album.

** Titres intégralement disponibles sur le double 33 tours. Sur la version CD simple de l'album, « Long is the Road (américain) » a été raccourcie (seule la partie gospel apparaît), « Il y a » a été retirée. La version complète de « Traces », ici présentée, n'est disponible en version CD que dans le coffret « Intégrale 81-91 ».

SUR SCÈNE (1992) COL 472 787
- Nuit (J.-J. Goldman - M. Jones / J.-J. Goldman)
- À quoi tu sers ? (J.-J. Goldman)
- Il suffira d'un signe (J.-J. Goldman)
- Un, deux, trois (J.-J. Goldman)
- Je commence demain (J.-J. Goldman)
- Peurs (J.-J. Goldman)
- Je l'aime aussi (J.-J. Goldman)
- Là-bas (J.-J. Goldman)
- Vivre cent vies (J.-J. Goldman)
- C'est pas d' l'amour (J.-J. Goldman)
- À nos actes manqués (J.-J. Goldman)

DU NEW MORNING AU ZÉNITH (1995) COL 480 308
- Veiller tard (J.-J. Goldman)
- Ne lui dis pas (J.-J. Goldman)
- Quelque chose de bizarre (J.-J. Goldman)
- Jeanine Médicament Blues (J.-J. Goldman)
- Il part (J.-J. Goldman)
- Il y a (J.-J. Goldman)
- P'tit blues peinard (J.-J. Goldman)
- Confidentiel (J.-J. Goldman)
- C'est pas d' l'amour (J.-J. Goldman)
- Un, deux, trois (J.-J. Goldman)
- Pas toi (J.-J. Goldman)
- Think (A. Franklin / T. White)
- Knock on Wood (C. Stephen / E. Floyd)
- Tobacco road (J. Loudermilk)
- Serre-moi (début) (J.-J. Goldman)
- Des vôtres (J.-J. Goldman)
- Envole-moi (J.-J. Goldman)
- Que disent les chansons du monde ? (J.-J. Goldman)
- Comme toi (J.-J. Goldman)
- Être le premier (J.-J. Goldman)
- Je commence demain (J.-J. Goldman)
- Des vies (J.-J. Goldman)
- On n'a pas changé (J.-J. Goldman)
- Frères (J.-J. Goldman)
- Juste après (J.-J. Goldman)
- À nos actes manqués (J.-J. Goldman)
- Fermer les yeux (J.-J. Goldman)
- Il suffira d'un signe (J.-J. Goldman)
- Rouge (J.-J. Goldman)
- Puisque tu pars (J.-J. Goldman)
- Serre-moi (fin) (J.-J. Goldman)

TOURNÉE 1998, EN PASSANT (1999) COL 494 829
- On ira (J.-J. Goldman)
- Bonne idée (J.-J. Goldman)
- La vie par procuration (J.-J. Goldman)
- Ne lui dis pas (J.-J. Goldman)
- Tout était dit (J.-J. Goldman)
- Elle attend (J.-J. Goldman)
- Le rapt (J.-J. Goldman)
- Pas toi (J.-J. Goldman)
- Elle a fait un bébé toute seule (J.-J. Goldman)
- Le coureur (J.-J. Goldman)
- Là-bas (J.-J. Goldman)
- Natacha (J.-J. Goldman)
- Quand tu danses (J.-J. Goldman)
- À nos actes manqués (J.-J. Goldman)
- Nos mains (J.-J. Goldman)
- Je te donne (J.-J. Goldman - M. Jones / J.-J. Goldman)
- Peur de rien blues (J.-J. Goldman)
- Au bout de mes rêves (J.-J. Goldman)
- Il suffira d'un signe (J.-J. Goldman)
- Quand la musique est bonne (J.-J. Goldman)
- Sache que je (J.-J. Goldman)
- Pour que tu m'aimes encore (J.-J. Goldman)

UN TOUR ENSEMBLE (2002) COL 510 500
- Je marche seul (J.-J. Goldman)
- Répétitions
- Nos mains (J.-J. Goldman)
- Petite fille (J.-J. Goldman)
- Encore un matin (J.-J. Goldman)
- Poussière (J.-J. Goldman)
- Je voudrais vous revoir (J.-J. Goldman)
- Juste après (J.-J. Goldman)
- En passant (J.-J. Goldman)
- Veiller tard (J.-J. Goldman)
- Flûtiau et violon approximatifs
- Et l'on n'y peut rien (J.-J. Goldman)
- Tournent les violons (J.-J. Goldman)
- Ensemble (J.-J. Goldman)
- On ira (J.-J. Goldman)
- Les choses (J.-J. Goldman)
- Né en 17 à Leidenstadt (J.-J. Goldman)
- C'est pas vrai (J.-J. Goldman)
- Présentation des musiciens
- Nuit (J.-J. Goldman - M. Jones / J.-J. Goldman)
- Envole-moi (J.-J. Goldman)
- Puisque tu pars (J.-J. Goldman)

COMPILATIONS

JEAN-JACQUES GOLDMAN/TAÏ PHONG : LES ANNÉES WARNER (1984) WEA 240 516
- Sister Jane (K. Maï)
- When it's the Season (J.-J. Goldman)
- End of an End (J.-J. Goldman)
- C'est pas grave papa (J.-J. Goldman)
- Tu m'as dit (J.-J. Goldman)
- Les nuits de solitude (J.-J. Goldman)
- Jour bizarre (J.-J. Goldman)
- Back to the City Again (J.-J. Goldman)
- Laëtitia (J.-J. Goldman)

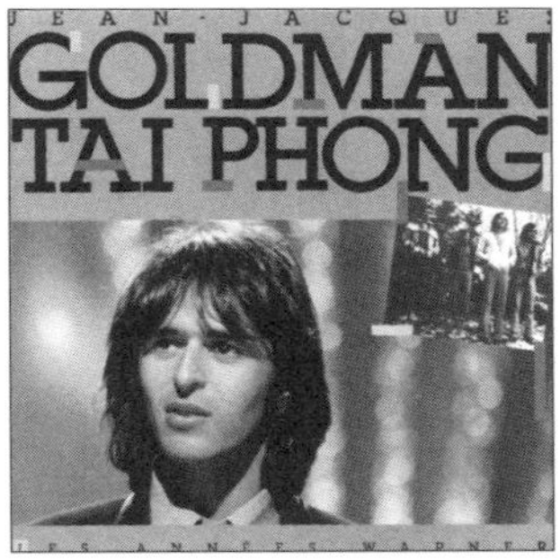

SINGULIER 1981- 1989 (1996) COL 485 008
- Il suffira d'un signe (J.-J. Goldman)
- Pas l'indifférence (J.-J. Goldman)
- Quand la musique est bonne (J.-J. Goldman)
- Comme toi (J.-J. Goldman)
- Être le premier (J.-J. Goldman)
- Au bout de mes rêves (J.-J. Goldman)
- Je ne vous parlerai pas d'elle (J.-J. Goldman)
- Si tu m'emmènes (J.-J. Goldman)
- Veiller tard (J.-J. Goldman)
- Envole-moi (J.-J. Goldman)
- Dors bébé dors (J.-J. Goldman)
- Encore un matin (J.-J. Goldman)
- Long Is the Road (américain) (J.-J. Goldman)
- Nous ne parlerons pas (J.-J. Goldman)
- Petite fille (J.-J. Goldman)
- Compte pas sur moi (J.-J. Goldman)
- Je te donne (duo avec Michael Jones) (J.-J. Goldman - M. Jones / J.-J. Goldman)
- Confidentiel (J.-J. Goldman)
- La vie par procuration (J.-J. Goldman)
- Parler d' ma vie (J.-J. Goldman)
- Je marche seul (J.-J. Goldman)
- Famille (J.-J. Goldman)
- Elle attend (J.-J. Goldman)
- Pas toi (J.-J. Goldman)
- Il changeait la vie (J.-J. Goldman)
- Là-bas (duo avec Sirima) (J.-J. Goldman)
- Elle a fait un bébé toute seule (J.-J. Goldman)
- Puisque tu pars (J.-J. Goldman)
- C'est ta chance (J.-J. Goldman)
- Reprendre c'est voler (J.-J. Goldman)
- Filles faciles (J.-J. Goldman)
- Doux (J.-J. Goldman)
- Il y a (J.-J. Goldman)
- Peur de rien blues (J.-J. Goldman)

PLURIEL 1990-1996 (2000) COL 498 835
- Nuit (J.-J. Goldman - M. Jones / J.-J. Goldman)
- À nos actes manqués (J.-J. Goldman)
- Né en 17 à Leidenstadt (J.-J. Goldman)
- C'est pas d' l'amour (J.-J. Goldman)
- Un, deux, trois (J.-J. Goldman)
- Tu manques (J.-J. Goldman)
- Peurs (J.-J. Goldman)
- Il suffira d'un signe (J.-J. Goldman)
- Je commence demain (J.-J. Goldman)
- Rouge (J.-J. Goldman)
- Juste après (J.-J. Goldman)
- Des vies (J.-J. Goldman)
- Fermer les yeux (J.-J. Goldman)
- Que disent les chansons du monde ? (J.-J. Goldman)
- Pas toi (J.-J. Goldman)
- Think (A. Franklin / T. White)

COFFRETS INTÉGRALES

INTÉGRALE 81-91 8 C (1991) COL 469 217

Les sept premiers CD reprennent, dans l'ordre chronologique mais sans distinction d'album, les titres officiels, studio et *live*. Le huitième CD est consacré à des raretés et des inédits.

CD 1 : ***Une autre histoire*** (81-82)
- À l'envers (J.-J. Goldman)
- Sans un mot (J.-J. Goldman)
- Brouillard (J.-J. Goldman)
- Pas l'indifférence (J.-J. Goldman)
- Il suffira d'un signe (J.-J. Goldman)
- J' t'aimerai quand même (J.-J. Goldman)
- Autre histoire (J.-J. Goldman)
- Quelque chose de bizarre (J.-J. Goldman)
- Quel exil (J.-J. Goldman)
- Le rapt (J.-J. Goldman)
- Juste un petit moment (J.-J. Goldman)
- Au bout de mes rêves (J.-J. Goldman)
- Comme toi (J.-J. Goldman)
- Toutes mes chaînes (J.-J. Goldman)
- Jeanine Médicament Blues (J.-J. Goldman)
- Être le premier (J.-J. Goldman)
- Si tu m'emmènes (J.-J. Goldman)
- Je ne vous parlerai pas d'elle (J.-J. Goldman)

CD 2 : ***Quand la musique sonne*** (82-84)
- Veiller tard (J.-J. Goldman)
- Quand la musique est bonne (J.-J. Goldman)
- Minoritaire (J.-J. Goldman)
- Quand la bouteille est vide (J.-J. Goldman)
- Envole-moi (J.-J. Goldman)
- Nous ne nous parlerons pas (J.-J. Goldman)
- Plus fort (J.-J. Goldman)
- Petite fille (J.-J. Goldman)
- Dors bébé dors (J.-J. Goldman)
- Je chante pour ça (J.-J. Goldman)
- Encore un matin (J.-J. Goldman)
- Long Is the Road (américain) (J.-J. Goldman)
- Ton autre chemin (J.-J. Goldman)
- Compte pas sur moi (J.-J. Goldman)
- Famille (J.-J. Goldman)
- La vie par procuration (J.-J. Goldman)

CD 3 : ***Veiller tard*** (85-86)
- Je te donne (duo avec Michael Jones) (J.-J. Goldman - M. Jones / J.-J. Goldman)
- Parler d' ma vie (J.-J. Goldman)
- Pas toi (J.-J. Goldman)
- Bienvenue sur mon boulevard (J.-J. Goldman)
- Elle attend (J.-J. Goldman)
- Délires schizo-maniaco-psychotiques (J.-J. Goldman)
- Je marche seul (J.-J. Goldman)
- Confidentiel (J.-J. Goldman)
- Veiller tard (J.-J. Goldman)*
- Compte pas sur moi (J.-J. Goldman)*
- Envole-moi (J.-J. Goldman)*
- Petite fille (J.-J. Goldman)*
- Ton autre chemin (J.-J. Goldman)*
- Comme toi (J.-J. Goldman)*
- La vie par procuration (J.-J. Goldman)*

CD 4 : ***Famille*** (86-87)
- Sans un mot (J.-J. Goldman)*
- Pas l'indifférence (J.-J. Goldman)*
- Je te donne (duo avec Michael Jones) (J.-J. Goldman
- M. Jones / J.-J. Goldman)*
- Pas toi (J.-J. Goldman)*
- Quand la musique est bonne (J.-J. Goldman)*
- Il suffira d'un signe (J.-J. Goldman)*
- Elle attend (J.-J. Goldman)*
- Long Is the Road (américain) (J.-J. Goldman)*
- Medley (Je marche seul / Quand la musique est bonne / Au bout de mes rêves / Encore un matin) (J.-J. Goldman)*
- Famille (J.-J. Goldman)*
- Confidentiel (J.-J. Goldman)*
- À quoi tu sers ? (intro) (J.-J. Goldman)
- Il changeait la vie (J.-J. Goldman)
- Là-bas (duo avec Sirima) (J.-J. Goldman)

* Versions *live* 1986 « En public »
** Versions *live* 1989 « Traces »

CD 5: ***Des bouts de moi*** (1987)
- Entre gris clair et gris foncé (J.-J. Goldman)
- C'est ta chance (J.-J. Goldman)
- Puisque tu pars (J.-J. Goldman)
- Des bouts de moi (J.-J. Goldman)
- Fais des bébés (J.-J. Goldman)
- Filles faciles (J.-J. Goldman)
- Je commence demain (J.-J. Goldman)
- Elle a fait un bébé toute seule (J.-J. Goldman)
- Quelque part, quelqu'un (J.-J. Goldman)
- Qu'elle soit elle (J.-J. Goldman)
- Doux (J.-J. Goldman)
- Reprendre c'est voler (J.-J. Goldman)
- Il y a (J.-J. Goldman)
- Peur de rien blues (J.-J. Goldman)
- Appartenir (J.-J. Goldman)
- Tout petit monde (J.-J. Goldman)
- Il me restera (J.-J. Goldman)

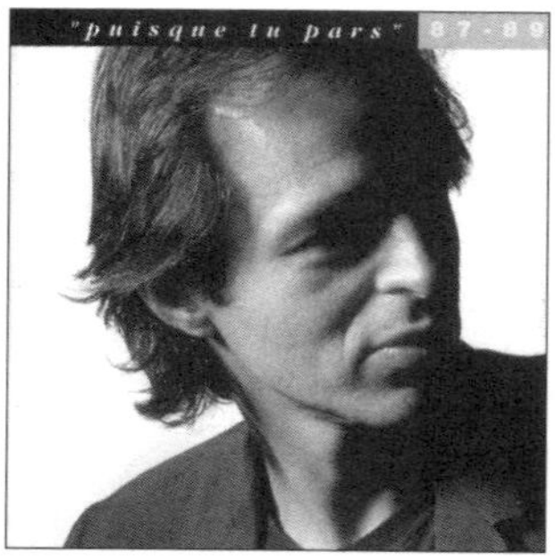

CD 6: ***Puisque tu pars*** (87-89)
- Elle a fait un bébé toute seule (J.-J. Goldman)**
- Entre gris clair et gris foncé (J.-J. Goldman)**
- C'est ta chance (J.-J. Goldman)**
- Reprendre c'est voler (J.-J. Goldman)**
- Peur de rien blues (J.-J. Goldman)**
- À quoi tu sers ? (intro) (J.-J. Goldman)**
- Doux (J.-J. Goldman)**
- Long is the Road (américain) (J.-J. Goldman)**
- Il changeait la vie (J.-J. Goldman)**
- Medley (Je marche seul / Quand la musique est bonne / Au bout de mes rêves / Il suffira d'un signe / Envole-moi / Encore un matin) (J.-J. Goldman)**
- Puisque tu pars (J.-J. Goldman)**

CD 7: ***Un, deux, trois*** (1990)
- Famille (J.-J. Goldman)**
- Il y a (J.-J. Goldman)**
- C'est pas d' l'amour (J.-J. Goldman)
- Vivre cent vies (J.-J. Goldman)
- Né en 17 à Leidenstadt (J.-J. Goldman)
- Un, deux, trois (J.-J. Goldman)
- Nuit (J.J. Goldman - M. Jones / J.-J. Goldman)
- Je l'aime aussi (J.J. Goldman)
- Chanson d'amour (...!) (J.-J. Goldman)
- À nos actes manqués (J.-J. Goldman)
- Peurs (J.-J. Goldman)
- Tu manques (J.-J. Goldman)

CD 8: ***Quelques choses bizarres*** (81-91)
- Encore un matin (version longue) (J.-J. Goldman)
- Long Is the Road (version longue) (américain) (JJG)
- Je marche seul (version longue) (J.-J. Goldman)
- Dust my Blues (E. James / J. Bihari)
- Rain (J. Feliciano)
- P'tit blues peinard (J.-J. Goldman)
- Les Restos du Cœur (J.-J. Goldman)
- Lisa (J.-J. Goldman)
- La dame de Haute-Savoie (*live* 1989) (F. Cabrel)
- À nos actes manqués (version anglaise) (JJG - MJ / JJG)
- Né en 17 à Leidenstadt (version anglaise) (JJG - MJ / JJG)
- Vivre cent vies (version anglaise) (JJG - MJ / JJG)
- Je commence demain (version tournée 91) (JJG)
- Je marche seul (version tournée 91) (J.-J. Goldman)
- Peurs (version tournée 91) (J.-J. Goldman)

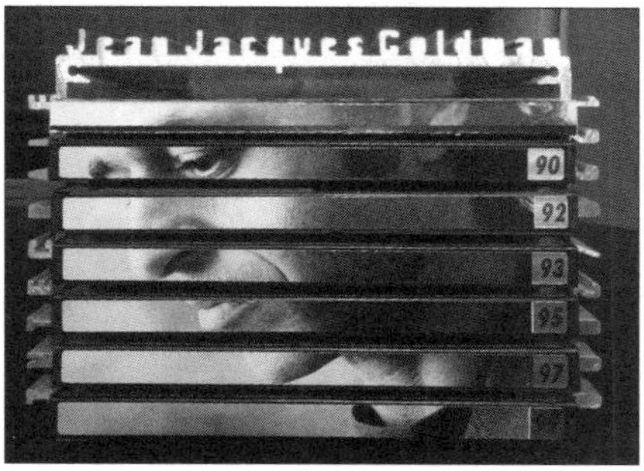

INTÉGRALE 1990-2000
6 CD (2000) COL 498 836

Reprise, par ordre chronologique, des trois albums studios et des trois albums *live* édités entre 1990 et 1999. Un titre bonus a été ajouté sur le cinquième volume : « Elle ne me voit pas », extrait de la B.O. du film *Astérix et Obélix contre César.*

Volume 1, ***Fredericks-Goldman-Jones*** (1990)
- C'est pas d' l'amour (J.-J. Goldman)
- Vivre cent vies (J.-J. Goldman)
- Né en 17 à Leidenstadt (J.-J. Goldman)
- Un, deux, trois (J.-J. Goldman)
- Nuit (J.J. Goldman - M. Jones / J.-J. Goldman)
- Je l'aime aussi (J.-J. Goldman)
- Chanson d'amour (...!) (J.-J. Goldman)
- À nos actes manqués (J.-J. Goldman)
- Peurs (J.-J. Goldman)
- Tu manques (J.-J. Goldman)

Volume 2, ***Sur scène*** (1992)
- Nuit (J.-J. Goldman - M. Jones / J.-J. Goldman)
- À quoi tu sers ? (J.-J. Goldman)
- Il suffira d'un signe (J.-J. Goldman)
- Un, deux, trois (J.-J. Goldman)
- Je commence demain (J.-J. Goldman)
- Peurs (J.-J. Goldman)
- Je l'aime aussi (J.-J. Goldman)
- Là-bas (J.-J. Goldman)
- Vivre cent vies (J.-J. Goldman)
- C'est pas d' l'amour (J.-J. Goldman)
- À nos actes manqués (J.-J. Goldman)

Volume 3, ***Rouge*** (1993)
- Serre-moi (J.-J. Goldman)
- On n'a pas changé (J.-J. Goldman)
- Que disent les chansons du monde ? (J.-J. Goldman)
- Il part (J.-J. Goldman)
- Juste après (J.-J. Goldman)
- Rouge (J.-J. Goldman)
- Des vôtres (J.-J. Goldman)
- Frères (J.-J. Goldman)
- Des vies (J.-J. Goldman)
- Ne lui dis pas (J.-J. Goldman)
- Elle avait 17 ans (J.-J. Goldman)
- Fermer les yeux (J.-J. Goldman)

Volume 4, ***Du New Morning au Zénith*** (2CD) (1995)
- Veiller tard (J.-J. Goldman)
- Ne lui dis pas (J.-J. Goldman)
- Quelque chose de bizarre (J.-J. Goldman)
- Jeanine Médicament Blues (J.-J. Goldman)
- Il part (J.-J. Goldman)
- Il y a (J.-J. Goldman)
- P' tit blues peinard (J.-J. Goldman)
- Confidentiel (J.-J. Goldman)
- C'est pas d' l'amour (J.-J. Goldman)
- Un, deux, trois (J.-J. Goldman)
- Pas toi (J.J. Goldman)
- Think (A. Franklin / T. White)
- Knock on Wood (C. Stephen / E. Floyd)
- Tobacco road (J. Loudermilk)
- Serre-moi (début) (J.-J. Goldman)
- Des vôtres (J.-J. Goldman)
- Envole-moi (J.-J. Goldman)
- Que disent les chansons du monde ? (J.-J. Goldman)
- Comme toi (J.-J. Goldman)
- Être le premier (J.-J. Goldman)
- Je commence demain (J.-J. Goldman)
- Des vies (J.-J. Goldman)
- On n'a pas changé (J.-J. Goldman)
- Frères (J.-J. Goldman)
- Juste après (J.-J. Goldman)
- À nos actes manqués (J.-J. Goldman)
- Fermer les yeux (J.-J. Goldman)
- Il suffira d'un signe (J.-J. Goldman)
- Rouge (J.-J. Goldman)
- Puisque tu pars (J.-J. Goldman)
- Serre-moi (fin) (J.-J. Goldman)

Volume 5, ***En passant*** (1997)
- Sache que je (J.-J. Goldman)
- Bonne idée (J.-J. Goldman)
- Tout était dit (J.-J. Goldman)
- Quand tu danses (J.-J. Goldman)
- Le coureur (J.-J. Goldman)
- Juste quelques hommes (J.-J. Goldman)
- Nos mains (J.-J. Goldman)
- Natacha (J.-J. Goldman)
- Les murailles (J.-J. Goldman)
- On ira (J.-J. Goldman)
- En passant (J.-J. Goldman)
- Elle ne me voit pas (J.-J. Goldman / J.-J. Goldman - R. Romanelli)

Volume 6, ***Tournée 1998, En passant*** (2CD) (1999)
- On ira (J.-J. Goldman)
- Bonne idée (J.-J. Goldman)
- La vie par procuration (J.-J. Goldman)
- Ne lui dis pas (J.-J. Goldman)
- Tout était dit (J.-J. Goldman)
- Elle attend (J.-J. Goldman)
- Le rapt (J.-J. Goldman)
- Pas toi (J.-J. Goldman)
- Elle a fait un bébé toute seule (J.-J. Goldman)
- Le coureur (J.-J. Goldman)
- Là-bas (J.-J. Goldman)
- Natacha (J.-J. Goldman)
- Quand tu danses (J.-J. Goldman)
- À nos actes manqués (J.-J. Goldman)
- Nos mains (J.-J. Goldman)
- Je te donne (J.-J. Goldman - M. Jones / J.-J. Goldman)
- Peur de rien blues (J.-J. Goldman)
- Au bout de mes rêves (J.-J. Goldman)
- Il suffira d'un signe (J.-J. Goldman)
- Quand la musique est bonne (J.-J. Goldman)
- Sache que je (J.-J. Goldman)
- Pour que tu m'aimes encore (J.-J. Goldman)

MUSIQUES DE FILMS

L'UNION SACRÉE (1989) POL 839 195

- Lisa (J.-J. Goldman). Interprété par Jean-Jacques Goldman*.
- Brother (M. Jones - J.-J. Goldman / J.-J. Goldman). Interprété par Carole Fredericks.
- Fuite du dealer (R. Romanelli)
- Piège (R. Romanelli)
- Bains-douches (R. Romanelli)
- Visite du centre islamique (R. Romanelli)
- Échappée du centre islamique (R. Romanelli)
- Dîner asiatique (J.-J. Goldman) (R. Romanelli)
- Thème de Lisa (J.-J. Goldman)
- Grue (R. Romanelli)
- Brother (J.-J. Goldman). Interprété par Carole Fredericks.
- Thème de Lisa 2 (J.-J. Goldman / J.-J. Goldman - R. Romanelli)

* Ce titre n'apparaît pas sur l'édition originale du disque. Il sera ajouté sur la réédition CD de 1998. Entretemps, il a été édité en 1992 dans le coffret « Intégrale 81-91 ».

ASTÉRIX ET OBÉLIX CONTRE CÉSAR (1999) COL 493 496

- Astérix et Obélix contre César (générique début) (J.-J. Goldman - R. Romanelli)
- L'embuscade (J.-J. Goldman - R. Romanelli)
- L'amour (J.-J. Goldman - R. Romanelli)
- Le cirque encore (J.-J. Goldman - R. Romanelli)
- La serpe d'or (J.-J. Goldman - R. Romanelli)
- Falbala (J.-J. Goldman - R. Romanelli)
- La machination de Détritus (J.-J. Goldman - R. Romanelli)
- La bataille rangée (J.-J. Goldman - R. Romanelli)
- Le devin (J.-J. Goldman - R. Romanelli)
- Le cirque (J.-J. Goldman - R. Romanelli)
- L'amour toujours (J.-J. Goldman - R. Romanelli)
- Les hallucinations d'Astérix (J.-J. Goldman - R. Romanelli)
- La potion magique (J.-J. Goldman - R. Romanelli)
- La licorne à deux têtes (J.-J. Goldman - R. Romanelli)
- Bélénos (J.J. Goldman - R. Romanelli))
- Bélénos (remix) (J.-J. Goldman - R. Romanelli)
- Obélix (J.-J. Goldman - R. Romanelli)
- Elle ne me voit pas (J.-J. Goldman / J.-J. Goldman - R. Romanelli). Interprété par Jean-Jacques Goldman.

SINGLES

La liste qui suit recense l'essentiel des singles et maxi-singles de Jean-Jacques Goldman sortis en France de 1975 à 2007. Hormis quelques exceptions, les imports ne sont pas cités. Par souci de simplification, les références sont celles des 45 tours jusqu'en 1993, puis celles des CD singles pour les années suivantes.

AVEC LE GROUPE TAÏ PHONG

45 tours WEA 16542
SISTER JANE
(1975)
- Sister Jane (K. Maï)
- Crest (J. A. Gardet)

45 tours WEA 16692
(IF YOU'RE HEADED) NORTH FOR WINTER
(1975)
- (If You're Headed) North for Winter (J. A. Gardet)
- Let Us Play (J.-J. Goldman)

45 tours WEA 16748
GAMES
(1976)
- Games (K. Maï)
- The Gulf of Knowledge (T. Sinh)

45 tours WEA 16965
FOLLOW ME
(1977)
- Follow Me (J.-J. Goldman)
- Dance (T. Sinh)

Maxi 45 tours PRO 72
FOLLOW ME
(1977)
- Follow Me (J.-J. Goldman)
- Dance (T. Sinh)

45 tours WEA 17174
BACK AGAIN
(1978)
- Back Again (J.-J. Goldman)
- Cherry (K. Maï)

Maxi 33/45 tours SPE 004
SONO
(1979)
- Sons de tests pour platine
- Rise Above the Wind (K. Maï)

45 tours WEA 17408
FED UP
(1979)
- Fed up (J.-J. Goldman)
- Shangaï Casino (K. Maï)

45 tours WEA 249476
SISTER JANE
(réédition 1984)
- Sister Jane (K. Maï)
- Crest (J. A. Gardet)

SOUS DES PSEUDONYMES

45 tours WEA 17203
SLOW ME AGAIN
(sous le pseudonyme
Sweet Memories) (1979)
- Slow Me Again (part 1)
(J.-J. Goldman)
- Slow me Again (part 2)
(J.-J. Goldman)

Maxi 45 tours WB 26099
SLOW ME AGAIN
(sous le pseudonyme
Sweet Memories) (1979)
- Slow Me Again (version
intégrale) (J.-J. Goldman)
- Just a Dream
(J.-J. Goldman)

45 tours RB 76804
HIGH FLY
**(sous le pseudonyme
First Prayer) (1980)**
- High Fly (J.-J. Goldman)
- Tell Me Why
(J.-J. Goldman)

Maxi 45 tours RB 76504
HIGH FLY
(sous le pseudonyme
First Prayer) (1980)
- High Fly (J.-J. Goldman)
- Tell me Why
(J.-J. Goldman)

EN SOLO, DUO OU TRIO

45 tours WEA 16842
C'EST PAS GRAVE PAPA
(1976)
- C'est pas grave papa
(J.-J. Goldman)
- Tu m'as dit
(J.-J. Goldman)

45 tours WEA 16947
LES NUITS DE SOLITUDE
(1977)
- Les nuits de solitude
(J.-J. Goldman)
- Jour bizarre
(J.-J. Goldman)

45 tours WEA 17076
BACK TO THE CITY AGAIN
(1978)
- Back to the City Again
(J.-J. Goldman)
- Laëtitia (J.-J. Goldman)

45 tours EPC A1624
IL SUFFIRA D'UN SIGNE
(1981)
- Il suffira d'un signe (J.-J. Goldman)
- Quel exil (J.-J. Goldman)

Maxi 45 tours SDC 70
IL SUFFIRA D'UN SIGNE
(1981)
- Il suffira d'un signe (version longue) (J.-J. Goldman)
- Quelque chose de bizarre (J.-J. Goldman)

45 tours EPC A2310
QUELQUE CHOSE DE BIZARRE
(1982)
- Quelque chose de bizarre (J.-J. Goldman)
- Pas l'indifférence (J.-J. Goldman)

45 tours EPC A2782
QUAND LA MUSIQUE EST BONNE
(1982)
- Quand la musique est bonne (J.-J. Goldman)
- Veiller tard (J.-J. Goldman)

Maxi 45 tours SDC 82
QUAND LA MUSIQUE EST BONNE
(1982)
- Quand la musique est bonne (version longue) (J.-J. Goldman)
- Quand la musique est bonne (version longue) (J.-J. Goldman)

45 tours EPC A3103
COMME TOI
(1983)
- Comme toi (J.-J. Goldman)
- Être le premier (J.-J. Goldman)

Maxi 45 tours SDC 74
COMME TOI
(1983)
- Comme toi (J.-J. Goldman)
- Être le premier (J.-J. Goldman)

45 tours Allemagne EPC A3303
JUST A LITTLE SIGN
(1983)
- Just a Little Sign (G. Lyle / J.-J. Goldman)
- I Won't Talk about Her (G. Lyle / J.-J. Goldman)

45 tours Espagne EPC A361
COMO TÙ
(1983)
- Como tù (B. Frances - J.-J. Goldman)
- Toutes mes chaînes (J.-J. Goldman)

45 tours EPC A3476
AU BOUT DE MES RÊVES
(1983)
- Au bout de mes rêves (J.-J. Goldman)
- Jeanine Médicament Blues (J.-J. Goldman)

Maxi 45 tours SDC 11015
AU BOUT DE MES RÊVES
(1983)
- Au bout de mes rêves (version longue) (J.-J. Goldman)
- Comme toi (J.-J. Goldman)

Maxi 45 tours SDC 11016
AU BOUT DE MES RÊVES
(1983)
- Au bout de mes rêves (version longue) (J.-J. Goldman)
- Je ne vous parlerai pas d'elle (J.-J. Goldman)
- Comme toi (J.-J. Goldman)
- Jeanine Médicament Blues (J.-J. Goldman)

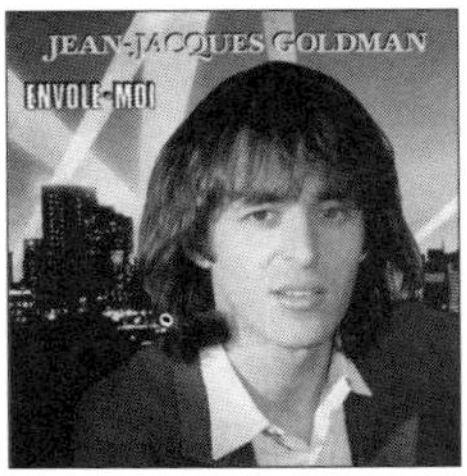

45 tours EPC A4111
ENVOLE-MOI
(1984)
- Envole-moi (J.-J. Goldman)
- Dors bébé dors (J.-J. Goldman)

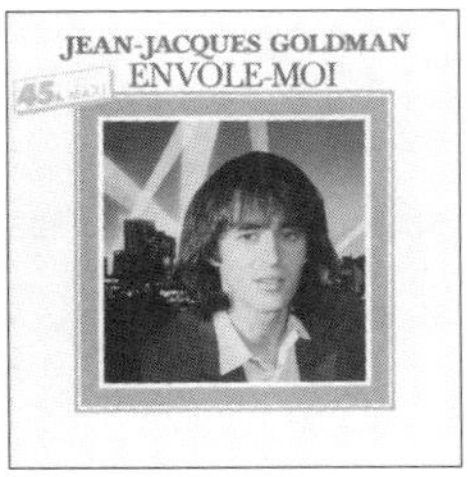

Maxi 45 tours EPC A124 111
ENVOLE-MOI
(1984)
- Envole-moi (version longue) (J.-J. Goldman)
- Envole-moi (version single) (J.-J. Goldman)
- Dors bébé dors (J.-J. Goldman)

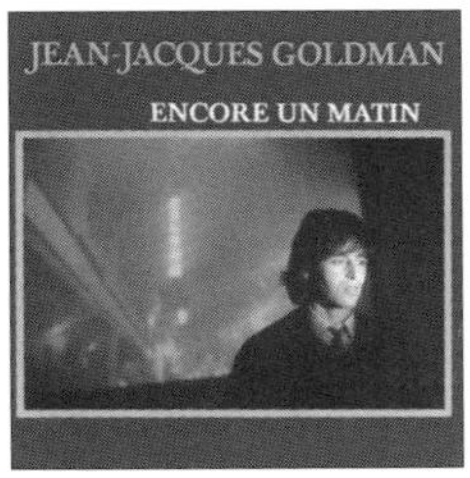

45 tours EPC A4438
ENCORE UN MATIN
(1984)
- Encore un matin (J.-J. Goldman)
- Petite fille (J.-J. Goldman)

Maxi 45 tours EPC A124 438
ENCORE UN MATIN
(1984)
- Encore un matin (version longue) (J.-J. Goldman)
- Petite fille (J.-J. Goldman)

45 tours EPC A4821
LONG IS THE ROAD (AMÉRICAIN)
(1984)
- Long Is the Road (américain) (J.-J. Goldman)
- P'tit blues peinard (inédit) (J.-J. Goldman)

Maxi 45 tours EPC A124 821
LONG IS THE ROAD (AMÉRICAIN)
(1984)
- Long Is the Road (américain) (version longue) (J.-J. Goldman)
- P'tit blues peinard (inédit) (J.-J. Goldman)

45 tours Espagne / Portugal EPC A5032
USA (LONG IS THE ROAD)
(1984)
- USA (Long Is the Road) (D. Simpson-Jones - J.-J. Goldman)
- Love Me Away (D. Simpson-Jones - J.-J. Goldman)

Maxi 45 tours Pays-Bas EPC A125 032
USA (LONG IS THE ROAD)
(1984)
- USA (Long Is the Road) (version longue) (D. Simpson-Jones - J.-J. Goldman)
- Love Me Away (D. Simpson-Jones J.-J. Goldman)

45 tours EPC A6294
JE MARCHE SEUL
(1985)
- Je marche seul (J.-J. Goldman)
- Elle attend (J.-J. Goldman)

Maxi 45 tours EPC A126 294
JE MARCHE SEUL
(1985)
- Je marche seul (version longue) (J.-J. Goldman)
- Elle attend (J.-J. Goldman)

45 tours EPC A6668
JE TE DONNE
(1985)
- Je te donne (duo avec Michael Jones) (J.-J. Goldman - M. Jones / J.-J. Goldman)
- Confidentiel (J.-J. Goldman)

Maxi 45 tours EPC A 126 668)
JE TE DONNE
(1985)
- Je te donne (duo avec Michael Jones) (J.-J. Goldman - M. Jones / J.-J. Goldman)
- Confidentiel (J.-J. Goldman)

45 tours COE 1151
LES RESTOS DU CŒUR
(1985)
- Les Restos du Cœur (avec Coluche, Michel Drucker, Michel Platini, Yves Montand, Nathalie Baye et Catherine Deneuve) (J.-J. Goldman)
- Les Restos du Cœur (instr.) (J.-J. Goldman)

Maxi 45 tours COE 121 151
LES RESTOS DU CŒUR
(1985)
- Les Restos du Cœur (avec Coluche, Michel Drucker, Michel Platini, Yves Montand, Nathalie Baye et Catherine Deneuve) (version longue) (J.-J. Goldman)
- Les Restos du Cœur (instrumental) (J.-J. Goldman)

45 tours EPC A7012
PAS TOI
(1986)
- Pas toi (J.-J. Goldman)
- Compte pas sur moi (J.-J. Goldman)

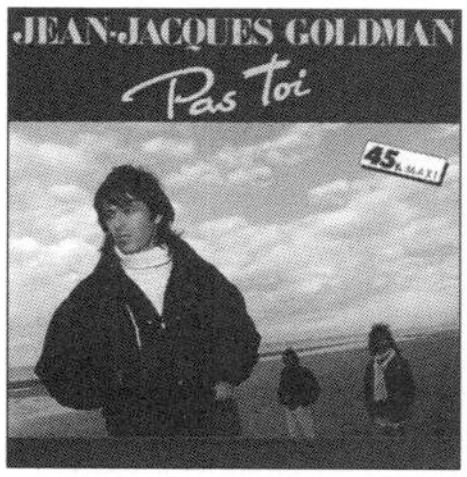

Maxi 45 tours EPC A127 012
PAS TOI
(1986)
- Pas toi (version longue) (J.-J. Goldman)
- Compte pas sur moi (version longue) (J.-J. Goldman)

45 tours EPC 650136-7
LA VIE PAR PROCURATION
(1986)
- La vie par procuration (en public) (J.-J. Goldman)
- Quand la musique est bonne (en public) (J.-J. Goldman)

Maxi 45 tours EPC 650136-6
LA VIE PAR PROCURATION
(1986)
- La vie par procuration (en public) (J.-J. Goldman)
- Quand la musique est bonne (en public) (J.-J. Goldman)
- Sans un mot (en public) (J.-J. Goldman)

Maxi 45 tours EPC 650416-6
MEDLEY EN PUBLIC
(1987)
- Medley (Je marche seul / Quand la musique est bonne / Au bout de mes rêves / Encore un matin) (en public) (J.-J. Goldman)
- Compte pas sur moi (en public) (J.-J. Goldman)
- Famille (en public) (J.-J. Goldman)

45 tours EPC 650972-7
ELLE A FAIT UN BÉBÉ TOUTE SEULE
(1987)
- Elle a fait un bébé toute seule (J.-J. Goldman)
- Tout petit monde (J.-J. Goldman)

Maxi 45 tours EPC 650972-6
ELLE A FAIT UN BÉBÉ TOUTE SEULE
(1987)
- Elle a fait un bébé toute seule (version longue) (J.-J. Goldman)
- Tout petit monde (J.-J. Goldman)

45 tours EPC 651228-7
LÀ-BAS
(1987)
- Là-bas (en duo avec Sirima) (J.-J. Goldman)
- À quoi tu sers (intro) (J.-J. Goldman)

Maxi 45 tours EPC 651228-6
LÀ-BAS
(1987)
- Là-bas (en duo avec Sirima) (version longue) (J.-J. Goldman)
- À quoi tu sers (intro) (J.-J. Goldman)

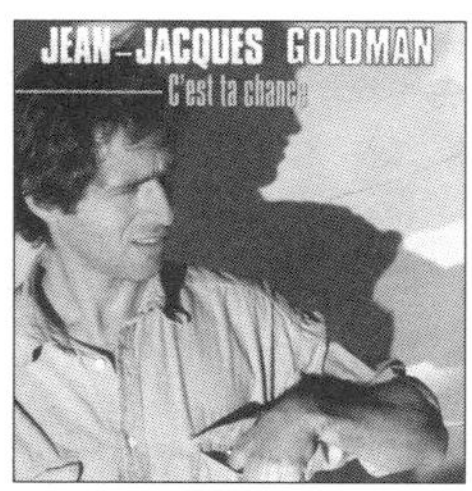

45 tours EPC 651476-7
C'EST TA CHANCE
(1988)
- C'est ta chance (J.-J. Goldman)
- Doux (J.-J. Goldman)

Maxi 45 tours EPC 651476-6
C'EST TA CHANCE
(1988)
- C'est ta chance (version longue) (J.-J. Goldman)
- Doux (J.-J. Goldman)

Maxi CD EPC 651476-2
C'EST TA CHANCE
(1988)
- C'est ta chance (J.-J. Goldman)
- Doux (J.-J. Goldman)
- Il me restera (J.-J. Goldman)

45 tours EPC 651697-7
PUISQUE TU PARS
(1988)
- Puisque tu pars (J.-J. Goldman)
- Entre gris clair et gris foncé (J.-J. Goldman)

Maxi 45 tours EPC 651697-6
PUISQUE TU PARS
(1988)
- Puisque tu pars (version longue) (J.-J. Goldman)
- Puisque tu pars (version single) (J.-J. Goldman)
- Entre gris clair et gris foncé (J.-J. Goldman)

Maxi CD EPC 651697-6
PUISQUE TU PARS
(1988)
- Puisque tu pars (version longue) (J.-J. Goldman)
- Entre gris clair et gris foncé (J.-J. Goldman)
- Tout petit monde (J.-J. Goldman)

45 tours EPC 653099-7
IL CHANGEAIT LA VIE
(1988)
- Il changeait la vie *(live)* (J.-J. Goldman)
- Filles faciles (J.-J. Goldman)

Maxi 45 tours EPC 653 099-6
IL CHANGEAIT LA VIE
(1988)
- Il changeait la vie *(live)* (J.-J. Goldman)
- Filles faciles (J.-J. Goldman)

Maxi 45 tours EPC 654627-6
PEUR DE RIEN BLUES
(1989)
- Peur de rien blues (version *live)* (J.-J. Goldman)
- Peur de rien blues (version studio) (J.-J. Goldman)

45 tours EPC 654627-7
PEUR DE RIEN BLUES
(1989)
- Peur de rien blues *(live)* (J.-J. Goldman)
- Entre gris clair et gris foncé *(live)* (J.-J. Goldman)

45 tours EPC PRO 508
PEUR DE RIEN BLUES
(edit radio) (1989)
- Peur de rien blues *(live)*
(J.-J. Goldman)
- Peur de rien blues *(live)*
(J.-J. Goldman)

45 tours EPC PRO 517
PEUR DE RIEN BLUES
(nouvel *edit radio*) (1989)
- Peur de rien blues
(version lente)
(J.-J. Goldman)
- Peur de rien blues
(version rapide)
(J.-J. Goldman)

45 tours CBS 656515-7
NUIT
(1990)
- Nuit (J.-J. Goldman -
M. Jones / J.-J. Goldman)
- J' l'aime aussi
(J.-J. Goldman)

Maxi 45 tours Promo SAMP 1459
NUIT
(1990)
- Nuit (J.-J. Goldman -
M. Jones / J.-J. Goldman)
- J' l'aime aussi
(J.-J. Goldman)

Maxi CD COL 656 515-9
NUIT
(1990)
- Nuit (J.-J. Goldman -
M. Jones / J.-J. Goldman)
- J' l'aime aussi
(J.-J. Goldman)
- Peur de rien blues
(J.-J. Goldman)

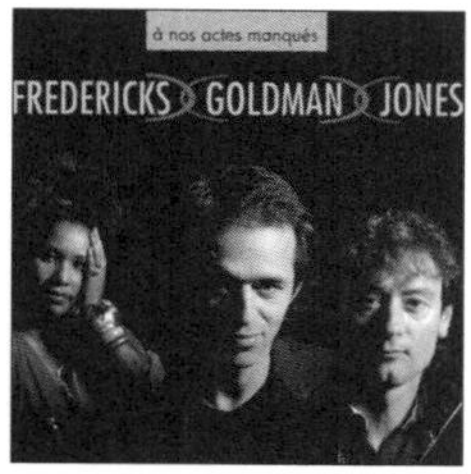

45 tours COL 656656-7
À NOS ACTES MANQUÉS
(1991)
- À nos actes manqués
(J.-J. Goldman)
- Chanson d'amour
(J.-J. Goldman)

Maxi 45 tours COL 656656-6
À NOS ACTES MANQUÉS
(1991)
À nos actes manqués
(version longue)
(J.-J. Goldman)
- Chanson d'amour
(J.-J. Goldman)

45 tours COL 656898-7
NÉ EN 17 À LEIDENSTADT
(1991)
- Né en 17 à Leidenstadt
(J.-J. Goldman)
- Tu manques
(J.-J. Goldman)

Maxi 45 tours SAMP 1504
NÉ EN 17 À LEIDENSTADT
(1991)
- Né en 17 à Leidenstadt
(J.-J. Goldman)
- Tu manques
(J.-J. Goldman)

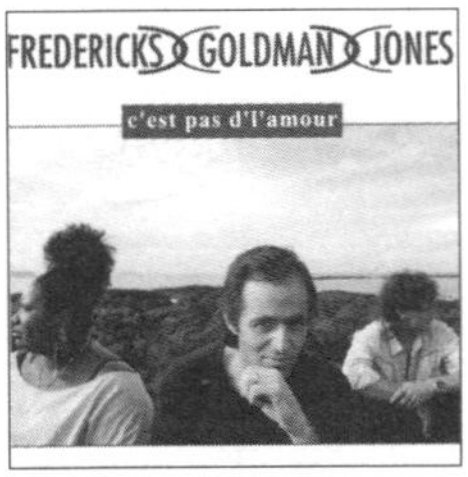

45 tours COL 65467-7
C'EST PAS D' L'AMOUR
(1991)
- C'est pas d' l'amour
(J.-J. Goldman)
- Peurs (J.-J. Goldman)

Maxi 45 tours COL 657467-6
C'EST PAS D' L'AMOUR
(1991)
- C'est pas d' l'amour
(J.-J. Goldman)
- Peurs (J.-J. Goldman)

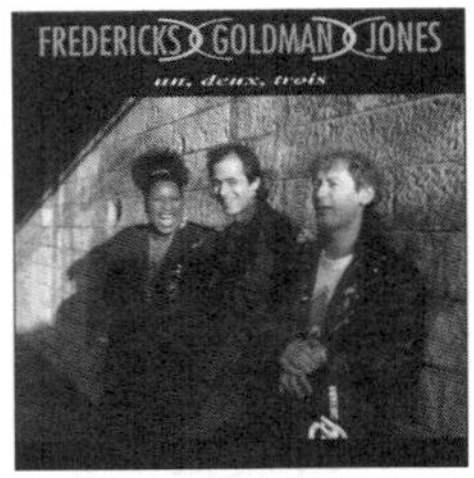

45 tours COL 657726-7
UN, DEUX, TROIS
(1991)
- Un, deux, trois
(J.-J. Goldman)
- Je commence demain
(version tournée 91)
(J.-J. Goldman)

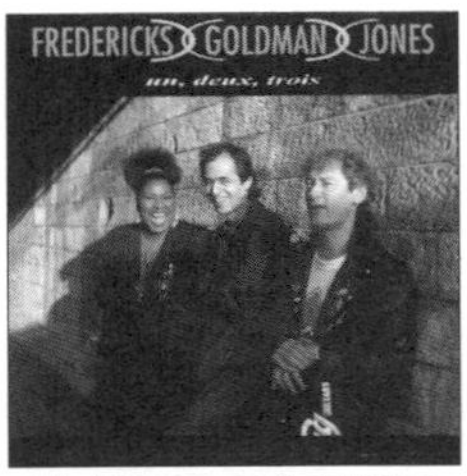

Maxi 45 tours COL 657726-6
UN, DEUX, TROIS
(1991)
- Un, deux, trois (remix)
(J.-J. Goldman)
- Je commence demain
(version tournée 91)
(J.-J. Goldman)

45 tours COL 657969-7
TU MANQUES
(1992)
- Tu manques
(J.-J. Goldman)
- Vivre cent vies
(J.-J. Goldman)

Maxi 45 tours COL 657969-6
TU MANQUES
(1992)
- Tu manques
(J.-J. Goldman)
- Vivre cent vies
(J.-J. Goldman)
- Un, deux, trois (remix)
(J.-J. Goldman)

45 tours souple
PROGRAMME TOURNÉE
(1991)
- Des bouts de moi
(version acoustique)
(J.-J. Goldman)

45 tours COL 658806-7
IL SUFFIRA D'UN SIGNE
(1992)
- Il suffira d'un signe
(sur scène)
(J.-J. Goldman)
- Medley
(Au bout de mes rêves /
Comme toi / Long Is the
Road (américain) /
Pas toi) (sur scène)
(J.-J. Goldman)

Maxi 45 tours SAMP 1715
IL SUFFIRA D'UN SIGNE
(1992)
- Il suffira d'un signe (sur scène) (J.-J. Goldman)
- Medley (Quand la musique est bonne / Au bout de mes rêves / Comme toi / Long Is the Road (américain) / La vie par procuration / Pas toi) (sur scène)
(J.-J. Goldman)

45 tours COL 659127-7
JE COMMENCE DEMAIN
(1993)
- Je commence demain (sur scène) (J.-J. Goldman)
- Je marche seul (sur scène) (J.-J. Goldman)

CD single COL 659930-1
ROUGE
(1993)
- Rouge (J.-J. Goldman)
- Rouge (instrumental) (J.-J. Goldman)

CD single SAMP 2026
ROUGE
(1993)
- Rouge (édit) (J.-J. Goldman)
- Rouge (version album) (J.-J. Goldman)
- Rouge (instrumental) (J.-J. Goldman)

CD single COL 660147-1
JUSTE APRÈS
(1994)
- Juste après (J.-J. Goldman)
- Juste après (instrumental) (J.-J. Goldman)

CD single COL 660 580-1
DES VIES
(1994)
- Des vies (J.-J. Goldman)
- Des vies (instrumental) (J.-J. Goldman)

CD single SAMP 2221
DES VIES
(1994)
- Des vies (J.-J. Goldman)

CD single COL 660 917-1
FERMER LES YEUX
(1994)
- Fermer les yeux (J.-J. Goldman)
- Fermer les yeux (instrumental) (J.-J. Goldman)

CD single SAMPCS 2407
FERMER LES YEUX
(1994)
- Fermer les yeux (J.-J. Goldman)

CD single SAMP 2693
PAS TOI
(1995)
- Pas toi (au New Morning) (J.-J. Goldman)

CD single SAMP 3827
ELLE ATTEND
(1996)
- Elle attend
(J.-J. Goldman)

CD single COL 664921-1
SACHE QUE JE
(1997)
- Sache que je
(J.-J. Goldman)
- Tout était dit
(J.-J. Goldman)

CD single COL 665229-1
ON IRA
(1997)
- On ira (J.-J. Goldman)
- Natacha (J.-J. Goldman)

CD single COL 665555-1
QUAND TU DANSES
(1998)
- Quand tu danses
(J.-J. Goldman)
- Nos mains
(J.-J. Goldman)

CD single COL 666029-1
LE COUREUR
(1998)
- Le coureur
(J.-J. Goldman)
- Le coureur
(instrumental)
(J.-J. Goldman)

CD single COL 666 498-1
BONNE IDÉE
(1998)
- Bonne idée
(J.-J. Goldman)
- Juste quelques hommes
(J.-J. Goldman)

CD single SAMP 6495
TOUT ÉTAIT DIT
(1998)
- Tout était dit
(J.-J. Goldman)

CD single SAMP 6682-1
ELLE NE ME VOIT PAS
(1999)
- Elle ne me voit pas
(J.-J. Goldman / J.-J.
Goldman - R. Romanelli)

CD single SAMP 6680-1
BÉNÉLOS
(1999)
- Bénélos (remix)
(J.-J. Goldman -
R. Romanelli)

CD single SAMP 7184
PAS TOI
(1999)
- Pas toi
(version tournée 98)
(J.-J. Goldman)

CD single COL 667567-1
NOS MAINS
(1999)
- Nos mains (version
tournée 98) (J.-J. Goldman)
- Pas toi (version tournée 98)
(J.-J. Goldman)

CD single SAMP 79161
LE RAPT
(1999)
- Le rapt
(version tournée 98 - edit)
(J.-J. Goldman)

CD single COL 668233-1
QUAND LA MUSIQUE EST BONNE
(réédition spéciale) (1999)
- Quand la musique est
bonne (J.-J. Goldman)
- Veiller tard
(J.-J. Goldman)

CD single COL 668232-1
JE TE DONNE
(réédition spéciale) (1999)
- Je te donne (duo avec
Michael Jones)
(J.-J. Goldman - M. Jones
/ J.-J. Goldman)
- Confidentiel
(J.-J. Goldman)

CD single SAMP 9169
PEURS
(2000)
- Peurs (J.-J. Goldman)

CD single SAMP 107571
ENSEMBLE
(2001)
- Ensemble (J.-J. Goldman)

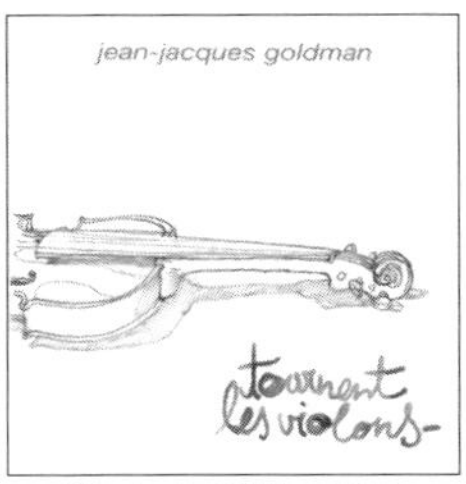

CD single SAMP 11209
TOURNENT LES VIOLONS
(2002)
- Tournent les violons
(edit radio) (J.-J. Goldman)
- Tournent les violons
(version album)
(J.-J. Goldman)

CD single COL 672802-1
LES CHOSES
(2002)
- Les choses (edit radio)
(J.-J. Goldman)
- Si je t'avais pas
(J.-J. Goldman)

CD single SAMP 12072
JE VOUDRAIS VOUS REVOIR
(2002)
- Je voudrais vous revoir (edit radio) (J.-J. Goldman)
- Je voudrais vous revoir (version album) (J.-J. Goldman)

CD single SAMP 12114
SI JE T'AVAIS PAS
(2003)
- Si je t'avais pas (edit radio) (J.-J. Goldman)
- Si je t'avais pas (version album) (J.-J. Goldman)

CD single SAMP 12860
ET L'ON N'Y PEUT RIEN
(2003)
- Et l'on n'y peut rien *(live)* (J.-J. Goldman)

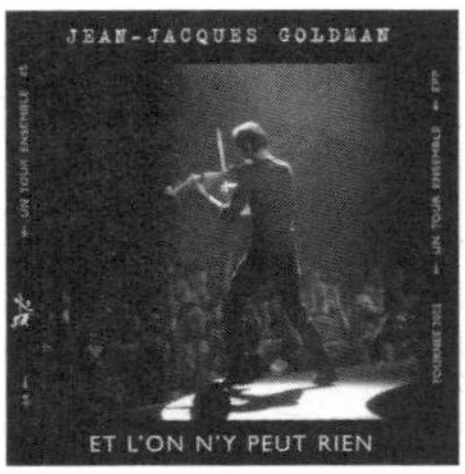

CD single COL 673797-1
ET L'ON N'Y PEUT RIEN
(2003)
- Et l'on n'y peut rien *(live)* (J.-J. Goldman)
- Bélénos (remix long) (J.-J. Goldman)

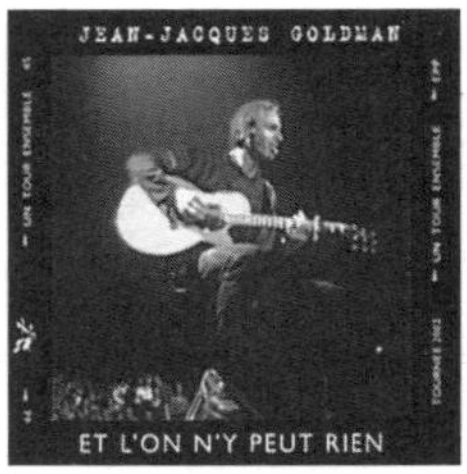

CD single COL 673797-9
ET L'ON N'Y PEUT RIEN
(2003)
- Et l'on n'y peut rien (*live* - version radio) (J.-J. Goldman)
- Bélénos (remix long) (J.-J. Goldman)
- Et l'on n'y peut rien (instrumental) (J.-J. Goldman)

CD single SAMP 13225
ENVOLE-MOI
(2003)
- Envole-moi *(live)* (J.-J. Goldman)

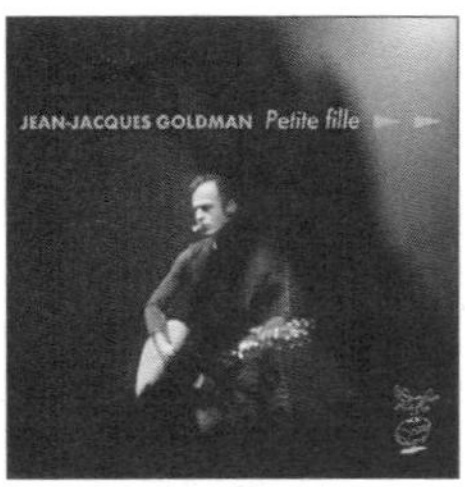

CD single SAMP 13503
PETITE FILLE
(2003)
- Petite fille (*live* - radio mix) (J.-J. Goldman)

CD single 88697138952
QUATRE MOTS SUR UN PIANO
(2007)
- Quatre mots sur un piano (avec Patrick Fiori et Christine Ricol) (J.-J. Goldman)
- N'oublie pas (interprété par Patrick Fiori)

CD single PROMO 88697108102
QUATRE MOTS SUR UN PIANO
(2007)
- Quatre mots sur un piano (avec Patrick Fiori et Christine Ricol) (J.-J. Goldman)

SOURCES & BIBLIOGRAPHIE

Toutes les sources et références étant citées en bas de page, livres, magazines, sites Internet – je pense surtout à celui tenu par Jean-Michel Fontaine, « Parler d' sa vie », qui fournit également une discographie complète – voici les principaux ouvrages consacrés à Jean-Jacques Goldman consultés par l'auteur :

• Patrick Amine, *Jean-Jacques Goldman,* Albin Michel, 1988.

• Philippe Deboissy, *Tout sur Goldman,* Hyperstar Biographie, 1986.

• Mathias Goudeau, *Jean-Jacques Goldman de A à Z,* Éditions L'Express, coll. « Les Guides MusicBook », 2005.

• Ludovic Lorenzi, *Taï Phong, l'aventure continue,* Lorenzi Éditions, 2007.

• Ludovic Lorenzi, *Les tubes de Jean-Jacques Goldman, l'histoire des singles de 1981 à 2007,* Lorenzi Éditions, 2009.

• Christian Page et Didier Varrod, *Goldman, portrait non conforme,* éditions Pierre Marcel Favre, 1987.

• Catherine et Michel Rouchon, *Jean-Jacques Goldman, le parcours d'une star,* Michel Rouchon éditeur, 1991.

• Bernard Violet, *Jean-Jacques Goldman, un homme bien comme il faut,* Flammarion, 2010.

Boys et GIRLS
TEST
ES-TU DRAGUEUSE OU DRAGUÉE ?
4 SUPER RÉCITS PHOTOS
VALERIE KAPRISKY
"JE SUIS TROP TIMIDE POUR FAIRE LES PREMIERS PAS"
JEAN-JACQUES GOLDMAN
DANIEL BALAVOINE
1 an déjà...
PODIUM
À conserver les posters de EUROPE
TINA TURNER
SARDOU LAHAYE
SANDRA
GOLDMAN DANS LE PRIVÉ
derniers échos
DAHO
salut!
6,50 F
A CONSERVER MINI JOURNAL
WHAM!
UN ROMAN PHOTO AVEC LES KOEUR'S
LAHAYE QUITTE PARIS
PATRICK BRUEL ÇA VA POUR LUI
LES DROLES DE METIERS DE VIVIEN SAVAGE
EURYTHMICS
AND CONCOURS DE L'
8 JOURS DE VACANCES EN TUNISIE
ES VELOS BICROSS DES MONTRES DES DISQU
2 SUPER
CATHERINE LEPRINCE
4,70 F seulement
OK!
Comment écrire une lettre d'amour
300 blocs de papier romantiques
L'émouvant retour de Jean-Jacques GOLDMAN sur les traces de son adolescence
TOP 50
GOLDMAN
LA VIE PAR PROCURATION
MATCH AU TOP CHAMFORT VOULZY
L'INVITÉ DU
PIERRE LOUP
CHANSON
Magazine
NUMÉROS 1
GOLDMAN
JULIEN CLERC
HALLYDAY
EURYTHMICS
POSTER ALPHAVILLE - M. LAVOINE
CHANSON
JEAN-JACQUES GOLDMAN
BORIS V
JACQUE
Boys et GIRLS
POSTER
MICHAEL JACKSON
RACONTE PAR SES PARENTS
INTERVIEW EXCLUSIVE
Cool
SPÉCIAL
«A ceux qui resteront fidèles quand il sera moins facile de l'être»
télé 7 JOURS
du 22 au 28 avril 1986
JOHNNY CHANTE GOLDMAN
Ils racontent leur
Cool
JEAN-JACQUES GOLDMAN en province et
A Cannes
ROSE LAURENS et ETIENNE DAHO en liberté!
NOUVELLE FORMULE Graffiti
EXCLUSIF: Jean-Jacques GOLDMAN
SUPER CONCOURS
PLUS DE 300.000 F DE LOTS A GAGNER
STARS MAGAZINE
NUMÉRO SPÉCIAL GOLDMAN
SON PARCOURS
SES ALBUMS
UNE PLONGÉE EN PROFONDEUR DANS SON UNIVERS
DU LOOK AUX M
SA TRANSGRESSION DE TOUTES LES LOIS DU MÉTIER
2 SUPER POSTERS AU CENTRE
JEAN-JACQUES GOLDMAN 88
STAR MALGRÉ LUI !
LA SCÈNE
UN BESOIN DÉSORMAIS VITAL

Le visage de Jean-Jacques Goldman, reproduit à l'infini sur les couvertures de magazines pour jeunes – l'essentiel de sa clientèle, les premiers à avoir adhérer à sa musique et à son univers. Pendant des années, il s'est prêté à l'exercice, à dose homéopathique, avant de disparaître complètement des unes, et même de les interdire.

REMERCIEMENTS

Ici s'arrête notre voyage. Celui de Jean-Jacques continue. À franc étrier.
Tels des cailloux du petit Poucet (ou des lampes de jardin à énergie solaire, pour flatter l'époque), ils ont balisé le chemin et animé le parcours ; que tous, ici, reçoivent à part égale l'expression de ma haute gratitude.

Ainsi, dans le désordre le plus irrrespectueux :
Monique Lemarcis, Jean Mareska, Roland Romanelli, Nicoletta, Gilles Millet, Jean-Pierre Pinelli, commissaire Gicquel, Stéphan Caussarieu, Éric Durand, Grazianna, Jean-Paul Sermonte, Robert Toutan, Isabelle Parodin, Annebelle Chiocca, Romain Frétar, Margaux Simone, Willy, Dominique Préhu, Grâcieuse Casta, François Gaillard, Khan Ho Tong, Linda Kuznicki.

Sur la même ligne de sentiment, un grand merci à la fois vivant et très solennel à Hervé Lemoine, directeur chargé des Archives de France, et à Sylvie Nicolas, conservateur du patrimoine.

Toute ma reconnaissance à Didier Carpentier son équipe, ils savent pourquoi.

Enfin, un ex-voto à feue ma mémoire, pour sa bienveillante et charitable collaboration. En attendant Alzheimer, *tournent les vies, oh ! tournent les vies, oh ! tournent et s'en vont,* même revenu à l'état moins un je continuerai à ne pas oublier nos années Goldman.

Bravo et merci à Ludovic Lorenzi pour sa précieuse contribution.
Nous lui devons cette superbe conception de la discographie de Jean-Jacques Goldman.

CRÉDIT PHOTOGRAPHIQUE

1re DE COUVERTURE : Bertrand Guay/AFP
4e DE COUVERTURE : Linda Kall

PAGE 2 : Emmanuel Bonini
PAGE 4 : Linda Kall

CAHIER COULEURS
pages I - III - V - VII : François Gaillard/Archives Filipacchi/Scoop
pages IV : Bernard Leloup/Archives Filipacchi/Scoop
pages IX - X/XI - XIV : Michel Marizy/Télé 7 Jours/Scoop
page XVI : Eric Catarina/Gamma/Rapho
page VIII : Alain Benainous/Gamma/Rapho
page II : Monika Guiremand/AFP
page VI : Georges Bendrihem/AFP
page XV : AFP
pages XII - XIII : Linda Kall

TABLE DES MATIÈRES

DANS LA MÊME COLLECTION
aux Éditions Didier Carpentier

Barbara
Parfums de femme en noir

Johnny Hallyday
Le Phénix

Francis Cabrel
Question d'équilibre

MARIE LAFORÊT

Sophie MARCEAU
La belle échappée

France GALL
Muse et musicienne

Michel
Petrucciani

Alain-Guy AKNIN
Stéphane LOISY
Thierry Le Luron
Nous nous reverrons un jour ou l'autre

Alain-Guy AKNIN
Stéphane LOISY
MORT SHUMAN
Le géant de porcelaine

Édith Piaf
Le temps d'illuminer…

JACQUES BREL
Voyage au bout du rêve

LUIS MARIANO
Le prince

Albert et Charlene
Mariage princier à Monaco

CHARLES AZNAVOUR
Le comédien, le musicien, le magicien

ANNIE CORDY
Salut l'artiste !

SILVIA MONFORT
Vivre debout

Vous venez d'acquérir cet ouvrage et nous vous en remercions vivement.
Pour obtenir notre catalogue général gratuit, demandez-le à votre libraire ou écrivez-nous :

Éditions Didier CARPENTIER 90 rue d'Amsterdam 75009 PARIS
***Tél.* 01 48 78 00 72 *Fax* 01 48 78 86 25**
***E-mail :* editions@editions-carpentier.fr *Site :* www.editions-carpentier.fr**

ISBN 13 : 978-2-84167-743-6